国家级在线精品课程配套教材

走进东盟
慕课版

主 编 ◆ 李太生　李　莹　黄诗雅
副主编 ◆ 贺晓英　吴　菲　商　珍　韦美神　卢海波

中国水利水电出版社
www.waterpub.com.cn
·北京·

内 容 提 要

本书是国家级在线精品课程"走进东盟"的配套教材，共 12 章：带你走进东盟；金山银海——越南；白象之国——泰国；花园城市——新加坡；佛塔之国——缅甸；奇迹吴哥——柬埔寨；万象之邦——老挝；天堂秘境——文莱；橡胶之国——马来西亚；万岛之国——印度尼西亚；东方海上明珠——菲律宾；话说"一带一路"。本书对中国与东盟各国的交往历史和发展关系，各国的地理、政治、历史、经济、人文习俗、旅游以及"一带一路"愿景目标等进行了详细的介绍。本书图文并茂，内容新颖，扫描最后一页走进东盟在线课程二维码可进入中国大学 MOOC 平台学习和观看相关教学视频。本书既适用于高校面向东盟方向的专业基础课和通识课的学生，也可供从事面向东盟国家的旅游和商务活动人员使用。

图书在版编目（CIP）数据

走进东盟：慕课版 / 李太生，李莹，黄诗雅主编．
北京：中国水利水电出版社，2024．7（2024.8重印）．
ISBN 978-7-5226-2513-3

Ⅰ．D814.1

中国国家版本馆 CIP 数据核字第 2024C7Q576 号

策划编辑：周益丹　责任编辑：张玉玲　加工编辑：刘瑜　封面设计：苏敏

书　　名	走进东盟（慕课版） ZOUJIN DONGMENG（MUKEBAN）
作　　者	主　编　李太生　李　莹　黄诗雅 副主编　贺晓英　吴　菲　商　珍　韦美神　卢海波
出版发行	中国水利水电出版社 （北京市海淀区玉渊潭南路 1 号 D 座　100038） 网址：www.waterpub.com.cn E-mail：mchannel@263.net（答疑） 　　　　sales@mwr.gov.cn 电话：（010）68545888（营销中心）、82562819（组稿）
经　　售	北京科水图书销售有限公司 电话：（010）68545874、63202643 全国各地新华书店和相关出版物销售网点
排　　版	北京万水电子信息有限公司
印　　刷	雅迪云印（天津）科技有限公司
规　　格	184mm×260mm　16 开本　13.5 印张　304 千字
版　　次	2024 年 7 月第 1 版　2024 年 8 月第 2 次印刷
印　　数	2001—5000 册
定　　价	58.00 元

凡购买我社图书，如有缺页、倒页、脱页的，本社营销中心负责调换

版权所有·侵权必究

前言

课程介绍

　　我国与东南亚各国山水相连、血脉相亲，具有悠久的交往历史和文化渊源。2013 年，习近平主席在出访中亚和东南亚国家期间，先后提出共建"丝绸之路经济带"和"21 世纪海上丝绸之路"的重大倡议，简称为"一带一路"倡议。2023 年，是"一带一路"倡议提出十周年。十年间，"一带一路"倡议始终保持强大韧性和旺盛活力，持续为世界提供新机遇，同时也收获了累累硕果。"一带一路"倡议为中国与东盟国家的交流与发展提供了历史性的机遇，经贸与人文交流合作规模不断扩大。2020 年以来，中国与东盟国家守望相助，经济逐步复苏，连续三年互为第一大贸易伙伴。党的二十大报告强调要推进高水平对外开放，推动共建"一带一路"高质量发展，扩大面向全球的高标准自由贸易区网络，推动建设开放型世界经济，更好惠及各国人民。东盟国家作为"一带一路"倡议重要的沿线国家，与中国的合作成果丰硕，印度尼西亚雅万高铁成为中国与东盟在高铁领域合作建设的标杆性工程，中老高铁的开通，为泛亚铁路网建设发挥了示范引领作用。RCEP（《区域全面经济伙伴关系协定》）于 2022 年 1 月正式生效。RCEP 生效以来，初步释放了区域内经济增长红利，是共建"一带一路"在亚太地区不断深化经贸合作的重要体现。2021 年 11 月 22 日举行的中国—东盟建立对话关系 30 周年纪念峰会上，中国和东盟共同宣布建立面向和平、安全、繁荣和可持续发展的全面战略伙伴关系。以中国和东盟建立全面战略伙伴关系为标志，双方关系已进入成熟期，合作进入快车道。

　　随着中国与东盟国家人文和经贸交流的日益密切，加上交通便利的条件，东盟国家成为国民走出国门的首选地。为了帮助人们了解东盟国家的地理、历史、经济、旅游和人文习俗，增进彼此间的友谊，满足人们在旅游、经贸和人文交流过程中对东盟国家的了解，2020 年 6 月《走进东盟》出版，近 4 年来累计发行一万多册，以本书为教材的"走进东盟"在线课程在中国大学 MOOC 和超星平台上线，并于 2022 年获得职业教育国家级在线精品课程称号，全国在线学习人数突破 45000 人次。2023 年，中国与东盟国家的发展进入新的历史阶段。为满足广大读者对东盟国家的全面了解，进一步了解中国与东盟的发展趋势，我们编写了《走进东盟（慕课版）》教材，可作为高校开展"走进东盟"

课程的线上与线下学习的配套教材和社会读者的文化读物。

本书将为读者开启一段奇妙的东盟国家文化之旅，打开一扇了解东盟的窗口，领略东盟区域特色多元文化，以及民族传统文化的精髓和魅力，同时，还能欣赏纯朴而美丽的热带风光。本书将为读者搭建沟通对外友好交往的桥梁，成为说走就走旅行的好帮手。全书共分12章：带你走进东盟；金山银海——越南；白象之国——泰国；花园城市——新加坡；佛塔之国——缅甸；奇迹吴哥——柬埔寨；万象之邦——老挝；天堂秘境——文莱；橡胶之国——马来西亚；万岛之国——印度尼西亚；东方海上明珠——菲律宾；话说"一带一路"。

参加编写的主要成员为李太生教授等国内8位东盟问题研究领域的专家和老师，其中李太生教授负责结构的设计和内容统筹，以及编写第1章、第11章和第12章等；广西建设职业技术学院李莹老师编写第2章和第4章；南宁职业技术大学贺晓英博士、黄诗雅老师和卢海波副教授编写第7章、第8章、第9章、第10章；广西经贸职业技术学院吴菲老师编写第5章；广西职业师范学院商珍教授编写第6章；广西外国语学院韦美神副教授编写第3章。

本书对中国与东盟各国的交往历史和发展关系，各国的地理、历史、经济、人文习俗、旅游等进行了详细的介绍，并在每个单元的后面增设了旅游攻略，以方便读者前往东盟国家旅行。本书图文并茂，内容新颖，扫描最后一页走进东盟在线课程二维码可进入中国大学MOOC平台学习和观看相关视频。本书可作为从事旅游和经贸活动人员的用书，亦可作为开设面向东盟国家文化课程的高校大学生通识课教材。

在编写过程中，编写组广泛征求了广西大学、广西民族大学、桂林学院、南宁学院、海南热带海洋学院等大学的东盟国际问题专家和学者的建议，并参考了国内外相关文献、图片和学术研究论文，在此向相关作者和单位表示感谢。海南热带海洋学院东盟研究院院长古小松博士和广西社会科学院东南亚研究所雷小华研究员为本书进行了审阅，并提出了宝贵意见。本书的出版得到了南宁职业技术大学人文教育学院和桂林学院人文学院的大力支持，以及中国水利水电出版社的支持，在此表示衷心的感谢。

由于编者能力有限，本书难免存在错漏之处，敬请各位专家、同仁和读者批评指正。

编 者
2024年3月于南宁相思湖畔

目录

前言

第 1 章　带你走进东盟

东盟国家离我们多远 1
走进东盟话方圆 5
走进东盟国家文化的历史隧道 6
东盟国家纯朴自然的人文艺术 11
东盟国家异域风光 15
思考与讨论 19

第 2 章　金山银海——越南

初识越南 20
越南的历史发展轨迹 23
儒学在越南的传播与发展 27
中越关系 29
越南人文习俗 30
越南国服——奥黛 35
越南越美 36
旅游攻略 40
思考与讨论 41

第 3 章　白象之国——泰国

初识泰国 42
泰国的历史发展轨迹 44

中泰关系	48
泰国的美食文化	48
走进泰国的佛教生活	50
泰国人文风情	52
走遍千佛之国	55
旅游攻略	64
思考与讨论	67

第 4 章 花园城市——新加坡

初识新加坡	68
新加坡的历史发展轨迹	71
中新关系	73
新加坡人文习俗	74
游览新加坡	79
旅游攻略	85
思考与讨论	87

第 5 章 佛塔之国——缅甸

初识缅甸	88
缅甸人文习俗	90
缅甸的历史发展轨迹	93
中缅关系	95
缅甸名胜	96
旅游攻略	99
思考与讨论	101

第 6 章 奇迹吴哥——柬埔寨

初识柬埔寨	102
柬埔寨的历史发展轨迹	105
中柬关系	107
柬埔寨人文风情	107
吴哥之谜	110
旅游攻略	113
思考与讨论	116

第 7 章　万象之邦——老挝

初识老挝 117
老挝的人文风情 120
老挝的历史发展轨迹 122
中老关系 124
走遍万象之邦 125
旅游攻略 128
思考与讨论 130

第 8 章　天堂秘境——文莱

初识文莱 131
文莱的人文风情 135
走进文莱历史隧道 137
中国与文莱关系 138
走进天堂秘境 139
旅游攻略 143
思考与讨论 145

第 9 章　橡胶之国——马来西亚

初识马来西亚 146
马来西亚的历史发展轨迹 151
中马关系 152
马来西亚的多元文化 154
不可不去的旅游天堂 156
旅游攻略 160
思考与讨论 163

第 10 章　万岛之国——印度尼西亚

初识印度尼西亚 164
印度尼西亚风情习俗 168
印度尼西亚的历史发展轨迹 170
中国与印度尼西亚关系 172
走进万岛之国 173
旅游攻略 176

思考与讨论 178

第 11 章　东方海上明珠——菲律宾

　　初识菲律宾 179
　　菲律宾的人文风俗 181
　　菲律宾的历史发展轨迹 184
　　中菲关系 186
　　东方海上明珠——菲律宾 187
　　旅游攻略 189
　　思考与讨论 191

第 12 章　话说"一带一路"

　　海上丝绸之路历史 192
　　"一带一路"提出的历史背景 196
　　"一带一路"倡议愿景与行动 197
　　"一带一路"与 RCEP 202
　　思考与讨论 203

附录 1　东盟国家旅游紧急求助电话信息一览表 **204**

附录 2　中国领事保护和协助指南 **205**

参考文献 **206**

走进东盟在线课程二维码 **207**

第 1 章　带你走进东盟

●●● 东盟国家离我们多远 ●●●

东盟国家对于大多数中国人来说，既陌生又熟悉，陌生的是很少有人知道东盟国家具体在地球上什么位置，离中国多远；熟悉的是中国—东盟自由贸易区的建立，"一带一路"倡议，为我们更多地了解东盟打开了一扇窗。

当我们打开中国行政地图，你会看到在祖国的南大门，蔚蓝的南海像一条彩带把中国与东南亚的越南、新加坡、马来西亚、印度尼西亚、菲律宾、文莱等国家连接在一起，在祖国的南疆，缅甸、老挝和越南与中国毗邻而居，山水相连，边境地区的两国边民朝相见、晚相望，和谐共处。

东盟的组织与机构

【东盟历史沿革】

东南亚国家联盟（Association of Southeast Asian Nations，ASEAN），简称东盟，成员国有马来西亚、印度尼西亚、泰国、菲律宾、新加坡、文莱、越南、老挝、缅甸和柬埔寨。其前身是由马来西亚、菲律宾和泰国于1961年7月31日在曼谷成立的东南亚联盟。1967年8月7日至8日，印度尼西亚、泰国、新加坡、菲律宾四国外长和马来西亚副总理在曼谷举行会议，发表了《曼谷宣言》（即《东南亚国家联盟成立宣言》），正式宣告东南亚国家联盟成立。东盟成立之初只是一个保卫自己安全利益及与西方保持战略关系的联盟，其活动仅限于探讨经济、文化等方面的区域性合作。1976年2月，第一次东盟首脑会议在印度尼西亚巴厘岛举行，会议签署了《东南亚友好合作条约》以及强调东盟各国相互协调一致的《巴厘宣言》。

此后，东盟各国加强了政治、经济和军事领域的合作，并采取了切实可行的经济发展战略，推动经济迅速增长，逐步成为一个有一定影响的区域性组织。

印度尼西亚、马来西亚、菲律宾、新加坡和泰国五个国家为东盟创始成员国。20世纪80年代后，文莱（1984年）、越南（1995年）、老挝（1997年）、缅甸（1997年）和柬埔寨（1999年）五国先后加入东盟，使这一组织成员国达到了10个国家，涵盖整个东南亚地区。

【东盟目标】

2008年12月，《东盟宪章》正式生效，确定东盟的目标包括：①维护和促进地区和平、安全和稳定，进一步强化以和平为导向的价值观；②通过加强政治、安全、经济和社会文化合作，提升地区活力；③维护东南亚的无核武器区地位，杜绝大规模杀伤性武器；④确保东盟人民和成员国与世界和平相处，生活于公正、民主与和谐的环境中；⑤建立稳定、繁荣、极具竞争力和一体化的共同市场和制造基地，实现货物、服务、投资、人员、资金自由流动；⑥通过相互帮助与合作减轻贫困，缩小东盟内部发展鸿沟；⑦在充分考虑东盟成员国权利与义务的同时，加强民主，促进良政与法治，促进和保护人权与基本自由；⑧根据全面安全的原则，对各种形式的威胁、跨国犯罪和跨境挑战做出有效反应；⑨促进可持续发展，保护本地区环境、自然资源和文化遗产，确保人民高质量的生活；⑩通过加强教育、终身学习以及科技合作，开发人力资源，提高人民素质，强化东盟共同体；⑪为人民提供发展机会、社会福利和公正待遇，提高人民福祉和生活水平；⑫加强合作，营造安全、无毒品的环境；⑬建设以人为本的东盟，鼓励社会各界参与东盟一体化和共同体建设进程，并从中获益；⑭增加对本地区文化和遗产的认识，加强东盟共同体意识；⑮在开放、透明和包容的地区架构内，维护东盟在同外部伙伴关系中的中心地位和积极主动作用。东盟的宗旨和目标是本着平等与合作精神，共同促进本地区经济增长、社会进步和文化发展，为建立一个繁荣、和平的东南亚国家共同体奠定基础，以促进本地区的和平与稳定。

【东盟组织机构】

根据《东盟宪章》，东盟组织机构主要包括以下几个：①东盟峰会：就东盟发展的重大问题和发展方向作出决策，一般每年举行两次会议；②东盟协调理事会：由东盟各国外长组成，是综合协调机构，每年至少举行两次会议；③东盟共同体理事会：包括东盟政治安全共同体理事会、东盟经济共同体理事会和东盟社会文化共同体理事会，协调其下设各领域工作，由东盟轮值主席国相关部长担任主席，每年至少举行两次会议；④东盟领域部长会议：由成员国相关领域主管部长出席，向所属共同体理事会汇报工作，致力于加强各相关领域合作，支持东盟一体化和共同体建设；⑤东盟秘书长和东盟秘书处：负责协助落实东盟的协议和决定，并进行监督；⑥东盟常驻代表委员会：由东盟成员国指派的大使级常驻东盟代表组成，代表各自国家协助东盟秘书处、东盟协调理事会等机构开展工作；⑦东盟国家秘书处：东盟在各成员国的联络点和信息汇总中心，设在各成员国外交部；⑧东盟政府间人权委员会：负责促进和保护人权与基本自由的相关事务；⑨东盟附属机构：包括各种民间和半官方机构。东盟峰会是东盟最高决策机构，由各成员国国家元首或政府首脑组成，东盟各国轮流担任主席国，2023年主席国是印度尼西亚。

东盟秘书长是东盟首席行政官，向东盟峰会负责，由东盟各国轮流推荐资深人士担任，任期5年。现任秘书长高金洪（Kao Kim Hourn，柬埔寨前首相助理大臣），2023年1月就任，任期至2027年年底。东盟总部常设机构为东盟秘书处，设在印度尼西亚首都雅加达。

2022年11月11日在柬埔寨首都金边举行的第40届和第41届东盟峰会上，东盟各国领导人就东帝汶申请加入东盟发表声明，原则上同意接纳东帝汶为成员国，成为该组织第11个成员国。东盟发表声明，表示根据对东帝汶开展的政治安全、经济和社会文化领域实地考察报告，同意给予东帝汶观察员地位，允许东帝汶参加东盟所有会议，并将帮助东帝汶制订获得正式成员资格的路线图。

【东盟对话伙伴关系】

东盟成立后，先后与美国、日本、澳大利亚、新西兰、加拿大、欧盟、韩国、中国、俄罗斯和印度 10 个国家和地区形成对话伙伴关系。2003 年，中国与东盟的关系发展到战略协作伙伴关系，中国成为第一个加入《东南亚友好合作条约》的非东盟国家。2021 年 11 月 22 日举行的中国—东盟建立对话关系 30 周年纪念峰会上，中国和东盟共同宣布建立面向和平、安全、繁荣和可持续发展的全面战略伙伴关系。在《落实中国—东盟面向和平与繁荣的战略伙伴关系联合宣言行动计划（2021—2025）》所列重点领域的基础上，进一步明确中国和东盟就《中国—东盟建立对话关系 30 周年纪念峰会联合声明》以及双方商定领域深化务实合作的承诺。东盟重视中国提出的本地区共建和平家园、安宁家园、繁荣家园、美丽家园、友好家园的愿景。

【东盟自由贸易区】

为了早日实现东盟内部的经济一体化，东盟自由贸易区于 2002 年 1 月 1 日正式启动。自由贸易区的目标是实现区域内贸易的零关税，为区域内的自由贸易创造便利条件。文莱、印度尼西亚、马来西亚、菲律宾、新加坡和泰国六国已于 2002 年将绝大多数产品的关税降至 0%～5%。越南、老挝、缅甸和柬埔寨四国于 2015 年实现了这一目标。第 40 届和第 41 届东盟峰会于 2022 年 11 月 11—13 日在柬埔寨首都金边闭幕。东盟国家在会议上表示，将继续努力推动经济复苏，加强东盟内部团结，携手应对挑战，努力推动东盟共同体建设。

东盟国家的地理位置

东盟国家地处亚洲与大洋洲、太平洋与印度洋的"十字路口"。马六甲海峡是这个路口的"咽喉"，战略地位非常重要。马六甲海峡地处马来半岛和苏门答腊岛之间，海峡呈东南—西北走向。它的西北端通安达曼海，东南端连接南海。马六甲海峡，因沿岸的马六甲古城而得名。海峡全长约 1080 千米，西北部最宽达 370 千米，东南部的新加坡海峡里最窄处只有 37 千米，是连接沟通太平洋与印度洋的国际水道。可通行载重 25 万吨的巨轮，太平洋西岸国家与南亚、西亚、非洲东岸、欧洲等沿海国家之间的航线多经过这里。马六甲海峡沿岸的国家有新加坡、马来西亚、印度尼西亚三国。其中，新加坡位于马六甲海峡的最窄处，交通位置尤其重要，是沟通印度洋和太平洋的"十字路口""咽喉地段"。印马两国一直反对外部力量介入马六甲海峡，认为这将是对其主权的侵犯。马六甲海峡无论在经济还是军事上，都是很重要的国际水道，其战略地位可与苏伊士运河、巴拿马运河相比。

东盟国家所处东南亚区域总面积约 449 万平方千米，大部分为热带地区，其位置北接中国大陆，南望澳大利亚，东濒太平洋，西临印度洋，并与孟加拉国、印度相毗邻。

中国习惯把这一块区域称为"东南亚"，对于这一点国际上以及包括其中的国家都无异议。因此，才会有"东南亚国家联盟"即东盟这样一个政治组织存在。东盟国家按地缘结构可分为两个部分。

大陆东南亚——中南半岛区

中南半岛因位于中国与南亚之间而得名，原称中印半岛或印度支那半岛，后经原国民党高参于右任先生提议改为现在的

— 3 —

名字。中南半岛总面积约210万平方千米，地形结构比较复杂特殊，山川大势多为南北纵向，山川相间排列，半岛基部地势较高，如张开的手掌。自西向东依次排列着阿拉山干地、伊洛瓦底江谷地、掸邦高原、湄南河谷地、呵叻高原、湄公河谷地、老挝高原和长山山脉、红河谷地。半岛的南端狭长，隔克拉地峡与马来半岛相望。

从整体上看，这块区域是从亚洲大陆东南部伸出的一个三面环水的半岛，亚洲大陆再往西边还有两个类似的半岛，分别是被叫作"南亚次大陆"的印度半岛和位于西南部的"阿拉伯半岛"。由于中南半岛和印度半岛都拥有大块可耕种的土地，因此，虽然这两个区域都拥有很长的海岸线，但都没有成为海洋文化区的动力，从本质上讲都属于大陆型的农耕文明区。

中南半岛上主要包括越南、泰国、老挝、缅甸和柬埔寨五个国家。其中，老挝是东南亚唯一的内陆国家，没有出海口。

东南亚主要的大江大河都集中在中南半岛，随着山脉走向，多数从北向南流入大海。主要河流有湄公河、红河、湄南河、萨尔温江、伊洛瓦底江等。其中，最主要的河流是湄公河，它源自中国境内的澜沧江，流入中南半岛始称湄公河。它在中南半岛上大致由西北流向东南，经缅甸、老挝、泰国、柬埔寨和越南南部，注入南海。湄公河全长约2668千米，其中，约1200千米为国界河，包括中缅、缅老、老泰各段界河；流域面积63万平方千米，年径流量4633亿立方米，居东南亚各河首位。湄公河不仅是东南亚最大的河流，也是世界上最重要的国际河流之一。

马来群岛

东南亚的另一个部分就是大陆以外的岛屿了，这一地区的地理标签是"南洋群岛"。由于这些岛屿上的种族是"马来人"，所以，又称为"马来群岛"。

如果把中南半岛看成是陆地的一部分，那么，在它的南边又延伸出一条狭长的半岛，地理上称之为马来半岛。

马来群岛包括大巽他群岛、努沙登加拉群岛、马鲁古群岛和菲律宾群岛等，分布在中南半岛的东南面、澳大利亚的北面、太平洋与印度洋之间，由2万多个岛屿组成，南北纵向约500千米，东西横向约6400千米，陆地面积约247万平方千米。这里位于太平洋和地中海—喜马拉雅山火山地震带的会合带，火山、地震活动频繁，是世界上火山活动最多的地区之一，高峻的地带支离破碎。

在马来群岛上分布着印度尼西亚、马来西亚、菲律宾、新加坡、东帝汶、文莱等国。其中印度尼西亚、菲律宾、新加坡、东帝汶完全属于岛国，而马来西亚则横跨中南半岛和马来群岛两大岛屿群。因此，世界各国习惯把马来西亚、新加坡、印度尼西亚、文莱、菲律宾五国称为东南亚的"海洋国家"或"海岛国家"。其中，印度尼西亚现被称为"万岛之国"，是东南亚地区横跨太平洋和印度洋的唯一国家。2002年才从印度尼西亚独立出来的东帝汶位于帝汶岛的东端，也是一个典型的海岛国家。2022年11月，东盟各国领导人就东帝汶申请加入东盟发表声明，原则上同意接纳东帝汶为成员国，成为该组织第11个成员国。与"海洋国家"或"海岛国家"相对应的是，人们习惯将越南、老挝、柬埔寨、泰国、缅甸五国称为东南亚的"陆地国家"或"半岛国家"。

中国与东盟各国陆海相连，在陆地毗邻而居的国家中有越南、老挝、缅甸三个国家。边境上的两国居民世代和谐相处，在美丽的西南边陲，"共饮一江水，朝相见晚相望,清晨共听雄鸡高唱""一院两国""一井两国""一街两国""一桥两国""一寨两国"的奇特边境景观为世界罕见，两国边境居民语言相通、习俗相同，同走一条路，共饮一井水，同赶一场集，和睦共处，成为中国与东盟各国睦邻友好的真实写照。

走进东盟话方圆

东盟国家的地理位置具有独特的优越性，且具有丰富的自然资源和人文景观，区域经济发展保持较强的活力，成为让世界越来越受到瞩目的地区。

截至 2023 年 12 月，东盟 10 国拥有超过 6.7 亿人口，GDP 总值达 3 万多亿美元，总面积约 449 万平方千米。

东盟各国都有自己悠久的历史且都是新兴的国家，除新加坡和文莱外，均属发展中国家。东盟各国都是多民族的国家，东盟地区又是世界上华侨、华人最多的地区，全区约有华侨、华人 2000 多万，另有 200 多万印度人、100 多万其他国家的外来移民。东南亚地区是当今世界经济发展最有活力和潜力的地区之一，是中国的南邻，自古以来就是中国通向世界的必经之地。

东盟国家的地理位置在世界上具有特殊的意义。一方面它是亚洲纬度最低的地区，是亚洲的赤道部分，另一方面它正扼亚澳之间的过渡地带，这在气候和生物界均有明显的反应。本区也是太平洋与印度洋的交汇地带，这种地理位置使东南亚具有湿热的气候，并形成繁茂的热带森林。东南亚地区具有赤道多雨气候和热带季风气候两种类型，自然植被以热带雨林和热带季风林为主。

东盟国家矿产资源丰富，油气资源主要集中在印度尼西亚、马来西亚、文莱和越南，其他分布在缅甸、泰国、菲律宾等国。

东盟各国经历半个多世纪的发展，总体上发展速度高于世界的平均经济增长水平，但各国的经济差异很大，特别是自 2020 年以来，东盟国家的经济发展受到了新冠肺炎疫情较大的影响。但在 2021 年后，东盟国家经济逐步复苏，前六大经济体——印度尼西亚、泰国、新加坡、越南、菲律宾、马来西亚 2022 年的经济增长达到预期。其中，新加坡在 2022 年实现了 3.8% 的增长幅度，GDP（国内生产总值）约为 4660 亿美元，人均 GDP 达到了 8.28 万美元。

东盟前六强中，印度尼西亚的经济规模始终占据较大优势，2022 年，印度尼西亚 GDP 接近 1.32 万亿美元，人均 GDP 扩大至 4783.9 美元。经济总量位居东盟第一位，是东盟唯一一个 GDP 超过万亿美元的国家。但印度尼西亚有着 2.8 亿的人口，人均 GDP 落后于泰国等国家。

与东盟其他国家相比，2022 年，越南 GDP 大幅提升至 9513.327 万亿越南盾的高位，实现了高达 8.02% 的实质性上涨，在增长力度方面再次实现领先。与菲律宾相比，越南经济保持更快发展势头，实现了经济规模和人均 GDP 的双重赶超，东盟经济格局发生变化。

近两年来，东盟国家的经济逐步走向复苏的轨道。

2015 年，东盟经济共同体（ASEAN Economic Communicity，AEC）正式成立，

覆盖 6.6 亿人口、GDP 总额超过 3 万亿美元的庞大市场，成为东盟经济一体化道路上的里程碑。

2020 年以来，东盟与中国连续互为第一大贸易伙伴。东盟积极推动地区自贸区建设，于 2010 年与中国全面建成自贸区，于 2019 年实现中国—东盟自贸区协定升级版全面生效。2021 年 11 月，双方正式宣布建立中国东盟全面战略伙伴关系。

2011 年 11 月，东盟提出"区域全面经济伙伴关系（RCEP）"倡议，旨在构建以东盟为核心的地区自贸安排。2012 年 11 月，在第七届东亚峰会上，东盟国家与中、日、韩、印、澳、新（西兰）六国领导人同意启动 RCEP 谈判。2017 年 11 月，首次 RCEP 领导人会议在菲律宾首都马尼拉召开。2020 年 11 月，第四次 RCEP 领导人会议以视频方式举行，中国、日本、韩国、澳大利亚、新西兰和东盟十国在会上正式签署 RCEP 协定。2022 年 1 月 1 日，RCEP 正式生效。RCEP 成员国包括东盟十国和中国、日本、韩国、澳大利亚、新西兰，总人口达 22.7 亿，GDP 达 26 万亿美元，占全球经济总量约 30%。东盟与中国的合作更加紧密，对东盟以及中国必将带来更大的发展机遇。

走进东盟国家文化的历史隧道

东盟国家文化历史发展轨迹

一个地区的历史、人文，是当地人在该地休养生息、长期创造形成的产物。同时，它又是一种历史现象，是社会历史的积淀物。东盟各国所处的地理环境不同，不同的人和民族在这里交会，各种文化在这里交融。因此，各国文化、语言、民族、宗教呈现纷繁多样的特点，有人说东盟国家文化是东方文化的缩影，也是西方文化的缩影。

东南亚位于亚洲的东南部，包括中南半岛和马来群岛两大部分，是一个文化多样性十分突出的地区。历史上，中国文化、印度文化、阿拉伯文化和西方文化都对这一地区产生过影响。

随着社会历史的发展，影响东南亚文化的内外因素越来越多样化，各国在地域上、空间上的差异性也日益突出。这种差异，一是表现在海岛国家（以马来民族为主，主要信奉伊斯兰教）和半岛国家（大多数信奉南传上座部佛教）之间；二是表现在海岛和半岛的各个国家之间；三是表现在同一国家的不同地区和不同民族之间。

从地域和主流文化类型两个角度，东盟国家划分为四种类型。

- 以儒家文化为主流文化的国家：越南、新加坡。
- 以佛教为核心的佛教文化国家：老挝、柬埔寨、泰国、缅甸。
- 以伊斯兰教文化为主流文化的国家：印度尼西亚、马来西亚、文莱。
- 以天主教为主流文化的国家：菲律宾。

儒家文化在东南亚地区的传播

中国华夏文明滋养着本国的亿万人民，同时，也不断地向外辐射，影响着周边的邻国。因特殊的历史地理条件，越南、新加坡和马来西亚等东南亚国家成为中国文化辐射和影响的重要地区之一，其主要体现为儒学的传播。华夏文化自公元前 3 世纪时就传入了东南亚，并与东南亚各国的文化相融合而形成了具有地方特色的文化和哲学。

就越南来说，汉文化在越南的影响力长达1000多年，近现代以来，尽管汉字被拉丁文所取代，但越南一直提倡保持越南的传统文化，重视弘扬以孔子为创始人的儒学。

新加坡的华人占主体地位，移居到新加坡的华人把儒家文化也带进了这个国家。自新加坡1965年取得独立后，经济迅速发展，为保持和弘扬传统文化，新加坡政府大力提倡继承和发扬儒家文化，注重社会价值和道德价值，强调儒家的家庭、社会、国家的关系，强调以"忠孝"为核心的道德观，使得新加坡成为东南亚国家中实践儒学的经典范例，其现代民族文化中，有很大一部分吸收自中国传统文化。

儒学中以德性修养为中心的传统价值观对促进新加坡的社会整合、降低犯罪率和提升公民文明素养等，都起到了积极作用。

儒学作为中国传统文化的主干，对中国历史和中华文明的发展产生了深远影响，而当它传播到亚洲、欧洲及世界其他地区，并同那里的文化相融合，又成为世界文化的一个重要源流，对促进人类文明的进步发挥了重要作用。就是说，虽然儒学发源和形成于中国，但早就超越了中国的地域，成为一种国际性的文化。中国人民对儒学做出了开创性的贡献，其他国家和地区的人民对儒学的传播与发展也做出了各自的贡献。中国是亚洲的重要成员，很早就同相邻近的亚洲各国产生物质文化与精神文化的交流并相互影响。儒学也很早就传到亚洲其他国家，首先是东亚、东南亚的国家和地区，并形成了带有本国、本地区特色的儒学，成为本国、本地区文化的一个重要组成部分。

▲越南儒教圣地——河内文庙

中国同东南亚国家的交往历史

据考古发现推断，公元前1世纪在今天印度尼西亚的苏门答腊就有来自中国的人定居。从两汉以后，随着海上丝绸之路和陆上交通的拓展与畅达，中国同缅甸、柬埔寨、泰国、菲律宾、马来西亚、新加坡、印度尼西亚、文莱等东南亚国家的交往与联系，日益加强和紧密起来。这种相互间的交往与联系，主要是通过两方面的渠道进行的：一是相互间的使节、官员、学者、僧人的互访；二是两国间人们从事的经贸往来和寻找谋生出路的往来。

关于中国与东盟国家相互间的使节、官员的往来，从中国方面说，三国时吴国出使的官员朱应、康泰，南宋时出访的官员周去非，元朝时出访的周达观和航海家汪大渊，曾先后到过属于今天柬埔寨、泰国、马来西亚、印度尼西亚等国的一些地区，归国后分别著有《吴时外国传》《岭外代答》《真腊风土记》《岛夷志略》等书，记述了他们所到地区的政治、经济、文化及风土民情。从东南亚地区方面说，史书上关于他们的使节、官员前往中国的记述也不少。中国唐朝时期，从公元620年左右的唐高祖时期到870年左右的唐懿宗时期的两百多年间，属于今缅甸境内的骠国、今柬埔寨境内的扶南和真腊国、今马来西亚境内的盘盘国、今印度尼西亚境内的室利佛逝国等曾几次或多次遣使入唐。其中，唐贞元十七年（801年）骠国国王雍羌派遣王子率领骠国乐团一行三十多人访问中国，向唐德宗君臣献骠国乐12曲，在长安宫廷中演出数日，曾轰动一时。在中国唐代以后直至明清时期，东南亚各国的使节、官员以至国王前来中国访问的事例更是不胜枚举。

由于地缘上的毗邻关系，东南亚成为中国移民的迁徙地和避难所。因此，这种迁徙历史上称为"下南洋"。杨金远著有同名小说《下南洋》。中国与东南亚的交往，可以追溯到两千年前的汉代。据《史记》《汉书·地理志》等文献记载，公元1世纪左右，中国就与缅甸、越南等国互有来往。唐代时，移民人数开始增多，他们被当地人称为"唐人"。不过，中国人的南洋路，一直到了明朝和清朝前期，才越走越宽。下南洋以广东和福建人为主，目的地是东南亚一带。南洋包括新加坡、印度尼西亚、菲律宾、马来西亚、泰国、越南等国家。

随着中国与东南亚国家的交往加深，中华文明对东南亚地区的文化定型产生了重要的贡献。其中，明朝郑和七下西洋的壮举，无疑对东南亚国家的文化产生了重要的影响。郑和下西洋，发生在明朝第三个皇帝明成祖朱棣时期，自永乐三年（1405年）至宣德八年（1433年），郑和历时28年先后七次下西洋，将先进的中华物质文化、精神文化、政教文化等远播海外。郑和以毕生精力致力于海洋探险，发现了许多为当时的中国人所不知道的世界，为海外华人的生存、发展，创造了前所未有的良好的国际环境，从而谱写了人类航海史上崭新的篇章。郑和七下西洋的历史功绩体现在：推行和平外交，稳定东南亚国际秩序，震慑倭寇，牵制蒙元势力，维护国家安全；传播中华文明；开拓海洋事业，铺平亚非航路。而郑和肩负传播中华文化的重要使命，在东南亚地区传播中华文化，对中国与东南亚国家的友好交往做出了重要贡献。中国人发明的指南针是中华文明代表性成果，郑和将这一已经应用于航海的伟大发明展示给海上丝绸之路沿线各国，开始了他的文化交流之旅。以四书五经、书画等为代表的中华书籍，成为文化交流重要的精神产品。此外，中国丝绸、锦缎等纺织品，茶叶、瓷器、纸张等物产，都是引以为豪的文明之果，这些正为他国人民的物质生活与精神生活所需。因此，郑和船队能够顺利地开展东西方的文化交流。郑和下西洋传播中华文明的内容主要有以下几个方面：中华礼仪和儒家思想、历法和度量衡制度、农业技术、制造技术、建筑雕刻技术、医术、航海造船技术等。

在海外还流传许多郑和的故事。在马来西亚有三宝山、三宝井，印度尼西亚有三宝垄、三宝庙，留下了郑和的遗迹，表达了当地人民对这位传播中华文明的先驱的敬意。

郑和七下西洋，在东南亚留下大量的传说，甚至被神化和塑造为华人开拓东南亚的先驱，郑和下西洋的历史记忆成了东南亚华人精神寄托的象征。另外，马来西亚重要史籍《马来纪年》记载了有关明朝公主汉丽宝远嫁马六甲和番的故事，也成了当地土生华人的身份认同的证据。

佛教文化

佛教大约在3世纪开始传入东南亚地

区，到 11 世纪，由柬埔寨、泰国、老挝、缅甸组成的南传佛教文化圈形成。泰国和柬埔寨从宪法上规定了佛教至高无上的地位。

11—15 世纪，南传上座部佛教文化圈在大陆东南亚逐渐形成，有着多方面的原因，其重要原因之一是南传上座部佛教文化成为同缅甸、泰国、柬埔寨、老挝等国统一的封建国家形成和发展、封建王权的确立和巩固相适应的宗教意识形态。11 世纪以后，东南亚地区的缅甸、泰国、老挝等国家所在的地区，先后或由分裂、割据的局面走上统一的道路，或从众多的部落、酋邦、早期国家向以某一个民族（如缅族或泰族）为主导的多民族的中央集权式的封建国家过渡，而信奉印度教和大乘佛教、在 11—12 世纪盛极一时的吴哥王朝在 13 世纪以后则面临危机，转向衰弱。处于这样一个"历史上的伟大转折点"的大陆东南亚中西部各国，或者需要一个在精神上支持其统一国家的巩固和发展的宗教，或者需要转向新的宗教，以应对危机。

佛教是泰国代代相承的传统宗教，也是泰国人的生活重心，佛教徒占了 90% 左右。泰国全国有 3 万多所寺庙，而"天使之城"首都曼谷便有"佛庙之都"之称。

佛教是柬埔寨的传统宗教，佛教信仰和佛教文化深入人心，在官方和民间都有重要地位。柬埔寨宪法遵循 1947 年宪法的内容，定佛教为国教。

柬埔寨前国王诺罗敦·西哈努克阐释了佛教与国家政治生活的关系。他说："柬埔寨好像一辆马车，由两个车轮支撑。此两轮一个是国家，另一个是佛教。前者象征驱动力，后者为宗教道德。马车前进两轮须同时运转，这个道理同样适用于在和平与前进的道路上的柬埔寨。"

▲ 老挝僧侣的布施生活

▲ 缅甸曼德勒佛塔

伊斯兰教文化

由于东南亚地区是连接中国、印度、波斯、阿拉伯和罗马帝国之间的海上通道，因此，国际贸易自古就很兴盛。伊斯兰教最早传入东南亚地区是在 7—8 世纪，是由印度人和阿拉伯商人传入的。伊斯兰教在东南亚的传播主要集中在马来群岛地区和马六甲的沿海地区。随着时间的推移，伊斯兰教逐渐发展成东南亚海岛地区的主流文化，在今天的印度尼西亚、马来西亚、文莱、泰国的南部和菲律宾南部形成了一个以伊斯兰教为核心的文化圈。

伊斯兰教传入东南亚之前，这里的居民除了保留当地的原始宗教以外，受印度文化影响很深，主要信奉佛教和印度教。

所以，史家称这一时期的历史为"印度文化时期"。在南洋群岛，曾相继出现过几个印度教和佛教王国，其中最主要的有：7—14世纪建立于南苏门答腊的室利佛逝王国；13—15世纪建于爪哇岛东部的麻喏巴歇王国。麻喏巴歇王国全盛时期的版图大致相当于今日印度尼西亚和马来西亚的总和。8世纪之后，在北苏门答腊沿海地区已有大批商人定居，形成许多商业城邦或商业中心，如霹雳（864年）、巴赛（1042年）、亚齐（1065年）、塔米亚（1184年）。13世纪初，伊斯兰教已广泛传播于苏门答腊西北部和北部沿海地区。旅行家伊本·拔图塔于1345—1346年途经苏门答腊到中国旅行时，也记述了伊斯兰教在苏门答腊兴盛的情况。

随着商业的发展和沿海商业城市的日益繁荣，开始出现幅员更广阔的伊斯兰国家。马欢在《瀛涯胜览》中记述了中国明朝郑和下西洋时在苏门答腊的见闻。由此可知，自13世纪起，伊斯兰教在苏门答腊西北部地区已经盛行。自此，通过经商、通婚、移民、传教等方式，伊斯兰教逐步深入中部和南部地区，最终成为该地区的主要宗教。

从14世纪开始，伊斯兰教在马来半岛大规模传播开来。不久，海上强国马六甲兴起，控制了马六甲海峡贸易。15世纪中叶，马六甲王国征服海峡两侧地区，到1480年，控制了马来半岛南部所有人口稠密区和苏门答腊沿海地区。原来统治马六甲的佛教、印度教封建上层眼看伊斯兰教的发展是大趋势，便纷纷改宗伊斯兰教。至此，马来半岛基本上实现了伊斯兰化。与此同时，伊斯兰教也传到了爪哇岛。

由上可知，东南亚地区原先是佛教、印度教和原始宗教流行的地区，后来才传入伊斯兰教。16世纪以后，西方殖民主义者侵入，该地区相继沦为殖民地，西方基督教传教士以军事、经济实力为依托，大力传播基督教和西方文化，进行文化殖民。该地区人民为抗击侵略者进行了长期的斗争，终于在第二次世界大战之后取得胜利，建立起独立的国家——马来西亚和印度尼西亚共和国。

▲ 马六甲海峡清真寺

伊斯兰教传播到东南亚地区以后，融合了地方文化传统，创造了特色鲜明的东南亚伊斯兰教艺术。东南亚伊斯兰教艺术的主要表现形式包括清真寺、伊斯兰装饰艺术和伊斯兰文学等。

基督教文化

在很久以前，东方国家没有基督教的信仰者，它的传入时间无疑很晚，但是，在东南亚却依旧占有一席之地。

基督教几乎是伴随着殖民者的炮火硬生生塞给东南亚人的。16世纪初，马六甲和东南亚海岛国家逐渐沦为葡萄牙、荷兰、西班牙等国的殖民地。随着西方国家的殖民侵略活动的开展和移民的增多，基督教也开始在东南亚地区传播。基督教作为最晚进入东南亚的外来文化，在东南亚地区传播经历了曲折而艰辛的过程，最终其影响和生存的地域范围比较小,主要分布在菲律宾群岛中北部和帝汶岛上。1521年,来自西班牙的天主教徒抵达了菲律宾的宿务岛,受到了当地统治者的欢迎,随后,天主教在菲律宾中北部的广大地区迅速传播开来,到18世纪,成为菲律宾中北部地区的主要宗教文化类型,并延续至今。菲律宾人对宗教是十分虔诚的,全国人口85%信仰天主教,是远东唯一的天主教国家。因此,天主教文化成为菲律宾的主流文化。

▲ 越南岘港大教堂

东盟国家纯朴自然的人文艺术

东盟各国在漫长的历史发展过程中,创造了丰富多彩、享誉世界的灿烂文明,形成了具有区域特色的多元文化,以及独特的人文景观和艺术。东盟国家具有民族特色的音乐、舞蹈、美术、雕刻、传统手工艺等享誉世界,不仅突出了东盟各国的艺术独特性和多样性,还呈现出地区文化的共同点。比如说:印度尼西亚的皮偶人物造型稚拙有趣,木雕面具怪诞神秘;柬埔寨的佛像既渗透着印度艺术的影子,又具有高棉人的相貌特征;老挝的木雕图案繁缛,工艺精巧;新加坡土生华人传统文化服饰、珠绣等,反映了当地华人的中华本源以及对当地风俗的兼容并蓄;菲律宾、马来西亚的藤编工艺,泰国和越南的手工艺陶瓷等都洋溢着浓郁的民族风情。

由于历史和地理的原因,东盟各国的传统文化和艺术有许多相通、相似之处,尤其是各国的染织工艺都比较发达,其中,蜡染艺术被称为东方的绮丽之花。

东盟各国的建筑文化

东南亚建筑文化是东方建筑文化的重要组成部分,因中国、印度两大文明古国文化的影响及其本土文化的强大生命力,形成了独特的传统建筑艺术风格。以新加坡、马来西亚等为代表的较发达地区,经过传统与现代、本土与外来文化的相互碰撞与融合,创造出了既有现代感又有传统神韵,既有国际性又有民族风格的建筑作品,极具地区特色。

东南亚的特殊文化构成也反映在建筑上,从而培育出独具特色的东南亚建筑文化。东南亚建筑文化在总体特征上应该归属于东方建筑文化系统,但它与该系统中其他几个区域性建筑文化的最大区别就在于它同时受到中国和印度两种古老文化的影响,而其本土文化的强大生命力又赋予它明显的个性。不过它身上仍然残存着一些中国早期建筑的影子。

虽然东南亚早期古代建筑文化保留了原始文化的特点,但外来文化和宗教的传入与当地社会原有文化的充分结合,塑造了当地古代建筑文化的早期形态,主要包括佛寺建筑和陵墓建筑等。11世纪以后,多种外来文化的影响在东南亚迅速扩大。13—15世纪,中南半岛各国基本完成了小乘佛教化的过程，佛寺建筑逐渐增多。与此同时，伊斯兰教的影响在海岛地区也迅速扩大，形成了包括印度尼西亚群岛、马来半岛和菲律宾南部在内的伊斯兰文化圈，伊斯兰建筑被大力营造，出现了一批著名的清真寺。

16世纪以后，随着西班牙人、荷兰人、英国人和法国人的侵入，西方文化渗入东南亚地区并且同原先存在的印度文化、中国文化、阿拉伯文化以及当地民族文化交织在一起，促使东南亚建筑文化呈现出更加复杂多样的特点。

近代东南亚文化时期时间跨度较短，仅约一个世纪，但却是东南亚建筑发展史上最重要的时期。其间，随着西方殖民者的到来，东南亚建筑文化受到西方建筑文化的强烈冲击。与此同时，随着华人移居东南亚人数的增多，中国建筑也扩大了影响，使东南亚建筑的多元性和多样化进一步发展。东南亚的建筑文化深受宗教的影响，各国在宗教的影响下所形成的建筑风格也是各不相同的，主要表现在以下几个大的方向：中南半岛上的五个以佛教为主的国家，建筑样式是佛教宽顶多角塔楼；马来半岛上的马来西亚、印度尼西亚、文莱等建筑风格是伊斯兰教尖顶塔楼；菲律宾的建筑风格是西班牙元素和美国元素相融合；而越南的建筑风格则是法国样式同中国样式的结合。

东盟国家七彩服饰文化

东南亚是一个具有多样统一性的地域，频繁的民族迁徙和各民族之间的文化交往，构成了多彩的民族服饰文化。

相较马来西亚的其他服饰来说，"巴迪"可以说是其最具特色的服饰。男子穿的巴迪衣被誉为马来西亚国服，"巴迪"设计优美，图案繁多，款式别致，有的编织手法相当细腻。"巴迪"为长袖上衣，图案讲究对称，图案花纹不对称者不算真正的"巴迪"。"巴迪"有的是由蜡染布制成，有的则以丝绸为原料，质地不同，但大多宽而大。传统的马来妇女服饰分上衣和纱笼（筒裙），衣宽如袍，袖长，衣身长过臂部，纱笼十分宽大，通常长达足踝。马来妇女穿着传统服装时，头上戴着一条艳丽的薄纱巾，纱巾垂挂至肩膀或胸前。她们的服饰习俗忌讳袒胸露臂。马来族服饰造型、设计具有浓郁的民族情调。

菲律宾有一种男士穿的上衣，名字叫作"巴隆他加禄"。"巴隆他加禄"样子像敞领衬衫，白色，可以是长袖的，也可以是短袖的。两边腰际开点岔，腰部略窄，前面有两个大口袋，胸前两边各有一条织出来的垂直白色花纹。这是一种菲律宾的礼服，可以穿着参加宴会或者重要会议。菲律宾女士们爱穿西式裙子，在会议和宴会上也有穿民族服装的，叫作"马隆"，样子有点像印度的纱丽。菲律宾还有一种服饰叫菠萝服，这是菲律宾人用菠萝叶制成的衣服。每年11月至次年4月，在枝叶繁茂的菠萝种植园里，菠萝叶喜获丰收，菲律宾人用它制成一种透气性极佳、不缩水又便于洗涤的布料，然后加工制作男衬衫、短衫和外衣，以及台布、门窗帘和餐巾等。

"奥黛"是越南最具传统的民族服饰，多为丝绸制作，其最初的样式借鉴了中国旗袍的特点，但又有越南人自己的民族特色。后来，包括法国设计师在内的不少服装专家又对"奥黛"进行了修改。今天我们看到的"奥黛"，大概是在20世纪30年代最终确定的。

娘惹服饰具有马来西亚华人引以为傲的精致与奢华的特点。娘惹服饰是娘惹文化的另一个代表。爱美是女人的天性，在马来传统服装的基础上，改成西洋风格的低胸衬肩，加上中国传统的花边修饰，就是娘惹服饰。娘惹服装多为轻纱制作，具有典型的热带风格。其颜色不仅有中国传统的大红和粉红，还有马来人的吉祥色土耳其绿。服装上点缀装饰的图案，则是中国传统的花鸟鱼虫、龙凤呈祥。

印度尼西亚以其绚丽多彩的染织文化而为世所周知。表现在服装上，则传统文化与现代文化交织在一起，愈发显得多姿多彩。本民族固有文化与100年前品顿族文化重叠交叉，完美地体现在一幅布料上。受中国文化影响，旗袍也出现在印度尼西亚。经过改良，印度尼西亚人将它吸收到当地的传统服饰中。至今，印度尼西亚服饰在染织图案和刺绣手法上，还能明显看出其受中国文化之显著影响。印度尼西亚人将各种文化，成功地融入本民族文化中，形成其独特的历史文化背景。

东盟国家的音乐、舞蹈文化

东南亚音乐和舞蹈文化的魅力无处不在，其包含了东盟国家的民俗、服饰、宗教和音乐等元素，深深地根植于本土民族的土壤之中，是民族传统文化的重要内容。

【音乐文化】

老挝音乐受外来民族音乐的影响较深，特别是受到了中国和泰国多种音乐的影响。在老挝的传统音乐中，能看到很多与泰国音乐相似的音乐形态和形式，这在老挝的传统民歌中表现得更为明显。老挝民歌是老挝当代音乐传承与发展最好的艺术形式，老挝的民歌常与各种乐器搭配，最常见的伴奏乐器是芦笙、笛子、鼓、木琴等民族乐器，这与中国西南地区少数民族苗族等使用的伴奏乐器一脉相承。

柬埔寨的古典乐以器乐合奏为主，其乐团称之并帕，通常皇家演出音乐、戏剧舞蹈、面具舞、皮影戏、宗教庆典，乐器有筚篥、竹琴、木琴、铁琴、铜鼓、双面大鼓铜钉大鼓及民间庙会的直笛、单弦琴及三弦琴，其它常见的乐器有鳄琴、各种胡琴、及单面鼓等乐器。柬埔寨的民歌、舞蹈和农人丰收、节庆、婚宴喜庆，称为卡音乐，载歌载舞，和神灵有关的称之阿拉卡音乐。长臂琴音乐是柬埔寨特有的一种传统音乐，与柬埔寨人的生命、习俗，以及信仰息息相关。其主要的特点是以长臂琴搭配歌唱演出。长臂琴音乐的歌词结合了柬埔寨传统诗词、民俗传说，以及佛学故事。

缅甸音乐的最大特点在于它的乐器和器乐。可以说弯琴、围鼓和竹排琴三件乐器及其音乐是缅甸音乐的珍宝，也是对缅甸对世界音乐的贡献。缅甸最主要的民族乐器是弯琴，这是缅甸所特有的弓型竖琴。弯琴的外形很美，高高耸起的弯曲琴颈顶端的金叶是菩提树叶的象征，它的共鸣体是用一块木头雕成的，形状像一条船，上面蒙上一块红色的鹿皮，四周饰以金色的波浪形花纹，再加上飘舞在琴颈上的红色饰带和穗子，使这件乐器显得十分雍容华贵，精致典雅。音乐家将琴放在腿上抱在胸前演奏，音色清新雅致，娓娓动听，演奏弯琴的大师过去被冠以"天上的音乐家"的称号。在缅甸，不仅是音乐家会演奏弯琴，广大的知识分子又都以会演奏、欣赏弯琴音乐为自己必需的文化修养。而且弯琴的音乐特点、音色影响了缅甸整体器乐风格。

围鼓不仅能独奏，而且形成了以围鼓为中心的围鼓乐队，它包括了围锣、芒锣、钹、木梆子、唢呐、笛子等。竹排琴也是一件缅甸乐器中的珍宝。竹排琴采用20多块长短不同的竹板用线穿在一起，然后挂在一个船形的共鸣体上，演奏者用两根头上包有毛毡的车轮形小木锤敲击。

因马来西亚位于东、西文化交汇处，受外来文化的影响，马来民族与外来民族相互融合，形成了马来多元文化的特征。在马来人音乐中，最普遍使用的乐器是鼓类的膜鸣乐器和锣类的体鸣乐器，称为"更坦"。马来西亚音乐表现出多层交织、复音层叠的音乐特征。

印度尼西亚甘美兰，印度尼西亚语的原意是"用手操作""敲击"，所用乐器大多数是青铜制乐器。甘美兰如果按地方特色分的话，大致有四种代表性类别，即：西爪哇、中爪哇、东爪哇、巴厘。巴厘岛的甘美兰，旧时称为内卡拉、贝利，主要是节奏性重叠的合奏。

菲律宾音乐如果从音乐风格看，大致可以分为三个地区：①以吕宋岛低地为中心的城市地区；②南部棉兰老岛及其附近岛屿和苏禄群岛；③吕宋岛北部及其附近岛屿。

以首都曼谷为中心的传统古典音乐形成了泰国音乐的核心。泰国古典音乐是在历经了长期与周边国家的音乐文化相融合的过程后逐渐发展形成的。虽然古典音乐逐渐作为纯音乐来欣赏，但是在泰国它们通常是同戏剧结合进行表演的，如面具戏"空"，舞剧"拉空"，以及多种多样的舞蹈。民间舞也有很多形式，每一种使用不同的乐器进行伴奏，而古典音乐则主要用"翁皮帕特"乐队进行伴奏。

越南宫廷音乐包括：郊庙音乐、寺庙乐、大朝乐、五赐宴乐、宫殿乐、祭祀乐等。越南音乐中的特色之一是竹乐器多，其中最有特点的、最常用的是"梢风提尤"（笛）、"特朗"和"克龙普"。在众多越南乐器中，独弦琴独树一帜。最初，独弦琴和两弦弓弦琵琶、锣、鼓一起组成的乐队用于盲人歌唱的伴奏。歌曲的内容有历史事件、道德说教、人生哲理和爱情故事等等。长期以来，独弦琴都是人们所钟爱的一种乐器，它的声音能产生精微的变化。现在，经过改良的独弦琴能够进行独奏。

【舞蹈文化】

东南亚舞蹈在东方舞蹈文化中占据重要地位，东南亚舞蹈具有神秘的东方色彩文化。虽然东南亚各国有其各自独特的舞蹈风格，但总体上有相似的特征：①色彩鲜明，风格独特，图腾崇拜比较多（如金翅鸟崇拜）；②节奏不快，发展缓慢；③以手语传达情意，造型有曲线美；④舞蹈既有风情性，又兼具神佛性。东南亚舞蹈文化总体上呈现出中规中矩、从容保守的风格，神圣静谧、崇高庄严，具有当地文化特质。东南亚国家的舞蹈文化深受外来文化影响，其著名的四大舞系：佛教舞系、傀儡舞系、印度教舞系和伊斯兰教舞系，就是受到不同的信仰和文化所影响。

东盟各成员国共同拥有既灿烂又古老的文明史，当代文化思潮迫使他们在面对自己珍贵的历史文化语境的同时，必须主动积极地去思考和梳理一些亟待解决的问题。以当代艺术作为社会文化的一种传播形式，同时也以当代艺术架起一座横跨东盟各国的希望之桥，已变得格外富有意义。

东盟各国的艺术家们和文化部部长都表示，需关注和警惕在全球化浪潮中被西方文化同化的危险。他们认为，文化是一个国家和民族的象征和符号，它积淀着民族的信仰、伦理、情感等诸多内容。

2000年7月，东盟十国外长在33届外长会议上签订了《东盟文化遗产宣言》，《宣言》指出："东盟十国拥有丰富的文化资源和文化遗产，对其生命力和完整性应保存、保护和宣传。文化的创造力和多样性是东盟社会生存和发展的根本保证。东盟人民渴望建立地区新秩序，这种秩序是建立在文化机会均等，尊重文化的多样性和东盟的同一性，不分国籍、种族、性别、语言和宗教上的。"

▲ 越南下龙湾

▲ 越南芽庄度假海滩

东盟国家异域风光

东盟国家异域风光

东盟各国因其独特的地理优势，不仅有奇特的海岛和热带雨林旅游资源，还有丰富的人文景观和民俗文化，吸引着世界游客观光旅游，成为世界旅游天堂之一。

下面我们就从中南半岛到马来半岛，一睹东盟各国的异域风光。

越南是一个充满活力的新兴国家，拥有繁华的城市、迷人的历史遗迹、深厚的文化底蕴、美丽的自然风光、享誉世界的美食，吸引着世界各地的人前来游玩。人们游逛在热闹的千年古都河内，乘船游览被誉为"海上桂林"的下龙湾；乘着三轮车探索迷人的顺化，参观王室故居；漫步在古朴的会安，探究世界文化遗产遗址。

越南芽庄，人少景美，水清沙白。与其他海岛相比，芽庄因恬静内敛、小资情调渐渐受到更多外国游客的关注，这里是适合潜水也适合亲子出游的海滨之城。

缅甸是一个传统而古老的国家，探索缅甸会让你感觉像是走进了1910年版的《国家地理》。这里有着与其他国家不同的景致，随处可见穿着笼基的男人，脸上敷着浓厚香木粉的女人。许多地方依然用三轮车代步。在这里旅行能感受到简单的快乐。蒲甘是东方佛教文化璀璨的宝库，是蒲甘王朝的首都。蒲甘的村庄矗立着佛塔，蒲甘的街道矗立着佛塔，蒲甘的田野矗立着佛塔。行走在蒲甘，视野里离不开千姿百态的佛塔。蒲甘的佛塔，集缅甸一切建筑艺术形式之大成。有的金光闪闪，有的洁白素雅，有的砖红透着肃穆。塔的殿内供奉着精美的佛像，塔内的浮雕壁画，以佛教内容为主，雕刻绘画技艺精巧，人物形象栩栩如生，堪称东方文化的瑰宝。

柬埔寨，一个美丽的国度，其悠久灿烂的文化、绚丽的自然风光以及多姿多彩的民族风情，无不吸引着世人前往观瞻。吴哥窟成为柬埔寨历史文明的象征。

▲ 缅甸大金塔

▲ 缅甸茵莱湖捕鱼

▲ 吴哥爱的天梯

▲ 吴哥窟佛光返照

在吴哥，你可以看到诸多宏伟的巨石建筑和生动形象、充满表现力的雕刻；在巴戎庙每一座塔的四面，都刻有加亚巴尔曼七世的微笑面容，两百多个"高棉的微笑"浮现在葱绿的森林中；登上巴肯山顶看日落，远眺宏伟的吴哥古城；坐船游马来湖登岛看劈斯怒神庙，累了可以体验柬式传统按摩，一个钟头下来疲倦一扫而光。你还可来到柬埔寨王国首都金边，参观王宫和独立纪念碑。

老挝境内山峦起伏，森林密布。动物以大象为多，所以，老挝有"万象之邦"的美称。久居在喧嚣热闹城市里的游客，可放下心灵的包袱，去感受老挝的慢时光和魅力。

老挝的琅勃拉邦被联合国教科文组织列入世界历史遗产名录。琅勃拉邦民风淳朴，自然生态保护完好，没有过分商业化，被公认为东南亚传统与殖民风格保存最为完好的城市，成为西方游客追求的"世外桃源"。

▲ 老挝自然风光

▲ 老挝南松河娱乐场

泰国不仅有神秘的佛教文化,也有令世界游客向往的森林公园、美丽海滩,以及世界独一无二的泰拳文化。泰国被人们称为旅游的天堂。这里有"泰北小瑞士"之称的清莱、拜县,有"泰北玫瑰"之称的清迈,还有许多世界级的海岛旅游胜地,令游客最为向往的莫过于芭堤雅,以及风光秀丽的象岛和普吉岛。

近年来,芭堤雅是东南亚热度极高的海滩度假、房产投资、旅游、养老圣地,享有"东方夏威夷"之美誉,已成为"海滩度假天堂"的代名词。其素以阳光、沙滩、海鲜名扬世界;以美丽的海景、新奇的乐园、缤纷无休的夜文化,吸引着全世界的游客。

▲ 芭堤雅日落

▲ 曼谷大皇宫

文莱不仅富甲一方,且有着绮丽的自然风光。首都斯里巴加湾堪称"魅力之城"。文莱有世界自然遗产墨林本湖,也有国家森林公园,这些让文莱成为世界游客的旅游天堂。

▲ 文莱赛福鼎清真寺

印度尼西亚是一个由上万个岛屿组成的国家,大家都称它为"万岛之国"。印度尼西亚盛产香料,如丁香、豆蔻、檀香等,美食文化独具一格。印度尼西亚是世界上现存火山最多的国家,且三分之二的国土位于赤道以南,也因此造就了印度尼西亚十分独特的地质地貌,旅游名胜众多,是旅游度假的好地方。

巴厘岛是印度尼西亚唯一信奉印度教的地区,以庙宇建筑、雕刻、绘画、音乐、纺织、歌舞和风景闻名于世。巴厘人生性爱花,处处用花来装饰。因此,该岛有"花之岛"之称,并享有"南海乐园""神仙岛"的美誉。这里沙细滩阔、海水湛蓝清澈,每年来此游览的各国游客络绎不绝。

▲ 印度尼西亚婆罗浮屠

- 17 -

▲ 巴厘岛风光

▲ 马来西亚沙巴水上清真寺

马来西亚最大的特色在于充满异国情调。不同民族各具特色的文化习俗，不同风格的城乡建筑，充满传奇色彩的历史遗迹，交织成一幅色彩斑斓的画卷，使人心驰神往。马来西亚享有"热带旅游乐园"的美称。马六甲是马来西亚历史最悠久的古城，是马六甲州的首府。它位于马六甲海峡北岸，马六甲河穿城而过。这里有中国式的住宅、荷兰式的红色楼房和葡萄牙式的村落。马来西亚石油公司双子塔，是吉隆坡的第一地标，无敌夜景和完美城市天际线。荷兰红屋，是荷兰人在亚洲留下的最早的建筑物，充分融合了亚欧两大洲的建筑风格。

新加坡国家博物馆，是新加坡历史最悠久的博物馆，可以追溯到 1849 年。新古典主义的建筑外观完成于 1887 年。鱼尾狮公园是新加坡的一张名片，它是新加坡从一个小渔村发展起来的象征，也是新加坡的国家标志性景点。鱼尾狮像坐落于市内新加坡河畔，其设计灵感来源于《马来纪年》中的一个传说。

菲律宾被誉为东方海上明珠。人们来到这个拥有 7000 多个岛屿的"千岛之国"，都会在灿烂阳光下沐浴椰风蕉雨，对那里的绿色生态留下很深的印象。

▲ 马来西亚沙巴度假海岛

▲ 新加坡教堂

虽然新加坡是一个年轻的城市国家，但其依托优越的地理位置和人文景观，吸引着世界游客前来观光。

▲ 新加坡圣淘沙岛

菲律宾首都马尼拉位于吕宋岛西岸，是亚洲最具欧洲风情的城市，也被称为"亚洲的纽约"。这里无论是建筑还是人文风情，无不体现传统与现代、东方与西方、热闹与宁静的交织融合。马尼拉让游客动心的莫过于马尼拉湾的夕阳日落，堪称东南亚闻名的美景之一。

东盟各国异域风光极具特色，印度尼西亚巴厘岛则具有一定的代表性。巴厘岛拥有万种风情，景物甚为绮丽。因此，它还享有多种别称，如"罗曼斯岛""天堂之岛"等。岛上名胜古迹众多，自然风景美丽如画，人们用"诗一般的情调，画一般的美丽"来形容巴厘岛的景色，因而素有"诗之岛"的美称。巴厘岛不仅是印度尼西亚的旅游名片，而且成为印度尼西亚举办国际会议的首选地。二十国集团（G20）领导人第十七次峰会于 2022 年 11 月 15 日在巴厘岛开幕，巴厘岛再次为世界所瞩目。

▲菲律宾黎牙实比天主教堂

▲菲律宾风情沙雕

•••••• 思考与讨论 ••••••

1. 东盟具有哪些地缘优势？

2. 如何理解东盟区域的多元文化特色？

3. 如何理解中国同东南亚国家的交往历史？

4. 东盟国家旅游风情具有哪些特色？

5. RCEP 生效后，东盟与中国的合作将有哪些发展机遇？

第 2 章　金山银海——越南

····· 初识越南 ·····

越南，一个被人们誉为"金山银海"的国度，全称为越南社会主义共和国，是亚洲的一个社会主义国家。在东南亚国家中，越南是受中国文化影响最深且接受儒家思想的国家。越南旅游资源丰富，融合了东方文化和法国的浪漫风情，是亚洲旅游的热门国家之一。

奇特的 S 形国土

打开地图，我们会发现越南的国土形状就像一个 S 形。其位于中南半岛东部，地势上西北向东南倾斜，北与中国接壤，西与老挝、柬埔寨交界，东面和南面临南海。北部与中国云南、广西山水相连，两国的边界线长达 1300 多千米。国土狭长，面积 329556 平方千米，海岸线长 3260 多千米。越南时间比格林尼治时间早 7 小时，比北京时间晚 1 小时。

越南国土两头宽，中间窄，从北向南呈 S 形。从与中国云南省接壤的河江省同文县的最北端至南部金瓯省的最南端，直线距离为 1650 千米，跨 15 个纬度。最宽处从东北部的广宁省芒街镇到西北越老边境，长约 600 千米。最窄处在中部的广平省，从东南沿海洞海市至西部越老边境的嘎莱仅有 50 千米。

越南纵跨 15 个纬度，地区间的气候自然有所不同，但是，由于其全部国土都位于北回归线以南，因此，除高山地区外，其本土都属于热带季风气候，日照充足，气温较高，湿度较大。年平均气温 24℃ 左右。年平均降雨量为 1500～2000 毫米。北方分春、夏、秋、冬四季。南方雨旱两季分明，大部分地区 5—10 月为雨季，11 月至次年 4 月为旱季。越南河流密布，共有大小河流 1000 多条，总长 4.1 万多千米，其境内最大的两条河流为红河和湄公河。红河发源于中国云南省，湄公河则发源于中国的青藏高原。

多民族的国家

越南是一个多民族的国家，官方正式认定公布的民族共有 54 个。据越南统计局 2024 年 1 月初公布的数据，越南人口至 2023 年底约为 1.03 亿，是在印度尼西亚和菲律宾之外又一个人口规模破亿的东南亚国家。这一里程碑将越南成为世界第 15 大人口大国和东南亚人口规模达 1 亿的三个国家之一。在越南人口中男女占比为 49.4% 和 50.6%。

在全国 54 个民族中，京族是越南的主体民族，占其人口的 86%，其余 53 个少数民族占 14%。越南各民族的居住地相对集中，京族主要居住在红河平原、湄公河平原和东部沿海平原地区，其他少数民族主要居住在山区。根据越南各民族人口数量排名，华人数量排第八，大多居住在越南南方的胡志明市等商业发达城市。越南的每一个民族，都有自己的语言、生活方式，以及文化遗产。多数越南西部的少数民族族群被统称为"山里人"。

越南的行政区划

越南实行省（直辖市）、县（郡）、乡（市镇）三级行政区划。越南的省（直辖市）是一级行政区，县（郡）是二级行政区，乡（市镇）是三级行政区。

全国划分为58个省和5个直辖市（芹苴、岘港、海防、河内、胡志明）。首都为河内。

越南国家象征

越南宪法规定："越南国旗为长方形，红底中间有五角金星。"国旗自1955年11月30日开始采用，即通常说的金星红旗，长宽比例为3∶2。

国旗旗面为红色，旗中心为一枚五角金星。红色象征革命和胜利，五角金星象征越南共产党对国家的领导，五星的五个角分别代表工人、农民、士兵、知识分子和青年。

越南社会主义共和国国徽为圆形、红底。国徽的正上方是一个五角金星，红底下面是半个齿轮。五角金星代表越南共产党，四周是稻穗和金色齿轮，代表工人阶层及农民阶层。金色齿轮下方有越南文"越南社会主义共和国"。

越南民间把莲花作为国花，以它作为力量、吉祥、平安、光明的象征，还把莲花比喻为英雄和神佛。总之，一切美好的理想皆以莲花表示。

▲越南国花——莲花

经济概况

越南是一个被誉为"金山银海"的国度，那么，"金山"和"银海"指的到底是什么呢？越南丰富的森林资源、矿产资源、农业资源和海洋资源成就了"金山银海"这一美名。越南的海洋石油和大米成为其重要的出口产品。越南属发展中国家。1986年开始实行革新开放。随着越南不断融入国际，加强与世界各国的经贸往来，2006年，越南正式加入世界贸易组织（WTO），并成功举办亚太经济合作组织（APEC）领导人非正式会议。

1986年以后，越南实行革新开放，经济发展较快。多年来，越南的经济保持了6%以上的增长速度，是亚洲国家经济活力的国家之一。2020年以来，虽然受到环境的严重影响，但越南2021—2022年连续两年跻身全球进出口额最大的30个国家和地区之列。2023年越南GDP增长5.05%，在

- 21 -

亚洲国家中独领风骚。2021年1月26日，越南共产党第十三次全国代表大会开幕。为实现到21世纪中叶将越南建成发达的社会主义国家，越共十三大政治报告明确提出了未来3个阶段的发展目标，即到2025年，越南成为工业走向现代化、跨越低中等收入阶段的发展中国家；到2030年建党100周年，越南成为具备现代工业、实现高中等收入的发展中国家；到2045年建国100周年，越南成为高收入发达国家。

越南统计局发布的2023年全年数据表明，2022年GDP增长5.05%，GDP达到4300亿美元，人均国内生产总值4284美元。越南与菲律宾的人均3498美元相比，有着近800美元的优势。——实现经济规模和人均GDP的双重超越。

越南的重点特色产业

【农林渔业】

越南盛产大米、橡胶、胡椒、椰子、火龙果、西瓜、杧果、腰果、茶叶、咖啡等农产品，对外出口具有一定有优势。

【工业】

（1）汽车工业。截至2022年年底，全国汽车相关生产企业约有360家。

（2）电子工业。近年来，越南手机、计算机及零部件生产出口的主导作用逐渐凸显。

（3）油气工业。2021年，越南开采原油1100万吨，开采天然气70.9亿立方米。越南有两家炼油厂具备原油精炼能力，分别为义山和容桔炼油厂，设计加工能力为1650万吨/年，能满足越南成品油需求量的70%。

【旅游业】

越南地处中南半岛东部，紧邻中国南海，国土狭长，地形地貌多样，蕴藏着丰富的自然景观、历史文化、人文景观等旅游资源，旅游业发展迅速，经济效益显著。旅游业已成为越南经济发展的一大支柱产业。

经贸合作

越南积极参与双（多）边和区域贸易合作。越南是东南亚国家联盟（ASEAN）和亚太经济合作组织（APEC）成员，是亚欧会议（ASEM）的创始成员。2006年加入世界贸易组织（WTO），标志着越南全面融入全球经济。在WTO框架内，越南支持公平、开放、以规则为基础的多边贸易体制。迄今为止，越南已签署16项自由贸易协定，包括《全面与进步跨太平洋伙伴关系协定》（CPTPP）、RCEP、越欧自贸协定、越英自贸协定等。越南与以色列历经7年谈判，两国贸易部长于2023年7月25日在以色列签署自贸协定，该协定的签署将使越南和以色列的贸易额实现大幅增长。越南通过签署自贸协定与其重要经贸合作伙伴建立起自由贸易关系，为进一步促进双边贸易和投资以及促进地区和全球经济一体化做出贡献。在经贸协定的框架下，越南辐射东南亚甚至全球市场，融入全球产业链、价值链。

越南的主要货物贸易伙伴：前五大出口目的地依次为美国、中国、欧盟、东盟、日本，前五大进口来源地依次为中国、韩国、东盟、日本、中国台湾。

中越旅游合作

为开辟更多的旅游市场资源，吸引中国游客到越南旅游，越南重视与中国的旅游合作。中国与越南接壤，两国发展旅游合作具有独特优势。长期以来，中国是越南最重要的游客来源国。特别是近两年来，前往越南旅游的中国公民增长迅猛。越南政府十分重视开拓中国旅游客源，旅游主管部门先后组织在中国 16 个大城市举办越南旅游推介会。近几年来，前往越南旅游的中国公民占越南入境游客总数位居首位。目前，中越两国除开放边境口岸双向游客通关外，中国南方航空公司、中国国际航空公司、中国东方航空公司、四川航空公司、厦门航空公司、越南航空公司、越捷航空公司等已开通中国部分城市至河内、胡志明市、岘港、芽庄、富国、大叻、海防等地航线，目前每周航班数量超过 200 班。

越南的风景名胜在亚洲地区有着一定的吸引力，有五处风景名胜被联合国教科文组织列为世界文化和自然遗产，越南从北到南，堪称越南越美。主要旅游城市有河内市（首都）、胡志明市、广宁省的下龙湾、古都顺化、芽庄、藩切、头顿等。

越南的历史发展轨迹

越南的历史发展轨迹开始于旧石器时代，在公元前 600 年左右出现东山文化，较重要的民族有雒越（也称"骆越"）人。越南经历了两千多年的发展，先后历经原始时代、传说时期、北属时期、独立自主封建社会时期、近代时期和现代时期。

原始时代

在原始时期，越南国土上已有人类活动的痕迹。在谅山省的平嘉发现猿人牙齿，在清化省的度山发现旧石器时期的工具。

远古时期居于越南北部的民族，为雒越人。越南古史学家陶维英认为，东山文化就等同是雒越人的文化。东南亚青铜时代晚期至早期铁器时代文化。因最早发现于越南清化省东山村而得名，主要分布在越南北部永富、河西、和平、北江、北宁诸省。一般认为年代在公元前 3 世纪至公元 1 世纪。20 世纪 20 年代以后，法国和越南的考古学家先后进行了发掘和研究。在雒越社会，有"雒王""雒侯"等作为部落领袖，并有简单的农业方式，就是依循潮水涨退，垦地栽种。中国学者指出，雒越人早在旧石器时期就生活在红河流域，到东山文化时代，已从原始族群过渡到氏族公社的阶段。

传说时期

越南神话传说提到约四千年前出现最早的王朝鸿庞氏。越南人关于自己民族的起源在他们的《大越史记》中是这样记载的：越南第一个国家文朗国（后改名为瓯雒国）是在青铜器时代建立的，以东山文化为代表，出土文物中最著名的是铜鼓。据传说，文朗国沿袭了几十个世纪，形成 18 代雄王当权的雄王时代，是为传说里的鸿庞氏王朝，时间为公元前 2879 年至前 258 年，共 2622 年。越南近现代学者对鸿庞氏传说存有不同见解。陈重金认为"有关这个时代的事情是难于确凿可信的"，又说"谁都希望从神话之中寻找自己的根源来光耀自己的民族。无疑也因为这个道理，我国（指越南）的史书记载鸿庞氏为仙子龙孙云云"。中国历史学者一致认为，越南的所谓"鸿庞氏王朝"仅仅是一个神话传说，从时间上推算不具备可信度。

北属时期

公元前 214 年，秦朝设置桂林郡（在今中国广西壮族自治区）、南海郡（在今中国广东省）及象郡（越南北部）。秦朝对此三郡推行移民实边的政策，将中原内地的民众迁徙到这里，让他们"与百粤杂处"。秦末，中国内乱，南海郡尉赵佗割据当地。中国史书记载他迅速扩张势力，"秦已破灭，佗即击并桂林、象郡，自立为南越武王"，成立南越国。公元前111年，汉武帝平定南越国，越南成为汉朝领土。汉朝实行直辖统治，设立"交趾刺史"（后改为交州），辖境横跨中国广东、广西、海南及越南的北、中部。位于越南北、中部的交趾（交趾又作交阯，在今河内一带）、九真（今清化省、义安省一带）、日南（今广平省、广南省一带）三郡便属于它的管治范围。建武年间，交趾郡辖下的一位女姓雒将（雒越人领袖）征侧被太守苏定"以法"惩治，征侧不服，乃于公元40年，与其妹征贰起事反抗，史称"二征起义"，一度攻下交趾、九真、日南等地六十五城。东汉朝廷派大将马援率军镇压，最终在公元43年歼灭征氏姊妹，事件遂平。

从秦朝开始，直到公元968年越南建立第一个封建王朝"丁朝"，中国对越南实施了一千多年的直接统治，对其政治、经济和文化都有巨大的影响，为越南独立封建王朝和近现代的历史发展奠定了基础，对越南历史产生深远影响。越南著名史学家陈重金说："国人濡染中国文明非常之深……这种影响年深日久已成了自己的国粹。"

独立自主封建社会时期

公元968年，华闾峒（在今宁平省）豪族丁部领击败各地使君，统一国家。自此，越南历史上第一个王朝——丁朝成立。丁部领随即即皇帝位，后世称为丁先皇（968—979年在位），建立国号大瞿越，定都华闾（在今宁平省），是为丁朝，到太平元年（970年）开始使用年号"太平"。丁朝遣使到中国宋朝朝贡，宋太祖册封丁部领为"交趾郡王"，越南自此守朝贡之礼。2018年是越南历史上大瞿越立国1050周年，为此2018年4月24日越南在宁平省华闾县长安乡华闾古都历史文化遗迹区举行盛大的纪念活动。

自第一个王朝——丁朝开始，越南先后经历了前黎朝、李朝、陈朝、胡朝、后黎朝、莫朝、西山朝、阮朝，中间有20年短暂的属明时期，至1885年法国对越南实施殖民统治，历经917年。在越南的封建独立自主时期，李朝与陈朝成为越南封建社会的鼎盛发展时期，同时也是越南历史上统治时间最长的两个封建王朝。李朝传9世，共216年（1009—1225年，相当中国北宋中后期及南宋）。李公蕴是前黎朝的殿前指挥使，深得开国皇帝黎恒的信任，还娶了黎恒的女儿佛银公主为妻，黎恒死后的第五年，李公蕴发动兵变，废掉前黎朝的第三代皇帝黎龙铤，自己登基，仍沿用大瞿越的国号，自此，越南进入了李朝时代。李公蕴建立的李朝是越南历史上最强大的大统一王朝，他本人也因文治武功而享誉越南历史，被越南人称为"千古明君"。公元1028年，李公蕴驾崩，终年54岁，在位19年，庙号"太祖"，谥号"神武皇帝"。

1225年，越南李朝女皇帝李昭皇禅位于陈煚，陈朝建立。陈朝对内沿用李朝国号"大越"，对外国号"安南"。因君主姓陈，史称陈朝。都城位于升龙（今越南河内）。陈朝共有175年的历史。1400年，胡季牦废少帝自立为王，建立胡朝，陈朝灭亡。陈朝在越南的政治制度、科举、经济和文化方面不断创建和完善，巩固中央集权制度。在史学方面，陈朝开创了仿效中国封建皇朝编纂本国史书的先河。陈太宗（1225—1258年）任命翰林院学士兼国学院监修黎文修为史官，编纂从赵佗（公元前207—前111年）至李昭皇（1224—1225年）千余年的历史。在圣宗绍隆十五年（1272年）完成《大越史记》三十卷，是越南第一部用汉文编纂的正史。在这以后又经修补，最后在1479年后黎朝时期由吴士连编纂为《大越史记全书》，共十五卷，流传至现代。

从后黎朝的建立到阮朝灭亡，这一段越南历史异常复杂而曲折，经历了后黎朝前期的大发展，然后莫氏崛起形成北南对峙，再到郑阮纷争，最后是西山起义结束了后黎王朝，结束了其长达17世，共360年的封建王朝（1428—1788年）。从时间上看，它是越南历史上最长的一个朝代。

公元1802年，阮福映灭掉西山王朝，建立了阮朝，在其统一越南后立即向清朝政府称臣，主动建立宗藩关系，阮福映主张将国号改为"南越"，但是清朝嘉庆帝认为历史上的"南越"涵括了广东、广西等地，对此予以否决，阮福映再三争取，扬言不达如意不接受清廷的册封。最后，清廷采取折中的主张，将"南越"改为"越南"，并将这一国号赐给阮朝，越南国名由此而得，1945年，随着阮朝最后一任皇帝保大帝的退位，越南王朝正式结束。

越南的封建朝代多以宫廷政变的形式更迭，而西山朝则是一次农民起义的胜利成果，但其存在时间短暂，很快即被阮朝所取代。阮朝作为越南最后一个封建王朝，最终在法国殖民统治期间走向终结。

在越南长达900多年的独立自主封建时期，虽然建立了自己独立的王朝，但这一时期越南与中国一直延续着宗藩关系，中国的封建统治体系、典章制度、社会价值观对越南产生了深远的影响。但越南经过长期的独立发展，形成了自己富有民族特色的文化。

近代时期

19世纪中期（1858年），法国殖民者开始侵略越南，阮朝无力反击并一再忍让，到1884年整个越南沦陷为法国殖民地。从法国入侵之日起，在爱国志士领导下，全国各地连绵不断地掀起反侵略运动，然而都以失败而告终。

1883—1945年，法国对越南实施殖民统治。1904年开始，越南的资产阶级民族主义革命家潘佩珠流亡海外成立越南维新会。后来在1912年见到中国的辛亥革命成功，于中国广州改组为越南光复会，此团体成员曾先后潜回越南发动武装起义，试图推翻法国殖民政权，却因仓促的行动与装备的落后而遭遇失败。1924年12月，阮爱国（即胡志明）由莫斯科来到广州，多次同潘佩珠讨论国内外革命问题，建议他修改国民党党章，使它更革命化。潘佩珠于1925年遭到法国殖民政权特务的绑架，并押解回越南而终生软禁。当他离开杭州准备南下广州路经上海时，被上海法租界的法国密探绑架，押解回国，软禁在顺化，直到1940年10月29日逝世。在软禁期间，他写下许多诗文，抒发热爱祖国的思想感情，激励人民赶走法国殖民者，光复国土。

1925年，胡志明在中国广州创立越南青年革命同志会。1930年得到苏联的协助，胡志明在香港领导建立越南共产党（后改名印度支那共产党）并开始在北越领导对抗殖民运动。1940年至1945年8月，日本侵略越南，抗日期间，越南人民在印度支那共产党的领导下，进行了艰苦卓绝的抗日反法斗争。1945年8月15日，日军宣布投降之际，胡志明发动总起义，八月革命开始。8月19日，胡志明领导的越盟在河内夺取政权，建立临时革命政府。8月23日，保大宣布退位。1945年9月2日，在河内巴亭广场五十万人的群众集会上，胡志明代表临时政府宣读《独立宣言》，庄严宣告越南民主共和国的诞生。经过全国普选，1946年3月举行的越南第一届国会一致推选胡志明为越南民主共和国主席兼政府总理。

▲越南河内巴亭广场

越南近代史就是一部越南人民抗击法国殖民统治和日本侵略的历史。

现代时期

1946年12月19日，法国和越南的谈判破裂，发动了对越南的全面战争，随后法国迅速占领了越南南部，建立了以保大为首的伪政权。越共领导的人民军面对法国强大的军事压力，只能艰难守住北部解放区。

1950年的1月18日，胡志明领导的越南民主共和国第一次被承认，是中国施以援手。中国承认其合法性之后，苏联和其他的社会主义国家也纷纷承认其合法性，越南逐渐从被封锁中走出来。随后胡志明秘密访华，中国做出了援越的决定。至此，越南和法国之间战争的天平开始逐渐地向越南倾斜。1954年3月奠边府战役发生。1954年7月21日，法国签署日内瓦协议而撤出中南半岛。南北越南正式分开。

越南在抗法战争中取得了胜利，但是此时的越南却没有得到统一，分为由胡志明领导的北越政府和保大统治的南越政府。而原先被法国扶植的南越傀儡政权失去了法国这一主人，美国便趁虚而入。

刚打赢法国的越南虽然分成两部分，但是越南人民急需统一，不过原本要在1956年开始南北统一选举却没有举行，这背后作祟的身影，就是美国。为了阻止越南统一，不让自己在东南亚的影响力丧失，美国决定打击越南共产党，消灭北越。1954年9月，美国军事顾问团进驻越南。1955年，吴廷艳发动政变推翻保大，建立越南共和国。至此，美国开始了对越南长达20年的侵略。抗美期间，中国政府和人民向越南提供了巨大的支持和帮助，赢得了抗美援越的胜利。1975年4月23日，美国总统杰拉尔德·福特正式宣布越战结束。1975年4月30日，最后一批美国使馆人员撤出越南，同时北越政府和南越游击队宣布占领西贡，至此，越南南方全部解放。

1976年7月2日，越南社会主义共和国成立，南北统一。越南南北统一后，由于越南黎笋当局执行错误的反华亲苏政策，企图称霸东南亚，在经济上采取了模仿苏联的经济发展模式，并将统一之前在北方进行的"社会主义改造"推广到南方，没收了几乎所有的私有经济，在农村推行"公社"制度。此后，越南的经济逐渐陷入泥潭。到了1986年革新开放前夕，用1美元就可以换回一大捆越南币，4美元就可以做一套西装。

1986年7月10日，79岁的时任越共中央总书记黎笋病逝。4天后，越南召开会议，推选长征为越共一把手。长征原名叫邓春区，由于崇拜我国红军万里长征而起这个名。越南原领导人黎笋病逝，为越南的改革带来了机遇。长征上任后，随即对黎笋的政策进行了纠偏。当时力主进行改革的胡志明市市委书记阮文灵，在1986年的越共六大上当选越共总书记，阮文灵在这次大会上提出了"革新开放"政策，这也被越南官方认为是越南改革开放的开始。

阮文灵重视中越关系的改善。在1989年双方近10年的边境冲突正式结束。1990年9月3—4日，中越两国领导人在成都举行内部会谈，就解决柬问题和中越关系进行深入交流。关于中越关系，双方都本着向前看的态度，没有去翻老账。

两国领导人都同意本着"结束过去，开辟未来"的精神，谱写中越关系的新篇章。会晤结束时两国领导人签署了"会谈纪要"。江泽民总书记还意味深长地引用了清代诗人江永的两句诗："渡尽劫波兄弟在，相见一笑泯恩仇。"当晚，越共中央总书记阮文灵激动地写了四句诗："兄弟之交数代传，怨恨顷刻化云烟，再相逢时笑颜开，千载情谊又重建。"成都会晤一年后，1991年11月，越共中央新任总书记杜梅和新任部长会议主席武文杰访华。两国领导人发表联合公报，宣布中越关系实现正常化。1999年2月，中越领导人发表《联合声明》，确定了新世纪两国关系的发展框架，简要说来就是"长期稳定、面向未来、睦邻友好、全面合作"16个字。

越南革新开放30多年，一个很大的看点是随着经济和社会发展，国家追求的是"民富国强"，藏富于民，让越南人民得到较多实惠。2021年1月26日，越南共产党第十三次全国代表大会开幕。十三大决议提出：到2025年使越南成为摆脱中等偏低收入、沿着现代工业道路迈进的发展中国家；到2030年使越南成为具有现代工业的中高收入发展中国家；到2045年使越南成为高收入的发达国家。自1986年越南实行革新开放至今已有37年，越南已从欠发达国家跃升为经济发展较快的国家，政治社会总体稳定，综合国力明显上升，人民幸福感增强，被认为是具有较大发展潜力的国家。越共十三大提出了"两个百年梦想"目标，开启了越南历史发展新的一页。

儒学在越南的传播与发展

秦始皇统一中国后，在五岭以南地区设置了桂林郡、南海郡、象郡，其中象郡包括今天越南北部和中部地区。在赵佗建立的南越国时期，儒学文化在越南今天的中北部地区传播起来。史书上说的"文教振乎象郡，以诗书而化训国俗，以仁义而固结人心"就是证明。公元前111年，汉武帝平定南越国并在今越南的中北部建立交趾、九真、日南三郡以后，儒学文化在越南地区进一步流传开来。到东汉初年，交趾太守锡光、九真太守任延，在其所治地区坚持进行"导之以礼"的儒学教育。三国时担任过交趾太守的士燮精通《左传》《尚书》等儒学典籍，在他治理交趾期间，中原大批文人儒士前往投奔，通过他们的传经弘道，推进儒学的教育、传播和应用，交趾地区出现了"化国俗以诗书，淑人心以礼乐""四十年境内无事"的局面。进入隋唐时期，儒学在包括今天越南中北部的岭南地区又得到了新的发展。

从古代交趾到交州时期，伴随着两汉及三国两晋南北朝的动荡，交州所辖的交趾、九真和日南三郡在内部的动乱中趋于稳定。公元622年，唐朝设立交州总管府，624年改为总督府。为加强对交州的统治，唐高宗于公元679年把交州总督府改为安南督护府，从此，该地区就称为安南。随着唐朝国势强运，安南地区在经济和文化方面获得了快速的发展。唐末至宋初，安南土豪趁中原大乱之际崛起，纷纷割据。公元938年12月，自爱州起兵，讨伐矫公羡，并击败南汉军队，于939年春称王，定都古螺。吴权虽称王，但未统一整个越南地区，因此，吴权称王并不能称为"越南独立国家的开始"。到968年，丁部领统一越南地区，建立大瞿越国，从此越南进入独立建国的发展阶段。在吴朝、丁朝、前黎朝三个朝代，实行"崇佛抑儒"政策，但儒学在越南的传播并未停止。越南李朝和陈朝时期，推行"儒释道并尊"，儒学的地位得到提高。李、陈二朝的当政者将儒学作为治国安邦的政治思想支柱。1126年，李朝曾举行过盛大的贺《五经》仪式；陈朝时期的越南，从中央到地方成立了国子监、国学院、大学及书院、府学，全面推行科举选官制度，儒学文化的社会地位进一步提高。陈朝的著名儒士朱文安，毕生从事儒学教育与研究，著有《四书说约》，被颂为一代"儒宗"。1400年，胡季犛建立胡朝，实行"限佛尊儒"政策。胡季犛还亲自著《明道》，译《书经》，编《诗义》，推动儒学知识的普及。

1428年，黎利建立后黎朝后，越南进入"儒教独尊"时期。黎利即黎太宗规定，每三年进行一次科举考试，所有试场都要考《四书》，并在全国刻印《四书大全》。黎圣宗则在越南全面实行以儒学为中心的政治、立法与文化教育政策。儒学的兴旺推动了史学、文学的繁荣，贯穿着儒学思想的著名史书《大越史记全书》就是这个时期由史官吴士连撰修的。1778年建立的西山阮朝，继续推崇儒学，以著名儒学家阮涉为院长的崇政学院，曾组织学者把《小学》和《四书》翻译成字喃，并刻印成《诗经解音》，以便于人们传颂。1802年阮福映建立的阮朝，是越南历史上最后一个封建王朝。阮朝继续实行"儒教独尊"的国策，儒学从北到南推广至湄公河三角洲，践行于越南全境。由阮朝国史馆编纂的《钦定越史通鉴纲目》《大南实录》《大南列传》等，均以"儒家精神为主论之旨"，成为研究越南历史文化的必读书籍。阮朝前期是越南儒风最盛的时期，只是到了1885年，中法两国签订《越南条约》，越南沦为法国殖民地之后，越南传统文化的发展出现断裂，越南儒学才逐渐衰落。

关于儒学由中国传入越南后，对越南历史的发展所产生的影响和作用，越南学者发表过很多看法。他们认为，第一，儒学在越南的传播与发展，对越南的独立建国和治国理政，发挥过重要指导作用。胡志明国家大学教授阮玉诗说："作为中国历史上官方社会政治思想的儒教传入越南以来，一直为越南本土文化补充了极为重要的文化因素。"第二，儒学在越南社会通过千百年的教育和传播，已沁润和融入人们的日常生活中，影响着人们的生活方式和风俗习惯。从越南历史文献关于"家谱、乡约、族规、家训、家礼、家约等的记载中，就可以清楚地看出儒学思想在人们日常生活中的这种普及性的影响"。第三，儒学文化也是越南近现代革命的一个思想来源。越南的革命领袖胡志明就说过："孔子学说的优点在于个人道德修养。"而且他通过借鉴儒学的道德思想，并加以改造创新，提出了越南的四项革命道德，即"勤、俭、严、正"，提出了"忠于国""孝于民"的新的忠孝思想。

▲ 越南儒教圣地——河内文庙中康熙书写的牌匾

▲ 越南儒教圣地——河内文庙

总之，从秦汉至唐末的1000多年中，由于中国封建王朝在交趾地区推行文化同化政策，以及中原移民与当地人民的交往融合，以儒家文化为核心的中原文化逐渐深入越南，成为越南古代占主导地位的文化，并且塑造和奠定了越南立国后文化发展的方向。由于越南封建王朝儒家伦理深入民间，在尊崇儒学的社会风气熏陶下，普通老百姓虽没有条件学习儒家经典，但耳濡目染、潜移默化的影响使他们自觉不自觉地遵循儒家的伦理道德和行为规范。

越南在1986年进行了革新开放，逐步融入国际社会的舞台。越南文化在传承民族传统文化的同时，也不断创新、发展和丰富民族文化。随着越南社会的发展进步，虽然儒家文化对于越南政治、文化不再像过去那样起主导作用，但是对于越南的民族文化和价值观念传承、社会和谐稳定与长远发展发挥着不可替代的作用，从而使越南在进入21世纪之后实现了跨越、融合与发展。

中越关系

话说中越传统友好关系

1950年1月18日，中越建立外交关系，中国成为世界上第一个承认越南社会主义共和国并与其建立外交关系的国家，这为加深两国人民传统友谊与发展全面合作关系打开了新篇章。至2023年，中越两国建交70多年来，尽管有些波折，但友好合作是中越关系的主流，双方相互支持、相互帮助，坚持党的领导和社会主义道路，成为具有战略意义的命运共同体。

提起中国和越南，说到中越关系，我们都会想起那首两国民众耳熟能详的歌曲"越南—中国，山连山、水连水""共饮一江水，早相见、晚相望，清晨共听雄鸡高唱"。作为山水相连的友好邻邦，中越两国人民友谊源远流长。

近代以来，中越两国人民在争取国家独立和民族解放斗争中相互支持、患难与共，留下许多佳话。越南胡志明主席曾经在华创立"越南青年革命同志会"并指导开展越南革命活动，同中国军民结下了深厚的战斗情谊，写下了"越中情谊深，同志加兄弟"等脍炙人口的诗句。

越南著名将领洪水响应胡志明主席号召，积极投身中国革命，参加红军二万五千里长征，成为新中国开国将领中唯一的外籍将军和世界上少有的"两国将军"。中国曾经全力支持越南开展抗法、抗美民族解放斗争。这样的故事不胜枚举，至今仍然在两国民众中广为传颂。

指导中越关系发展的"十六字"方针和"四好"精神

1999年，中越领导人提出"长期稳定、面向未来、睦邻友好、全面合作"的"十六字"方针，确定了在新的世纪发展中越关系的指导思想和总体框架，标志着中越关系进入一个新的发展阶段。同年，双方共同确定了解决两国陆地边界和北部湾划界问题的时间表，并先后于1999年12月和2000年12月签署陆地边界条约和北部湾划界协定及渔业合作协定。

所谓"四好"，即"好邻居、好朋友、好同志、好伙伴"，寓意着中越两国的共同利益，寄托着两国人民的共同愿望。对于两个由共产党领导的社会主义国家来说，中越政治制度相同、发展道路相近、前途命运相关，有着相同的社会理想和奋斗目标，可谓志同道合。

2022年10月30日，越共中央总书记阮富仲在中共二十大召开后成为首个对中国进行正式访问的外国领导人，中越双方一致表示，要秉持"十六字"方针和"四好"精神，巩固传统友谊、加强战略沟通、增进政治互信、妥善管控分歧，推动新时代中越全面战略合作伙伴关系不断迈上新台阶。2023年12月12日，中共中央总书记、国家主席习近平在越共中央驻地同越共中央总书记阮富仲举行会谈。双方宣布中越两党两国关系新定位，在深化中越全面战略合作伙伴关系的基础上，携手构建具有战略意义的中越命运共同体，释放了两党两国团结友好、坚定携手走社会主义道路、共同迈向现代化的积极信号。中越关系进入政治互信更高、安全合作更实、互利合作更深、民意基础更牢、多边协调配合更紧、分歧管控解决更好的新阶段，中越两国社会主义建设事业不断取得新成就，并为地区乃至世界稳定、发展、繁荣作出新贡献。但是，我们也要看到，中越之间在南海主权争议问题上的分歧对中越关系会产生深远的影响。越南的大国平衡战略将制约中越的全面战略合作关系。

中国连续11年是越南最大贸易伙伴，尽管遭受环境影响，但越南近3年仍连续成为中国在东盟内第一大贸易伙伴。2023年，越南是我国第五大贸易伙伴，中越贸易总额为2297.93亿美元。两国边境贸易恢复快速增长，其中广西与越南2023年的双边贸易规模首次突破2500亿元。这些成果充分证明，巩固中越友好、深化互利合作符合两国根本利益，给两国人民带来了福祉，有利于两国各自发展和稳定，有利于地区和平与繁荣稳定。

越南人文习俗

在东西方文化交融的过程中，越南人既弘扬了本民族文化，又不排斥外来文化；既保持自己的民族特色，又吸纳其他民族的文化精髓，形成东西交融、兼容并举的越南文化特色。无论是越南的服饰文化、建筑文化，还是美食文化和人文艺术，都体现出东西方文化融合的特点，并保留了本民族传统文化的元素。

服饰文化

受东西方文化的影响，现代越南人多穿着现代服饰，但同时也有一些本民族的特色服饰，其中最具越南本土特色的要数"奥黛"、斗笠和绿帽了。奥黛被称为越南的"国服"，在越南的重大节庆和婚礼上，妇女都会穿上国服。在许多机关和单位，国服被定为职业服装，而在学校则当作校服。

▲ 身着越南传统服装的越南女大学生

斗笠在越南已成为标志性的服饰，其已经从遮阳避雨的工具，潜移默化地演变成具有艺术欣赏价值的女性装饰品。斗笠的种类很多，各个阶层和年龄用的斗笠不尽相同，各个地区的斗笠也往往各具特色。

绿壳帽是越南男人的特殊的服饰，这种帽子的造型来自法国的礼帽。在越南沦为法国殖民地期间，这种帽子的样式从法国传入越南，后来成为越南军人的军帽。越南男人喜欢戴这种绿色的硬壳帽子，除了它的实用价值外，多少也是出于对越南军人的敬意和崇拜之情。

美食文化

越南的美食文化饱含了本地民族特色，并融合了东西方饮食文化。总体上以大米为主食，口味以清淡为主，喜欢吃生冷的食物。鱼露是越南食品中必不可少的调味品。在越南，餐厅和饮食摊处处可见。越南是一个美食文化丰富的国度，富有特色的美食小吃有米粉、虾饼、肉粽、灌肠、炸春卷、牛肉火锅、绿豆糕等。到过越南的许多游客总结了具有代表性的十大美食。

越南米粉是越南的全民美食。在米粉的演变过程中，越南人不仅留住了传统米粉的美味，还对米粉进行创新，形成新的美食特色。河内鸡肉粉和粉卷为河内著名的传统美食，而越南顺化的牛肉粉有着地域特色。

越南春卷皮用米粉做成，柔软洁白而有韧劲，包裹切成细丝的红白萝卜，搭配柠檬汁和鱼露作为蘸料，滋味清爽开胃、百吃不厌。越南因气候偏热，夏季漫长，所以当地特色食物的口味多半清爽可口，或者用偏酸辣的味道来开胃，春卷就是这类口味的一大代表。

越南蔗虾是一道典型的越南特色菜，做法需要把去了壳的鲜虾肉剁碎成茸，再打成虾胶，裹在甘蔗枝上，放入锅里油炸制成。蔗虾的外表金黄酥脆，虾肉的鲜甜融合了甘蔗的清香，鲜嫩可口。吃蔗虾的时候，搭配辣椒梅子酱，美味十足。

越式法棍成为越南的十大美食，有其特殊的文化背景。在越南，大街小巷都有售卖法棍的小摊，甚至可以看到清晨售卖法棍的小贩穿梭在城市的街道上。当地人习惯用一个法棍加一杯咖啡开始新的一天。这也可以说是法国殖民地历史对当地文化产生影响的重要痕迹。

肉粽是越南的一种传统美食,使用芭蕉叶包裹,有圆形和方形两种。越南的肉粽与中国广西的粽子大同小异,内馅则主要有糯米、绿豆、猪肉和胡椒粉,味道独特。

越南鸭仔蛋与我国东北地区的特色"试胆"毛蛋有点相似,也是值得尝试的一道美食。所谓鸭仔蛋,就是未孵化完成、幼小的鸭子已成形但尚未出壳的鸭蛋。没有什么特别的烹调方式,就是煮熟再配上一些调料。

炸象鱼是游客喜爱的一道越南美食。象鱼是当地特有的水产,一般略比手掌大些,炸到酥香脆,吃起来非常可口。

说到越南的美食,不能不说说越南的咖啡。越南不仅是世界上第二大咖啡生产国,而且在咖啡文化中融入了法国元素和民族特色,无论是咖啡的泡制过程还是咖啡器具,以及咖啡厅的环境布置都极具特色。喝咖啡对越南人来说不仅仅是一种消遣,还包含着对理想生活方式的追求,是社会交际甚至是国家外交活动中的重要方式,有人称之为"咖啡外交"。咖啡文化已渗透到越南人民生活的每一个角落。越南诗人佩志荣曾经比喻"不分敌我他,言之咖啡也",这句话形象地概括了越南人的咖啡交际文化。进入现代社会,"咖啡是越南人生活中不可或缺的东西,咖啡馆在越南随处可见,而且从早到晚顾客不断"。过去人们招待客人多用槟榔和茶,而现在居住在城市的市民和中南部地区的居民,则会给客人泡上一杯香醇的咖啡。咖啡不仅在越南人民心中占有重要的地位,而且越南咖啡文化所体现出的独特性给人们留下深深的印象,向世界展示着其独有的咖啡文化魅力。越南许多文学艺术作品等都能见到咖啡的痕迹,不少文人博客起名都跟咖啡有关。近年来,越南文化体育旅游部和越南中原咖啡股份公司在河内多次举办别开生面的"越南咖啡之夜",活动以"咖啡"和"咖啡精神"为主题,向驻越南河内的外国大使和国际友人们宣传越南的咖啡文化,借此向国际友人展示越南开放、友好、和谐的良好形象。咖啡之于越南,就好像茶对中国人一样。如果说槟榔文化和茶文化代表了越南传统的时代特征,咖啡文化则赋予了越南革新开放的新时代特征,更是一张越南跨国交际和展示革新开放的靓丽名片。

▲ 越南名吃——炸春卷

越南的建筑文化

历史上,越南建筑受到中国传统建筑和文化的影响,但随后也渐渐发展出属于越南的独特风格。越南将南方的占城纳入版图之后,占婆建筑(印度风格建筑)也被纳入越南建筑的大范围之内。到了近代,越南国内亦建造出较多法式风格的建筑。受中国建筑文化和法国建筑文化的影响,越南的建筑艺术既有中国文化的元素,也有法国文化的元素。而在农村地区则保留了本民族的建筑风格,极具本地特色。越南的古都顺化,以中国明清首都京师(今北京）为蓝本而建造，当然它的规模远小于北京。时至今日，顺化皇城仍然完好地坐落在香江北岸，成为现存最大而又完整的古建筑群，被列入世界文化与自然遗产名录。河内文庙是典型的中国文化传统融合当地风格的建筑，一方面继承了中国孔庙的布局方式，另一方面院中的巨大水塘和屋脊上的装饰又体现了当地文化因素。阮朝开国皇帝的宫殿同样具有代表性。它的设计和建造具有浓郁的中国风格，其规划顺应当时的建筑理论。宫殿由一系列宫墙围合而成，中心为放置皇帝宝座的主殿，象征着国家的权力中心。宫殿建筑与周围自然物象巧妙结合，形成了独立的景观环境。

▲越南河内胡志明陵

▲越南河内国家主席府

在河内和胡志明等城市，有许多法式建筑工程。河内的法式建筑除了风格多样，也与街道、树林等周边的自然和人文景观和谐共处。如国家主席府、越南国家银行、越南国家历史博物馆、最高人民法院、教堂等。每座建筑都各具特色，与周边景观相得益彰。

越南的传统文化艺术

越南的文化艺术极为丰富，仅舞台艺术就有 11 个种类，其中从剧是越南最古老的剧种。其他的传统民族剧种包括嘲剧、改良剧和水上木偶戏等。而北宁民歌因其旋律优美，歌词生动，深得越南人民特别是北方人民的喜爱。

越南的民间传统文化艺术主要有磨漆画，它是越南独具特色的工艺美术品，堪称越南之国宝。其次，木雕工艺在东南亚地区也久负盛名。

越南民族传统节日习俗

越南的文化习俗基本与中国相邻的广西壮族自治区、云南省类似。越南也有清明节、端午节、中秋节、重阳节等节日，在人们的心目中，一年中最盛大、最隆重的节日是春节。

越南春节习俗

辞旧迎新

越南是世界上少数几个使用农历的国家之一，也是少数几个按中国农历过春节的国家之一。越南人一般从农历十二月中旬开始办年货，历来越南春节必不可少的要数鲜花、年粽、春联、爆竹了。越南人过春节最具民族特色的是年粽和糯米饼，传说年粽象征大地，绿色显示生机勃勃，中间包裹的猪肉与绿豆沙则代表飞禽走兽、草木繁盛。

在很久以前,有两句顺口溜准确地描绘了越南过春节的主要内容:"肥肉、腌菜、红对联,幡杆、爆竹、绿米粽。"当然,随着越南百姓生活水平的提高,过春节的含义也不断丰富,从而增加了许多新的内容。一般来说,在城市过春节,只放假三天。但早在农历十二月中旬,人们便开始忙碌了起来。先是大扫除,越南的说法叫作"总卫生"。腊月二十三是祭祀灶王的日子。人们要在灶王像前烧香,摆上糕点、糖果等供品,并要买上一条活鲤鱼,待将灶王像烧掉之后,便把鲤鱼放回河里。

过春节最值得一提的是除夕。全家围坐在桌旁,吃上一餐丰盛的团圆饭,祝愿来年财源茂盛、万事如意,按照越南习惯的说法,叫作祝愿"安康兴旺"。在这一餐团圆饭中,有一样必不可少的食品就是粽子。越南的粽子呈方形,最大的有二三斤重,用一种特殊的粽叶包捆,粽子的主要成分是糯米,里面用猪肉、大油、绿豆沙做馅,放在锅里要煮上七八个钟头,吃起来清香可口,别具风味。

除夕之夜,越南还有一个传统习俗,叫作"采绿",就是要把折下的树枝带回家。由于"采绿"同"采禄"谐音,因此,"采绿"便象征在新的一年官运亨通、万事如意。为此,胡志明主席生前曾呼吁移风易俗,将"采绿"改为植树。如今"采绿"的现象已大为减少,但除夕过后仍可看到不少树枝被折断。

在越族(京族)人家里,春节期间有三样装饰品是必不可少的:桃花、金橘盆景和"五果盆"。在越南人的心目中,桃花是避邪之物,也是幸运的象征。金橘是取吉利之意。越南中部以南,由于气候原因,没有桃花,一般以黄梅花代之。"五果盆"是用于供奉祖宗的。一般有番荔枝、椰子、番木瓜、杋果等五种,在越南语里,番荔枝音同"求",椰子同"余",番木瓜同"充",杋果同"使",意即祝愿年年有余,丰衣足食,有钱使不完。如今,越南人过春节不可或缺的就是金橘。越南百姓独钟情于金橘,是取"橘"与"吉"的近音之意。

春节祭祖

越南人过春节最开心的时候是大年初一、初二、初三,这三天人们互相拜访庆祝新年,祭拜祖先。越南大年初一这一天,在农村地区,早上第一件事就是祭祖。越南人很看重祭祖活动,春节祭祖远比清明隆重。

贴春联

越南人也有贴春联的习惯。以前春联用汉字书写,文字拼音化以后,大部分春联改用拼音文字国语字,每个拼音字是一个方块,自成风格。越南人也爱在家里贴上"福"等字样和福、禄、寿星的画像,还有各种传统年画,表达对新年的美好祝愿与向往。虽然越南已经不再使用汉字,但在春节来临之际,还是有许多人沿袭传统,张贴汉字春联,以求来年吉利。

春节期间主要禁忌

(1)越南人认为不该在大年初一扫地,如此会将家里的好运都扫出去。

(2)过年期间不应该坐在或站在大门前。越南人认为这会挡住所有进到家里的好运,进而影响家运。

(3)过年期间人们忌讳购买带有负面形象的用品,认为会带来霉运。例如刀子、砧板与碗等。

(4)大年初一、初二不该洗衣服,在越南人的观念里,初一、初二这两天是水神的生日,洗衣服会触怒水神而遭受惩罚。

(5）大年初一不可以开柜子，无论是什么柜子，因为这样会带走好运。

生活禁忌

（1）受到一部分中国文化的影响，越南人认为数字86和68带有发财发禄的含义。但相对禁忌的数字是4和13，此两数带有死亡或是霉运的意义。因此，包钱给人不应该有这些数字，一般楼层房号也没有这两个数字。

（2）不能摸人一边的肩背。越南人认为，这样会害这个人很背。

（3）到别人家里时，不能用脚指物；席地而坐时不能用脚对着人，不能从坐卧的人身上跨过去。不能睡在妇女的房门口和经常来往的过道上，不准进入主人的内房。

（4）进屋要脱鞋，否则被认为是看不起主人。

（5）和老年人同行，如要超过去，应先打个招呼，表示先行走一步。

（6）不要随意摸别人的头部，包括小孩的头部。

（7）村寨路口悬挂的绿色树枝，是禁入的标志，表示外人不得进入。

（8）照相时忌三个人合影，喝酒忌把酒杯扣过来。不能用一根火柴或打火机连续给三个人点烟，这被认为不吉利。

交际礼仪

越南人受儒家思想的影响，很讲究礼仪。交际时按照年龄、辈分和亲疏关系来称呼。越南人讲究礼貌，注重以礼待人。以姓名称呼对方时，越南人习惯只称其名，而不称其姓，在称名时，往往也只称最后一个字。

越南人见了面要打招呼问好，或点头致意。招呼时，对长辈称大爹、大妈或伯伯、叔叔，对平辈称兄、姐，对儿童称小弟、小妹。见面时，通行握手礼，一般不采用拥抱、接吻等方式。一些少数民族，如苗族、瑶族，行抱拳作揖礼。信仰小乘佛教的民族，如高棉族，多行合十礼（双手合十齐唇或齐额为宜）。见面说话要先称呼对方，尤其对长辈更应如此，否则会被认为没有礼貌。做客时用水、用烟或用饭前要先说一句"您先请"，以示礼貌。

越南国服——奥黛

越南国服——奥黛

"奥黛"是类似于中国旗袍的越南的传统服装。越南官方也认为奥黛源自中国旗袍。它通常使用丝绸等软性布料，上衣是一件长衫，胸袖剪裁非常合身，凸显女性曲线，而两侧开高衩至腰部，走路时前后两片裙摆随风飘逸，下半身配上一条喇叭筒的长裤。当地人一般在婚嫁、重大节日、外交和会客等正式场合穿着奥黛。

服装特色

对越南女子而言，奥黛不仅是扮靓的"利器"，更是她们世代承袭的"国服"。越南女性一生中至少要有两三套奥黛，分别在学生时期和成人后穿着，大多为量身定做。奥黛的面料十分讲究。据说最出名的丝绸就产在河内郊区。那里出产的绸料光鲜亮丽，柔软细腻，是制作"国服"最优质的面料。

就颜色而言，传统上越南北、中、南三地的女性分别偏爱淡黄色、绛紫色和白色的奥黛。也有说法称，奥黛的颜色反映了年龄差异——少女是纯洁的白色，未婚女子是柔和的粉色，已婚妇女则是深色。现如今，人们在择色时早已没有什么地域和年龄之分。

▲越南河内师范大学开学典礼上身穿奥黛的女大学生尽情歌唱

至于奥黛图案，选择起来就更是见仁见智，从素色到花色，再到更极致的花团锦簇、彩蝶飞舞、秀丽山水，大多采用越南国花——莲花来装饰。

历史流变

"奥黛"的历史其实已经有好几百年，最初的样式借鉴了中国汉服的特点，又加入了越南的民族特色。后来，包括法国设计师在内的不少服装专家对"奥黛"进行了修改。今天我们看到的"奥黛"样式大概是在20世纪30年代时最终确定的。

▲越南国服——奥黛

1954年之后，南北越进入分裂时期，越南南方受到美国文化的影响，开始出现无领的奥黛，这股风潮由前南越总统吴庭艳时代的第一夫人陈丽春（人称"龙夫人"），亲自带动。她常常穿着船领或水手领的奥黛接见外宾。

1986年越南"革新开放"以后，越南政府开始重新提倡奥黛服装，因此奥黛再度流行起来，并成为女性公务人员、旅馆接待、新闻主播、航空公司空姐以及高中女生的标准制服。

越南越美

越南越美

越南，一个融合了东方神秘色彩和法国浪漫风情的国家，如果你看过杜拉斯的《情人》——一名法国作家写的发生在越南的爱情故事，那么你更能体验近代历史中越南的这种混搭风格，以其独特的风土人情吸引着世界游客的关注，在这里有原汁原味的东方元素，也有随处可见的法式别墅，穿着奥黛的女性风情万种，西餐厅遍地都是，这里是东西方文化高度融合的地方。

越南从北到南，从红河到湄公河，无论是山水美景，还是海滨风光，不管是异域文化还是历史古迹，堪称"越南越美"。

千年古都——河内

河内市是一座有着千年历史的古城，是越南的首都，素有"百花春城"之称。这里有近现代史的见证——巴亭广场，也有知名的河内西湖，还有越南的第一所最高学府——河内文庙。此外，还有荟萃丰富遗迹的升龙皇城遗址，以及记载越南历史与文化的越南历史博物馆、军事博物馆、胡志明博物馆等历史性建筑。

▲ 河内大教堂

▲ 河内巴亭广场

"海上桂林"——下龙湾

下龙湾是越南北方广宁省的一个海湾，风光秀丽迷人，闻名遐迩。风景区共分为东、西、南三个小湾。因其景色酷似中国的桂林山水，因此被称为"海上桂林"。1994年，联合国教科文组织将下龙湾作为自然遗产列入《世界遗产名录》。2011年11月12日，"世界新七大自然奇观"公布，下龙湾榜上有名。下龙湾的美由石、水和天色三个要素构成。下龙湾四季都很美。春天青翠、幼芽长满着石山上。夏天天气凉快，海面碧波荡漾。秋天的夜里，月光镶金似地照着山影。冬天海浪拍打在石山上，雾烟漂浮。

▲ 海上桂林——下龙湾

海滨胜地——芽庄

芽庄市是越南中部的一座海滨城市，是一个著名的海滨旅游胜地和港口城市。芽庄位于越南南部海岸线最东端的地方，芽庄的海滨沙滩一望无际，潮平水清，海底有千姿百态的珊瑚，有色彩斑斓成群追随在潜水者身旁的鱼类，足以让海底探险者乐此不疲。

芽庄是海滨旅游的胜地。现在的芽庄海滨顺应了休闲、健身、旅游的潮流，芽庄度假区还提供温泉浴、矿泥浴等休闲健身服务。芽庄主要景点有芽庄海滨、芽庄珍珠岛、冲洛景区、婆那加占婆塔、芽庄大教堂、红石角、芽庄妙岛等。

▲ 芽庄婆那加占婆塔

▲ 芽庄珍珠岛

▲ 大叻市景观

花的城市——大叻

大叻市是一个花的城市，也是越南排名第一的蜜月胜地。大叻市以空气清新著称，市内湖泊、瀑布、松林众多。这里风光明媚，四季如春，百花盛开时，如诗如画。殖民时期，法国人当时就把大叻当作周末度假的胜地。市区内可以游览的场所包括春香湖、情人谷、千鲤瀑布。情人谷内有许多原住民打扮成牛仔模样，进行马术表演，游客花个二三千越南盾，即可与他们合影留念。大叻市是一座充满欧式情调的小城。它是越南的花城，想要拍出好看照片的人可来这里。色彩斑斓的建筑、蜿蜒起伏的街道、五颜六色的花朵，都是照片里最好的点缀。每日的黄昏时分，天空中会出现晚霞，这时候拍出的照片会非常梦幻。

▲ 大叻春香湖湖面游船

越南的吴哥——美山

美山隶属越南广南省维川县维富乡，距岘港70千米，会安40千米，处在一个直径大约2千米的山谷中。如果从空中向下望，美山的塔寺遗迹一定是被茂密葱郁的热带植物层层笼罩着，俨然一道天然的保护层。美山作为东南亚最著名的古迹之一，曾是举行印度教仪式的重要中心。在4—14世纪之间，占城国的国王在这里建造了许多寺庙，以表达对湿婆（印度教的主神之一）的尊敬。美山是占婆人供奉国王和神祇的圣地，年代比吴哥还要古老，有"越南的吴哥"之称。它是现存的占婆王国时期最古老最庞大的建筑群，也是越南最大规模的古占婆国宗教遗址。1999年，美山占婆遗址被联合国教科文组织列为世界文化遗产。

美山的主要景点有占婆塔、石雕、藏经阁、神庙等。游客到达越南中部地区，有三个地方是必须去的：岘港、会安和美山。其中，会安和美山都被联合国教科文组织列入了世界文化遗产名录，它们同样古老，却有着截然不同的容貌和内心。有了文化遗产这顶帽子，旅行便无形中"增值"了。

香江之畔的顺化古都

顺化市是越南承天顺化省省会，位于越南中部，北距河内直线距离540千米，南距胡志明市直线距离640千米，西靠长山山脉，东距南海10千米，面积70.67平方千米。从17世纪至20世纪40年代，顺化曾先后为越南旧阮、西山阮朝和新阮封建王朝的京城，是越南的三朝古都。顺化是一座美丽的城市，蜿蜒清澈的香江穿城而过，将城市分为北南两区。顺化京城则坐落于香江北岸，城周长10千米，有城墙和护城河，该城设有十一个门，其中两个为水门。京城建筑从外至里有三层，称为京城。整个京城的建筑风格属东西方相结合的产物，皇城建筑基本仿照北京故宫的建筑模式，呈方形。京城中重要的建筑有六部、国史馆、博物馆、国子监、藏诗楼、宗人府、枢密院、迎良亭、抚文楼和商银院等。

顺化地区风景秀丽，名山胜景遍布省内各地，古代越南人曾有一首《游顺化》，诗云："赴京之道十八曲，山青水绿如画里。"城市被横穿市区的香江分为北区和南区，钱场铁桥把南北两区又连接在一起，交通方便，南北铁路和两条公路在此相交。

▲ 顺化古建筑

顺化古建筑群被列入"世界文化与自然遗产"。顺化名胜古迹较多，旅游集群状况较好，著名的有皇城、皇陵、天姥寺塔、玉屏山，还有静心湖、南郊天坛、万年渡口、耀帝寺、慈航寺、灵光寺、祥云寺、保园寺等。岘港至顺化一带被美国《国家地理》杂志评为"一生中必看一次的50个地方之一"。

东方的巴黎——胡志明市

胡志明市为越南最大的城市，是越南的五个中央直辖市之一，也是前越南共和国（南越）的首都，是越南南方经济、文化、科技、旅游和国际贸易的中心。

胡志明市旧称西贡，在20世纪40年代前，西贡被称为"东方的巴黎"。《西贡小姐》和《情人》等经典电影里的西贡令人无限神往。虽然在1976年西贡就已经改名为胡志明市，但深深迷恋于其旧日繁华与风情的人们仍然喜欢称它为"西贡"。胡志明市没有独特的名胜古迹，但法式建筑较多，如饭店、教堂和邮局等。这些法式建筑具有浓厚的法兰西文化风格和很高的观赏价值。

胡志明市是一个风景优美的城市，西贡河绕城而过，景色迷人，乘游船泛舟西贡河，欣赏两岸景色，别有一番情趣。市内的国光寺、舍利寺、永严寺、天后庙、圣母大教堂、草禽园、查匈植物园、骚坛公园等都是游览胜地。圣母大教堂位于第一郡，为法国人所建，其造型独特，风格类似于法国的巴黎圣母院，是胡志明市最大的天主教堂。教堂有唱诗班，可容纳数百人做礼拜。

胡志明市因其不同于首都河内的风格，被越南人民称为"东方明珠"，被世界称为"东方的巴黎"，是越南人民引以为傲的标志性城市。

▲ 胡志明市圣母大教堂

▲ 胡志明市市政厅

旅游攻略

越南旅游攻略

签证指南

中国公民持有效外交、公务、因公普通护照及其使用同一本护照的偕行人入境、出境或者过境越南时免办签证，停留期为30天。中国公民持有效普通护照入境、出境或过境越南，须事先办理签证，如符合相关条件可申请落地签证。越南驻华使领馆一般颁发投资（DT）、企业人员（DN）、会议（HN）、劳动（LD）、旅游（DL）等几类签证。中国公民因"签证种类与访问目的不符"被越南公安罚款情况时有发生。因此，公民应根据自己实际赴越目的申请相应类型签证。同时，申请越南签证要通过正规渠道，并应申明访问目的，获得符合规定的有效签证。赴越从事商务活动须持越方接待单位邀请函。

特别提醒：中国公民入境越南时（陆路、空港口岸），如已在国内办妥赴越签证，不须缴纳任何费用；如需办理落地签证，则须按规定并根据所申请签证的种类缴纳相应费用。

赴越南旅游的中国公民勿自行前往民宅居住、到当地工厂参观或进行其他非旅游活动，如有相关需求，应提前向当地公安机关申报。根据《越南外国人出入境、过境及居住法》及第167/2013/ND-CP法令规定，如未按规定进行申报将被处以50万～200万越南盾罚金，情节严重的，将处以拘留或驱逐出境。

出入境须知：

（1）中国海关规定，中国公民出境每人携带的现金不超过人民币20000元，出境时避免携带大量现金，如携带外币现金超过5000美元或其他等值外币，或携带越南盾现金超过1500万越南盾，须向入出境口岸海关申报，避免由此带来不必要的损失，甚至造成严重的法律后果。

（2）越南时间比中国时间晚1小时，即中国是09:00，越南是08:00。

（3）越南边境毒品走私较严重。因此，游客在越南千万不要帮陌生人提包、帮人看管东西等。

（4）未经检疫的动物、植物和水果不能携带出入境，大件越南红木工艺品不能带回。

（5）国家公务员（如公、检、法等）不能穿制服出境，也不能把有关证件（如工作证、持枪证等）带到越南。

社会治安

越南治安总体良好，但摩托车飞车抢劫、入室偷盗、诈骗等刑事案件时有发生。

建议采取以下防范措施：①在出入旅馆、市场或其他公共场所时，注意保管好个人财物，防止被抢或被盗；②不要在观光景点让小贩擦皮鞋，不要光顾流动商贩，以防财物被抢或被盗；③丢失钱财、证件或发生其他意外时，应立即到附近警察局报警；④不要因贪图便宜，购买所谓"海关罚没商品"或其他来路不明商品，以免上当受骗；⑤不要参与赌博活动；⑥不要出入色情场所；⑦夜间避免前往陌生、偏僻的地方；⑧如未取得越南驾驶证，不要在越驾驶机动车辆。

越南特产

越南的特产主要有煤雕、木雕、红木家具、磨漆画、椰子、绿豆糕、牛角梳、橡胶拖鞋。

越南由于货币面额较大，物价较高，为方便计算，越南人买卖东西一般报价都以千为单位，例如，一件衣服40万越南盾，营业员一般会告诉你是400千越南盾，这点初到越南的游客需要注意。

越南币值

越南货币单位为越南盾，随着国际市场汇率的变化，每日的人民币与越南盾的汇率有所变化。越南盾在我国国内无法兑换。所以，应存在银联卡里面，到当地取现金。

通信

境外拨国内固定电话：0086+区号+电话号码。境外拨国内手机：0086+电话号码。到达越南后，游客首先要买一张当地的电话卡。如果话费透支了，可以在路边的小商店充值。

越南电源电压为220伏，饭店一般为三相插座。越南有Mobifone、Vinafone、Viettel三家移动电话公司。游客可自带手机，根据需要在当地购买面值不同的预付费电话卡，可充值，适合在越南国内使用，价格便宜。

越南常用电话及领事保护服务热线
紧急电话
警匪：0084-113。
急救：0084-115。
中国驻越南大使馆领事保护电话：0084-24-39331000。
中国驻胡志明市总领事馆领事保护电话：0084-908002226。
中国驻岘港市总领事馆领事保护电话：0084-905580010。
外交部全球领保与服务应急呼叫中心电话：008610-12308或0086-10-59913991。

思考与讨论

1. 越南文化具有哪些特色？
2. 如何理解指导中越关系发展的"十六字"方针和"四好"精神？
3. 如何理解中越携手构建具有战略意义的中越命运共同体的重要性？
4. 越南具有哪些地理优势？
5. 如何理解越南被称为"金山银海"的国家？

第 3 章　白象之国——泰国

初识泰国

泰国历史上与中国有着密切的联系与交流，但作为世界上为数不多的几个以佛教立国的国家之一，在其发展历程中，形成了鲜明的民族个性。

泰国是东南亚地区最具特异风情的国家。她不仅具有悠久灿烂的历史文化、源远流长的宗教传统，也有现代生活的繁华时尚。当你走进泰国，给你留下的印象是：金碧辉煌的寺庙，现代化的高楼大厦。这些构成了一幅独具异国风情的画卷。

泰国的地理位置

泰王国，通称泰国，是一个位于东南亚的君主立宪制国家。泰国是东南亚的一个大国，被视为东南亚迁徙、文化和宗教的中心聚集点。全国面积为 51.3 万平方千米，与中国的四川省相当，或与法国的面积差不多。

泰国位于亚洲中南半岛中南部，与柬埔寨、老挝、缅甸、马来西亚接壤，东南临泰国湾（太平洋），西南濒安达曼海（印度洋），西和西北与缅甸接壤，东北与老挝交界，东南与柬埔寨为邻，疆域沿克拉地峡向南延伸至马来半岛，与马来西亚相接，其狭窄部分居印度洋与太平洋之间。

泰国的行政区域与民族

泰国全国分中部、南部、东部、北部和东北部五个地区，现有 77 个府。府下设县、区、村。曼谷是唯一的府级直辖市，也是泰国的首都，是泰国最大城市，也是泰国政治、经济、文化、交通中心。

根据泰国最新人口普查数据，截至 2024 年 1 月，泰国的人口约为 6790 万人。在全国 77 个府级行政区中曼谷人口最多，约 553 万人，占全国总人口的 8.3%。人口最多的五个府分别为曼谷、呵叻、乌汶、孔敬、清迈。全国共有 30 多个民族。泰族为主要民族，其他民族还有华人、马来族、高棉族、克伦族、苗族等。泰族人曾称"暹罗人"，属汉藏语系壮傣语族民族，和中国的傣族、壮族族源相近，在全国都有分布，占总人口的 40%，主要信仰佛教。华人在人数上仅次于泰族，占总人口的 14% 左右。泰国 90% 以上的民众信仰佛教，马来族信奉伊斯兰教，还有少数民众信仰基督教、天主教、印度教和锡克教。

泰语为国语，官方语言为泰语和英语。每个地区都有自己的方言，但以中部曼谷地区的方言为标准语。潮州话、海南话、广东话在泰籍华人中使用较为普遍。此外还有马来语和高棉语。

泰国旧名暹罗，1949 年 5 月 11 日，泰国人用自己民族的名称，把"暹罗"改为"泰"，主要是取其"自由"之意。

泰国的国家象征

泰国国旗是一面三色旗，呈长方形，长与宽之比为3:2。由红—白—蓝—白—红五条横带组成，蓝带比红白带宽一倍。上下方为红色，蓝色居中，蓝色上下方为白色。蓝色宽度等于两个红色或两个白色长方形的宽度。红色代表民族和象征各族人民的力量与献身精神。泰国以佛教为国教，白色代表宗教，象征宗教的纯洁。泰国是君主立宪政体国家，国王是至高无上的，蓝色代表王室。蓝色居中象征王室在各族人民和纯洁的宗教之中。

泰国国徽图案是一只大鹏鸟，鸟背上蹲坐着那莱王。传说中大鹏鸟是一种带有双翼的神灵，那莱王是传说中的守护神。

《泰王国歌》是泰国国歌，每天早上8时整和午后6时整，泰国所有公园、学校、电台都要演奏《泰王国歌》，从无例外。听到它，每个人都必须立即面向国旗肃立，并摘下帽子以示敬意。歌词：全泰之民，血肉相连，泰之寸土，全民必卫，历来无异，同德同心，弗怠弗懈，平和安宁，国人所爱，倘有战事，我等无惧。独立主权，誓死捍卫，为国作战，淌尽鲜血，在所不惜，以骄傲和胜利，献给我们的祖国，万岁！

政治制度

泰国实行君主立宪制。国王是国家元首和军队的最高统帅，是国家主权和统一的象征。2016年12月1日玛哈·哇集拉隆功正式登基，称为拉玛十世。泰国现行宪法于2017年4月6日经哇集拉隆功国王御准生效，系泰国第20部宪法。

国会由下议院和上议院组成，下议院500人，上议院250人。本届国会于2023年7月4日成立，国会主席兼下议长万诺，国会副主席兼上议长蓬佩。2023年8月22日，泰国国会召开上下两院联席会议，为泰党总理候选人赛塔·他威信当选新一任泰国总理。2023年9月5日，泰国总理赛塔·他威信及新一届内阁在曼谷律实宫向国王玛哈·哇集拉隆功宣誓就职，标志着这次大选以温和的方式完成了政权交接，结束了军方统治，实现了国家权力的平稳过渡，完成了一个政坛的大和解，反映了泰国社会精英和民众的整体水平和民主素质。

经济概况

近几年来泰国经济发展呈波动趋势。2020年因受全球新冠肺炎疫情影响，经济大幅下滑，2021年开始经济缓慢复苏。

泰国的主要产业和特色产业有农业、制造业、旅游业数字经济产业等。农业是泰国的传统产业，在国民经济中占有重要地位。农产品是泰国重要出口商品之一，主要农产品包括：稻米、天然橡胶、木薯、玉米、甘蔗、热带水果。泰国工业属出口导向型工业，重要门类有采矿、纺织、电子、塑料、食品加工、玩具、汽车装配、建材、石油化工、轮胎等。泰国汽车生产条件优越，产业链齐全，本田、丰田、日产、三菱等知名日系公司是在泰主要汽车产业的投资商，泰国是目前全亚洲仅次于日本和韩国的第三大汽车出口国。近年，中国上汽、长城汽车等也在泰国投资设厂。电子设备制造也是泰国特色产业，日韩的主要电器公司，如索尼、松下、东芝、日立、三星等都已落户泰国，并逐渐将生产基地搬迁到泰国。泰国旅游资源丰富，有500多个景点，旅游业是泰国服务业的支柱产业。

泰国政府将发展数字经济作为国家战略之一，并制定了发展数字经济的短期和长期规划，加大投资发展数字基建、数字支付等，致力成为亚太地区的大数据中心和云服务中心。泰国在东盟中率先建设 5G 基础设施，腾讯、华为都在泰国成立了数据中心。到 2030 年，数字经济有望占全国 GDP 的 30%。

2021 年以来，泰国经济逐步复苏，泰国国家经济和社会发展委员会 2023 年 2 月 17 日公布，2023 年，泰国国内生产总值为 5130 亿美元，国内生产总值增长率为 1.9%，人均 GDP 约 7600 美元，位居东盟国家人均 GDP 的前列。

泰国的文化与旅游

佛教是泰国的国教，90% 的人信奉佛教。几百年来，无论是风俗习惯、文学、艺术和建筑等各方面，几乎都和佛教有着密切关系。在泰国，凡是信佛教的男孩子，到了一定年龄，都要一度削发为僧，连王室和贵族也不例外。到泰国旅游，处处可见身披黄色袈裟的僧侣，以及富丽堂皇的寺院。因此，泰国又有"黄袍佛国"的美名。

泰国是佛教之邦，以其多变的景致及丰富的文化内涵，成为许多游客度假计划中的独特选择。泰国在世界上素有"佛教之国""大象之国""微笑之国"等称誉。泰国拥有海岛、美食和独特的文化，是一个天生的旅游国度。泰国旅游资源丰富，有五百多个景点，主要旅游点除曼谷、普吉、芭堤雅和清迈外，清莱、华欣、苏梅岛等一批新的旅游点发展较快，吸引着众多外国游客。事实上，泰国最吸引人之处是她的人民，人民的微笑和以双手合十表示的待人习俗。这种互助、宽容、谦让的风俗，绝非为吸引游客的故作姿态，或是出于礼貌的彬彬有礼，而是泰国人数千年的文化和传统，随着血液遗传下来的民族性格。这就是泰国之所以被称为"微笑的国度"的精髓。

▲泰国曼谷石玉寺外景

泰国的历史发展轨迹

泰国的历史发展轨迹

泰国自建立第一个王朝已有七百多年的历史和文化，原名暹罗。公元 1238 年形成较为统一的国家，先后经历素可泰王朝（1238—1438 年）、大城王朝（1350—1767 年）、吞武里王朝（1767—1782 年）和曼谷王朝（1782 年至今），原名暹罗。16 世纪，葡萄牙、荷兰、英国、法国等殖民主义者先后入侵。1896 年英法签订条约，规定暹罗为英属缅甸和法属印度支那间的缓冲国，暹罗成为东南亚近代以来没有沦为殖民地的国家。19 世纪末，拉玛四世王开始实行对外开放，五世王借鉴西方经验进行社会改革。1932 年 6 月，民党发动政变，改君主专制为君主立宪制。1939 年更名泰国，后经几次更改，1949 年正式定名泰国。

素可泰时期

泰国北部的素可泰，是泰国历史上第一个独立王朝——素可泰王朝的都城，素可泰在泰语中意为"幸福的黎明"，原来只是柬埔寨吴哥王朝下辖的一个城市。后来，当地泰族人起义，夺城掠地，在这里创建起泰国的开国王朝。历史记载，素可泰王朝时期的泰国繁荣昌盛，疆域远远超过现有版图，尤其是兰甘亨大帝在位时首创泰国文字和暹罗最早的宋加洛陶瓷业，开创了泰国历史的新纪元。1378年，素可泰王国成为南方新兴国家阿瑜陀耶（暹罗王国）的附属国。1438年，延续200年的素可泰王朝灭亡。

大城王朝

1347年，素可泰时代衰落后，乌通王迁至大城府建立新都。大城时代历417年，共有33位君主，自1350年兴起，至1767年沦亡。1350年，乌通王在大城府建都，脱离素可泰王国宣布独立，建立阿瑜陀耶王国（即为大城王朝），不久吞并素可泰国，被中国明朝封为暹罗国王。1767年，缅甸军队攻陷大城，阿瑜陀耶王国灭亡。

明永乐元年，明成祖赠暹罗王金银大印，暹罗王也遣使谢恩。郑和南下时留暹罗者甚多。明初，中国的海外活动非常频繁。明成祖为宣扬国威，曾派郑和率领舰队，七下西洋。暹罗位于越南至马来西亚的海程之中，为必经之地。当时，东南亚各地已有华人商贾居处其间。从16世纪起，泰国先后遭到葡萄牙、荷兰、英国和法国等殖民主义者的入侵。1767年，缅甸攻陷了大城。尽管缅甸人取得了胜利，但是他们对暹罗的统治并没有维持多长时间。年轻的郑信将军和他的随从突破了缅甸人的重围，逃到了尖竹汶。大城沦陷七个月后，郑信和他的军队乘船返回到都城，赶走了缅甸驻军，收复了大城。

吞武里时期

阿瑜陀耶王国灭亡后，郑信重建王国，将首都南迁至吞武里。郑信将军决定将都城从大城迁移到靠近海的地方，这样有利于对外贸易，保证武器的采购，并且万一缅甸重新进犯，便于防守和撤退。他在湄南河西岸的吞武里建立了新都城。郑信的统治并不是一帆风顺的。大城沦陷后缺少中央权威导致王朝迅速瓦解。

曼谷王朝

郑信死后，查库里将军成为查库里王朝的第一世国王，即拉玛一世，从1782年统治到1809年。他即位后的第一项举措就是将王室都城从吞武里迁到河对岸的曼谷，并建造了大王宫。拉玛二世至拉玛四世国王（1809—1868年）期间，加强同西方国家的联系，并发展同中国的贸易，从而建立了现代泰国。19世纪末，曼谷王朝（也称却克里王朝）五世国王大量吸收西方经验进行社会改革。1896年，英国、法国达成利益妥协，间接使暹罗成为东南亚唯一没有沦为殖民地的国家。从拉玛五世朱拉隆功国王到拉玛九世普密蓬·阿杜德，先后进行改革，废除奴隶制，改进公共福利和行政制度，推行义务教育并实行其他教育方面的改革，泰国从君主专制政体转变为君主立宪政体。

第二次世界大战时期

1941年12月7日，日本发动太平洋战

争，日本和暹罗签订《日泰攻守同盟条约》。1942年1月25日，泰国宣布向英美宣战，日本将部分在缅甸和马来亚半岛北部占领地割让给暹罗。1945年8月15日，日本投降，暹罗翌日宣布"暹罗1942年1月25日对英美宣战宣言无效"，暹罗的"宣战无效"宣言被同盟国承认。1949年，暹罗改名泰国。

泰国的意思是"自由之地"，在其历史上，泰国可以引以为豪的是，它是东南亚唯一没有沦为殖民地的国家。第二次世界大战后，泰国成为美国在东南亚的主要军事盟国。在东南亚地区，泰国亦是一个举足轻重的国家；首都曼谷是该区域中国际化程度很高的大都会。另外，泰国是东盟始创国之一，在东南亚区内事务中亦有积极的参与。

现代时期

自1949年后，泰国的历史进入现代时期，先后经历了军政府时期和民主时期。第二次世界大战后的三年让人感到不快，国王阿南达在这个时期神秘死亡，但这一代的大多数人希望能忘掉这个时期的许多东西。接着1947年，在军方的威胁下，披汶重新出山。在一种精英阶级不稳定的局面下，披汶遭到了五次政变的挑战，并在1957年最后一次政变中被推翻。政变发起人沙立·他那叻及其副手他侬·吉滴卡宗于1957—1973年进行了长达16年的独裁统治，其间，沙立强化了与美国日益密切的关系，并签下了作为城下之盟的《腊斯克-他纳协定》。

民主时期

1973—1976年间，泰国举行了两次选举，产生了四届文官政府，其中有两届由民选产生。不过，社会上司空见惯的是政治暗杀，到处都是激进人物。警察不断骚扰左翼人士，暴力谩骂与非礼成了公共生活的一部分。1977—1988年，保守军人江萨·差玛南执掌了政治权力，多年来政治的狂乱被中止，流亡乡村的不同政见者重返城市。接着在1988年，泰国开始了自1976年以来的第一次自由大选。2001年2月9日，他信成为新任泰国总理，泰国在他的领导下走出金融危机，走向稳定的局面，后他信完成四年任期，于2005年成功连任。近几年来，虽然泰国政局时有动荡，但总体上保持了平稳的发展。泰国总理赛塔·他威信及新一届内阁于2023年9月5日在曼谷律实宫向拉玛十世国王玛哈·哇集拉隆功宣誓就职，泰国政局逐步稳定。

泰国的华人移民历史

华人为泰国的社会和经济发展做出了重要的贡献。据泰国2022年的人口统计数据，华人占据泰国总人口比例的14%，现有约950万人，其中相当一部分来自广东省潮汕地区。泰国华人移民的历史较长，早在素可泰王朝建立时，泰国便成为中国的藩属，向中国进贡方物，并与中国维持良好的关系。当时，中泰两国互赠礼物，中方允许泰方豁免缴税。

16世纪初，阿瑜陀耶就有华人聚集区。据当时华人的记述，华人在这里已住了好几代。他们在阿瑜陀耶王城与日本人和葡萄牙人展开商业竞争。据法国驻阿瑜陀耶王城的大使劳贝里的纪录，17世纪中叶时，王城有华人3000～4000人。

到了17世纪末，全泰国的华人人口约有10000人。那时的泰国华人多来自华南福建与广东商港，属商贸移民。

1766年，缅甸军队围攻首都阿瑜陀耶，城内华人居民奋勇抗敌，保卫城池。事后，中泰混血儿郑昭带领500名部下突围而去，并在1767年10月率军收复阿瑜陀耶城，建立吞武里王朝（1767—1782年）。郑昭的父亲是潮汕人郑镛，原籍广东澄海，移民暹罗后发迹；母亲是泰国人。郑昭在执政期间（1767—1782年），鼓励潮汕人大批移民泰国。他们有的从商，有的从事垦殖，种植甘蔗与胡椒，以供出口。在湄南河东岸靠近今王城处，开始出现一个新的华人聚集区。

郑昭死后，曼谷王朝建立，泰国的皇家贸易空前繁荣，华商参与其中，大批移民涌入。拉玛一世（1782—1809年）在今日曼谷唐人街的核心地带，兴建了一个华人商业区。

19世纪上半叶时，华商季节性地涌入泰国。到了下半叶时，一种有组织的预付船票应运而生，导致大批劳工移民的涌入。到了19世纪末，泰国华人已遍布各地。

绝大部分华人来自广东省和福建省。在20世纪初，潮汕人占绝对优势，占40%，其他如海南人占18%，福建省人占16%，广府人占9%。潮汕人之所以占尽优势，除了郑昭的厚爱及连锁性的移民外，另一个重要的因素是，曼谷与华南间的轮船通航，以汕头为最早，大批潮汕人从这里下船到泰国去。

明末清初，不少闽粤商人私下驾船往返于中暹两国进行易货贸易。渐渐地，他们中的一些人便留居在暹罗，一些像郑信父亲那样贫无所依的破产农民也随船前往暹罗谋生。这些早期的华侨与暹罗人民和衷共济，为开发暹罗、保卫暹罗做出了杰出的贡献。

郑信手下有不少华人组成的部队，涌现出一些像宋加洛守将陈联那样的著名华人将领。他们为吞武里王朝的建立立下了汗马功劳。因此，郑信即位后许多华人被任命为军队首长、地方官吏。他们获得了处理政治、军事、贸易等方面的种种特权。吞武里王朝期间，出现了中国东南沿海贫民大量移居暹罗的浪潮。特别是郑信祖籍广东潮汕地区的移民所占比例最大，他们被称为"皇族华人"。

在吞武里对岸的曼谷石龙军路、耀华力路周边，当时形成了一个华人聚居区，并发展成一个繁华的商业区，这就是现在的泰国唐人街的雏形。至今，这里依然热闹非凡，许多老华人依然居住在这里，延续着他们的生意和生活。

泰国华商是泰国的重要经济支柱，当地有不少大型企业由华商开办。由于第二次世界大战之后所发生的事，加上华商长袖善舞，渐渐把握了泰国的经济命脉，当地开始出现排华情绪。华人为求自保，都主动放弃原来的中国拼音姓氏，而改用有相同意思的泰语文字来当作他们的新姓氏，甚或采用当地原有的姓氏。这场运动后来被称为"改姓名运动"。

自20世纪90年代开始，泰国连同其他四小虎成员的经济开始起飞，民众的态度开始转化。当地传媒更是制作节目，讲述华人在泰国历史所扮演的角色，强调他们与泰国的其他种族一样，都是泰国人。

在泰国的华人历史上出现了不少名人和商界精英，有的曾担任过泰国的首相，有的在商界享誉世界。华人对泰国的政治、经济、国家利益维护做出了极大的贡献。君主立宪制后的泰国总理有一半多是华裔。

值得注意的是，泰国华人在泰国的政治地位相当高，自泰国第17任首相差猜·春哈旺即位起，之后，大多即位的首相都有华人血统。如阿南·班雅拉春：陈姓，泰国第18任首相。苏钦达：泰国第19任首相。班汉·西巴阿差：潮阳后裔，汉语姓名马德祥，泰国第21任首相。差瓦立：泰国第22任首相。沙马：汉语姓名李沙马，泰国第25任首相。巴实·干乍那越：澄海后裔，汉语姓名许敦茂，曾任泰国国会主席、副首相，被称为"泰国的基辛格"。他信·西那瓦：汉语姓名丘达新，丰顺后裔，泰国第23任首相及泰爱泰党的创立人。阿披实·威差奇瓦：袁姓，客家人，泰国首相及泰国民主党主席。

20世纪80年代以来，泰国政府制定了一系列更加民主化的政策，华人在政治、经济等方面得到了与原住民同等的权利。这一时期原有的华侨为了更快地融入当地社会，愿意淡化自己的华裔身份而改入泰籍。泰国王室长期、温和的态度强化了华人对泰皇和泰国政府的效忠，使他们能较好地融入当地社会，成为泰国主体民族的一部分。

●●●●● 中泰关系 ●●●●●

话说中泰一家亲

中泰友好关系源远流长，双方贸易往来长达700年，中国的文化和风俗习惯与泰国的文化相融合，已经成为现代泰国人生活方式的一部分。泰国是中南半岛最大经济体和东盟重要成员，同中国地缘相近、血缘相亲、人文相通。此外，许多中国人来泰国定居生活，中国人和泰国人相互来往。我们常说"中泰一家亲"。在国家层面，多位皇室成员与中国保持友好关系，朱拉蓬公主殿下热爱中国乐器古筝，并学习演奏。2019年9月29日，在中华人民共和国成立70周年之际，习近平主席向诗琳通公主颁发国际友谊荣誉勋章，这是中国对促进对华友好与良好合作作出重要贡献的外国友人的最高荣誉。近年来，中泰友好关系不断向前发展。中国是泰国第一大贸易伙伴。2022年11月17日至11月19日，习近平主席首次作为国家主席访问泰国，恰逢中泰建立全面战略合作伙伴关系10周年。泰国朝野各界对习近平主席到访期待已久，巴育总理夫妇等泰国政府高级官员赴机场热情迎送。习近平主席同哇集拉隆功国王、巴育总理分别举行亲切友好的会见会谈，两国宣布构建更为稳定、更加繁荣、更可持续的中泰命运共同体，为"中泰一家亲"赋予了新的时代内涵。双方发表联合声明并签署战略性合作共同行动计划，同意推进中老泰联通发展构想，加快中泰铁路建设，未来形成贯穿中南半岛的铁路大动脉。这不仅将助力泰国经济发展，也将推进本地区互联互通和协调发展。

●●●●● 泰国的美食文化 ●●●●●

泰国的美食文化

泰国的饮食在保持传统民族风格的基础上，又明显受到外来饮食文化的影响。传统的泰国饮食具有明显的平民风格，原料以本地水产、蔬菜、水果和特色调味品为主，烹制方法则以炖、焖、烤为主。由于泰国信奉佛教，故食肉较少，在吃肉时很少有大块肉出现。泰式美食受欢迎的程度，可由分布在全世界各大都市泰国餐厅的庞大数量得到见证。许多已尝过泰式饮食辣、酸及甜味特色的游客，来到这里之后都想亲身体验发源地的佳肴风味。

　　泰国的美食文化源于本国的传统饮食文化，后来受到外来文化的影响，现在的泰国美食既保留了传统的饮食风格又融合了外来美食文化。从 17 世纪开始，泰国的饮食逐渐受到葡萄牙、荷兰和法国饮食文化的影响。据说，用辣椒的习惯是 16 世纪的葡萄牙传教士带来的。但泰国对外来饮食文化的吸收不是全盘照搬，而是采取"变通"的办法。例如，用椰浆代替奶，用香茅草、南姜等代替刺激性或味道偏重的调料。大部分泰国人正餐中都是以米饭为主食，佐以一道或两道咖喱料理，一条鱼，一份汤，以及一份沙律（生菜类），随个人的喜好，以任何先后次序吃都可以。餐后点心通常是时令水果或用面粉、鸡蛋、椰奶、棕榈糖做成的各式甜点。蔬菜质地新鲜，料理的方式则多是以中国炒锅大火快炒。许多地区都是以椰奶作为咖喱酱的基本调味料，还有许多调味料，包括柠檬草、虾酱、鱼露，以及十几种本地特产的香料，而辣椒的辣度由温和到极辣的口味都有，任人选择。

▲ 泰国名吃——菠萝饭

　　泰国饮食具有明显的地方特色，不同地区在食物原料选用、食物烹制方式、菜式等方面有自己的独特风格。例如，在东北部地区，糯米饭配烤鸡，以及一种辣味木瓜沙律（混合了木瓜丝、虾米、柠檬汁、鱼露、大蒜和随意掺杂的碎辣椒）是该地区的典型菜式；中部以南的地区，因盛产海鲜，故海鲜料理相当有名；而酸肉，则是北部地区代表性肉食品种；南部地区的饮食习惯则明显受到马来西亚伊斯兰教式饮食风味影响，海鲜菜肴亦是该地区的特色之一。

▲ 泰国黄咖喱牛肉饭

泰国菜的风味特色

　　泰国菜的特色是酸辣，不同于中国菜系一菜一味的原则，泰国菜往往一道菜中酸、辣并存，强烈而浓郁。再加之泰国菜中许多食材的搭配，以及辅料的运用，与中国菜大不相同。虽然饮食文化上发生改变，但依旧与中国菜存在同质之处，比如对稻米、鱼虾等食材的运用，比如烤、炒等烹调方式。因为这种同质与异质的统一，使人们对泰国菜有一种既熟悉又陌生的感觉，并因这种感觉而着迷不已。

▲ 泰式咖喱蟹

▲ 泰国冬阴功汤

泰国的四大菜系

泰国菜根据地理位置分为四大菜系：东北部菜、北部菜、中部菜和南部菜。每个地区盛产食材不同，以及受周边国家的影响，菜肴上就各不相同，各具特色。泰东北部菜和老挝相似，不如中部曼谷用米饭而偏爱糯米饭，当地的名菜有青木瓜沙拉，也吃各种昆虫；北部山区的泰北菜，则受缅甸菜影响，当地特色食材是一种酸肉；泰中部菜以曼谷为中心，因为物产丰富，菜就显得华丽，冬阴功汤以及红、绿咖喱，就出自该地区菜系；南部则两边临海，当地人又多信仰伊斯兰教，毗邻马来西亚而多用黄姜，调味较其他地区浓，代表菜有黄咖喱、伊斯兰咖喱。总体上，泰国菜多爱用水果、香料入菜，口味酸辣并重，擅烹调鱼虾等河海鲜，也有烤、炸、咖喱等肉禽菜肴。泰国菜也沿袭了这种魔幻感，无论高档餐厅的泰式海鲜大餐，还是街边食肆各式泰国炒饭，都各自彰显着魅力，交织出一幅华彩缤纷的浮世绘卷。具有悠久历史传统和现代风格的泰国美食受到世界各地美食爱好者的欢迎。据说，泰国境外的泰式餐厅已达6000家之多，其中3000家在美国。

当你来到泰国的时候，不仅欣赏旅游天堂的美景，也感受一下泰国的美食吧。

走进泰国的佛教生活

泰国国民的90%以上信仰佛教，在泰国无论走到哪里，都可以看到身穿黄袍的僧人，金碧灿烂的寺庙，精美玲珑的佛龛，以及千姿百态的佛像。泰国的国教是佛教，泰国人信仰的佛教属于小乘佛教，也是南传佛教的一种分支。与中国云南省西双版纳地区的佛教属于一个渊源和体系。而佛教中的教义更对泰国人民的日常生活有极深的影响，以虔诚的佛教徒塑造社会道德标准。这是泰国社会的共识，除了获得心灵上的慰藉之外，还促使民众享受和平与自由的生活，因此佛教成为泰国和谐社会的基石。

神秘的泰国男子成年礼

在过去，泰国男孩年满20岁，便要入寺为僧，一般为期三个月，表示已届成年，并对父母报答养育之恩，连国王也不例外。但现在已不同了，出家的年龄和时间没有规定，少则三天便可还俗，但也可终身为僧，常伴我佛。男孩长大不出家为僧，在泰国是一种羞耻，得不到人们的尊敬。因此，在泰国父母送儿子入寺为僧是一个十分隆重的日子，因为一旦袈裟披身，到处受人尊敬。泰国人认为，入寺为僧诵经念佛，能使父母延年益寿，而且在佛门内可戒绝放荡的生活。

神秘的泰国佛寺

泰国大大小小的寺庙多如牛毛，不胜枚举。其中，大城玛哈泰寺以树根盘佛头闻名于世，为泰国七大奇观之一。它因佛像面露微笑，被称为"永恒的微笑"。清迈的寺庙静静地处于内城的大街小巷中，深藏在乡间山林间。素贴山上的双龙寺的建造充满了神话传说。传说14世纪时，泰北发现了释迦牟尼佛的舍利子，人们将舍利子放在白象背上，任由白象寻找供奉舍利子的位置。最后白象登上素贴山，趴在素贴山上，于是人们在白象趴下的地方建了一座白塔供奉舍利子，双龙寺也由此而建。此外，在曼谷还有三尊非常出名的佛像。一尊是供奉于玉佛寺中的泰国镇国之宝"玉佛"。玉佛通体苍翠，隐约泛出绿光，所以寺院又称之为"绿宝石寺"。这尊玉佛，历来成为印度、斯里兰卡、老挝、缅甸及泰国之间的争夺对象，因为据说它将为主人带来好运，每当换季时节，泰国国王都亲自为玉佛更衣，以保国泰民安，每当泰国内阁更迭之际，新政府的全体阁员都要在玉佛寺向国王宣誓就职，每年5月农耕节时，国王还要在这里举行宗教仪式，祈祷丰收。

还有一尊是位于泰国曼谷市中心爱侣湾大酒店前面的四面佛。四面佛在泰国被称为有求必应佛，四面、八手、各种神器让她掌握了人间的富贵，拥有至高无上的法力。

▲泰国清莱白庙灵光寺

曼谷金佛寺里的金佛是泰国三大国宝之一，它是由5.5吨黄金铸成的坐式佛像，是世界上最大的纯金佛像。制作于13世纪的素可泰时期，起初被泥灰包裹，后在搬运过程中，泥灰脱落，金身佛像才展露于世。金佛寺也因此香火旺盛，唐人街一带华人常来此拜佛祈愿。

▲泰国清迈双龙寺

神秘的泰国高僧

泰国的佛教徒修行的是小乘佛教，渡己不渡人。几百年来，有数以万计的佛教徒走向修行之路，也诞生了许多得道高僧。这些高僧在历史的长河中，被后世敬仰，有些甚至被神化。这些高僧们因此成了泰国最为神秘的组成部分，也坚定着泰国人潜心向佛的信念。

据说，有一位名叫龙波登的高僧为泰国老一代传奇僧人，他一生制作三款圣物，分别为自身像、灭魔刀及象牙制"星"，其中灭魔刀及"星"被冠以全泰国第一的称号，被喻为泰国第一拥有神秘而强大力量，对增加权力威严、招财、保佑事事顺利皆有特别效果。

神秘的泰国佛牌

说到此处，就不得不提泰国的佛牌。许多国内游客来泰国旅游，都会专门抽出时间，花费大价钱请佛牌。它是泰国独有的一种佛教饰品。

大多数的佛牌，都被制作成小型的饰品，供奉在佛塔内。目的是，即使在将来，佛塔或者佛教文化遭到迫害，也能够通过佛牌体积小的特点，传承佛教的文化，以提醒世人，先祖的佛教文化的灿烂与光辉。佛牌最初的意义是，佩戴在颈部以保护哪些参与维护泰国国土权利的战士们。因为泰国人民相信佛是会保佑那些为他人牺牲的人们。现用来作为一种护身符，佩戴在颈部，以保护人的安全或者增强信念。

崇迪佛可谓佛中之王。崇迪佛是所有泰国南传佛教法相的起源，崇迪佛的佛牌也是所有神佛中力量最为圆融完整的。佩带崇迪佛牌，据说除了可以护身避邪外，同时也具有增进佩带者人缘和合，消灾挡祸，招财进宝，家庭和谐，生意兴隆，财源广进等作用。

▲ 泰国佛牌挂件

▲ 泰国四面佛

佛牌对于泰国人来说是再平常不过的东西。如果想请佛牌，在任何一家正规的寺庙里面请的都是真佛牌，不要在外面的摊贩和店里买，以免受骗。

泰国人文风情

泰国民俗风情

在泰国悠久的历史进程中，佛教文化对泰国的民俗文化产生了深刻的影响，形成了礼仪、节日和风俗等涉及人们社会生活的民俗文化。跟泰国人打交道，熟悉泰国的风俗文化至关重要。

礼仪

泰国是一个礼仪之邦，被誉为"微笑国度"。泰国人性情温和、注重礼仪，尊重长辈。人们见面时不是握手，而是合掌说声"萨瓦迪卡"（您好）。通常将双手合十于胸前，互致问候，合十后也可不再握手。觐见王室成员时一般鞠躬致敬。见僧侣一般均以合十行礼。泰国人着装考究，衣服穿着前均要熨烫。在正式场合和参加庄重的仪式，男士穿西装或民族服装，妇女穿过膝裙服，一般不着长裤。政府官员出席有王室成员主持或出席的活动时，需着白色文官服。

泰国人注重礼貌，个性含蓄，说话轻声、语调平和。多数泰国人不愿意与他们不熟悉的人进行商业往来。因此，最好通过对双方都比较熟悉的组织或个人的介绍和引荐。和泰国人交往时可以送些小的纪念品，礼物应事先包装好。在交际场合，泰国人习惯以"小姐""先生"等国际上流行的方式称呼彼此。在交谈时，泰国人习惯细声低语。在泰国人看来，跟旁人打交道时面无表情，愁眉苦脸，或是高声喧哗，大喊大叫，都是失敬于人的。

▲ 泰国国花——金链花

在泰国，金链花是国花，桂树是国树，白象则是国兽。在泰国人的心目中，金链花树又被誉为"国王之树"，金链花为黄色，而黄色是泰国和佛教的象征。因此，对于这些东西，千万不要表示轻蔑或是予以非议。与泰国人进行交往时，千万不要信口开河，非议佛教，或对佛门弟子有失敬意，特别是切勿对佛祖释迦牟尼表示不恭。在泰国参观佛寺之时，除了进门前要脱鞋之外，还要摘下帽子和墨镜。在佛寺之内，切勿高声喧哗，随意摄影、摄像。

泰国人非常喜爱红色和黄色，并且对蓝色颇有好感。在他们看来，蓝色象征着"永恒"与"安定"。在泰国的三色国旗上，蓝色居中，代表着王室。对于褐色，泰国人比较忌讳。通常，他们还忌讳用红色的笔签字或是用红色来刻字，因为他们视之为死人所受的待遇。

服饰文化

"男套纱笼，女围筒裙"是对泰国人传统服装的精确描述，在这一传统服饰的基础上，逐渐形成泰国的民族服装。尽管受到现代社会的西服、制服等服饰的冲击，但泰式服饰习俗在当今仍保存完好，民族服装深受泰国人的喜爱。在婚宴、宗教活动以及其他仪式上，仍有很多泰国人着民族服装。

泰式男服和女服

泰式男服：泰族男子的传统民族服装叫"绊尾幔"纱笼和"帕农"纱笼，"帕农"是一种用布缠裹腰和双腿的服装。"绊尾幔"是用一块长约3米的布包缠双腿，再把布的两端卷在一起，穿过两腿之间，塞到腰背处。穿上以后，很像我国的灯笼裤。20世纪80年代初期以来，泰国流行一种名为"帕叻差他服"的男装，译为"钦定服"，被公认为具有民族特色的男服。这种服装用本地布料制作，式样为立领、开襟、五个扣，长短袖皆可。

泰式女服：女筒裙是泰国女子的下装，曼谷王朝拉玛六世时期（1910—1925年）开始流行。筒裙同纱笼一样，布的两端宽边缝合成圆筒状，穿时先把身子套进布筒里，然后用手将布塞进左腰处。

泰国传统节日

泰国节日较多，除国际性节日如公历新年外，许多与宗教相关的节日及王室纪念日都是法定假日。泰国华人众多，民间也庆祝春节、中秋节等中国传统节日。主要节日可归纳为年节、宗教性节日、生产性节日、国家纪念日和其他节日五类。

年节。泰国以公历1月1日元旦作为新年的年节，并加以庆祝。这始于1941年。元旦零时，敲胜利钟，同时全国各寺院也鸣钟迎接新年。元旦清晨，在曼谷王家田广场举行斋会，向成百上千名僧人提供斋饭，一般男女青年和小辈走亲访友，向长辈上级洒水祝福。

泰国华人春节。泰国华人按中国农历过春节,虽不是全国性的节日,但影响很大,涉及各行各业。不少泰国人也与华人一起过节。

宋干节。宋干节是泰国传统年节。当天的主要活动就是泼水,因此也称"泼水节"。每年4月13—15日为宋干节,是源于印度婆罗门教的一种仪式。宋干节正值泰国春耕节前夕,此时举行庆祝活动,有求雨、保丰收、迎接新的一年到来的年节意义。

守夏节。每年泰历8月下弦月初一,是重要的佛教节日。这一天表示泰国已进入盛雨季节,僧侣进入为期3个月的坐禅、诵经期。其间,僧侣除早上外出布施化缘外,其他时间一律不得随意走出寺庙,膳食只能吃早午两餐,晚餐只能吃流食。

宗教性节日有万佛节、佛诞节、解夏节等。国家纪念日主要有国王登基日、王后寿辰、万寿节、宪法日等。

泰国一向被人们称为"亚洲最具异国风情的国家",也是一个十分注重礼仪规范的国度。人们无论是到泰国旅游,还是经商、学习,对泰国的民风民俗应当心中有数,尊重泰国人的习俗,在公众的场合做到温文尔雅,遵守社会规范。

▲泰国清迈水灯节

泰拳

泰拳是一门传奇的格斗技艺,是一项以力量与敏捷著称的运动。有人称它为"泰族的独有拳术",因为源于泰国;有人称它为"自由拳术",因为"泰"一词在泰语中意为"自由与和平"。时至今日,泰拳已经发展成一门世界性的搏击体育运动。泰拳的基本招式非常简单,一个没有任何基础的人只要练习短短几天就能够入门,但它却相当实用,仅用肘部和膝部就能干净利落地一招制敌。泰拳体力消耗相当大,既能瘦身,又可防身。

▲泰拳雕像

如今,泰拳在泰国,已经不仅仅是一种拳术,它既凝聚着民族的历史,又是一种重要的生活方式、娱乐方式,似乎已经融入泰国人的血液当中,成为不可分割的一部分。由于泰拳数百年来久盛不衰,值得传颂的人物和事迹极为丰富,能与国际职业拳坛相媲美。

泰式按摩

泰式按摩,发源于古印度的西部,创始人是印度王的御医吉瓦科库玛,他至今仍被泰国人民奉为医学之父。他的传统医药及按摩知识技法由传教的僧人带入泰国,并由泰王召集，广泛吸收他们的传统医药及按摩的宝贵经验，并铭刻在大理石上，镶嵌于瓦特波的卧佛寺的游廊壁上，成为训练传统泰式按摩的基地。

泰式按摩为泰国古代医学文化之一。古代泰国皇族利用它作为强身健体和治疗身体劳损方法之一。近年来，经过泰国政府监管发展和积极推广，泰式按摩已广为人知，成为广受重视的天然治疗方法。泰式按摩蜚声全球，是泰国的宝贵文化遗产之一，它可以舒松肌肉、消除疲劳，有益健康。泰式按摩男女咸宜，换上丝绸睡衣，按摩从脚趾头开始到头顶结束，包括捏、拽、揉、按、摸、押、拉，甚至柔道式大背挎等。

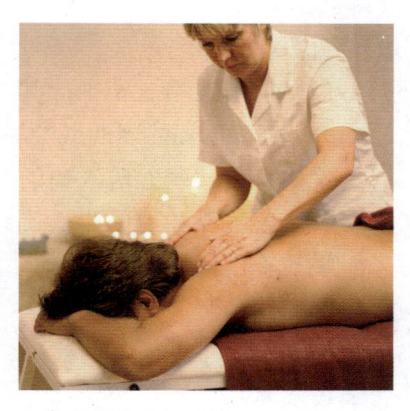

▲ 泰式男子背部按摩

习俗禁忌

佛像在泰国被奉为圣物，不得对佛像做出不尊重的行为，切记不得攀爬佛像取景照相。参观庙宇、王宫时，应着装整齐得体，不得穿无袖背心、短裙、短裤及其他不合适的服装。进入主殿时，应根据要求脱鞋后进入，参观过程中保持肃穆，不得追逐嬉戏打闹。女士不得与僧侣直接接触，如需向僧侣递交物品，要将物品交给一位男士，由其代劳，或由僧侣将袈裟铺在面前，将物品放到袈裟上。

大米是泰国人的主食。喜食辣味，辣椒是餐桌上必不可少的佐料。一般饮料均加冰块。

在曼谷，国王和王室成员是非常受人尊重的，泰国法律有对王室不敬罪的处罚条例，即使外国人也不可触犯。不要随便谈论或议论王室。遇有王室成员出席的场合，最好是留意其他人的动作，跟着照做。

在泰国，人们视头部为神圣之地。因此，不要随便触摸别人的头部。如果你无意中碰及他人的头部，应立即诚恳地道歉。特别忌讳外人抚摸小孩（尤其是小和尚）的头部，小孩子的头只允许国王、僧侣和自己的父母抚摸。

公众场合不要做出过于亲昵的举动，如拥抱、亲吻等。在海滩不允许裸体晒日光浴。

避免使用暴力和粗鲁的语言，遇事要克制忍耐——这也是泰国人"乐天安命"的处世态度。

泰历每年12月15日要举行水灯节，在观看水灯时一定要注意，无论水灯多么精致美丽，都绝对不能捡起来。

走遍千佛之国

走遍千佛之国

泰国以"千佛之国"闻名于世，素有"黄袍佛国"美誉，是一个具有悠久佛教史的文明古国，有30000多座充满神话色彩的古老寺院和金碧辉煌的宫殿。泰国佛寺外观造型宏伟壮观，建筑装饰精巧卓绝，享有"泰国艺术博物馆"美称，是泰国的国宝、泰国文化的精粹。泰国90%的居民信奉佛教，民间艺术丰富多彩，是东南亚首屈一指的旅游大国。

泰国的旅游名胜

泰国山区森林密布，奇花异木遍布，栖息着众多珍禽异兽。泰国政府把一些天然森林区划为自然保护区，并辟为森林公园。森林中空气清新，是森林浴的佳地。这里气候四季皆春，又有瀑布、湖泊和各种飞禽走兽，吸引了一批批旅游者慕名而来。

首都曼谷

曼谷是泰国首都和最大的城市，也是中南半岛最大城市，东南亚第二大城市。曼谷被誉为"佛教之都"。曼谷又是融合东西方文化、包罗万象的"天使之城"，是古典与现代的完美结合。高耸矗立的大型建筑，强调着城市奇情与超越时空的景致，古老的庙宇香火鼎盛，青烟缭绕，具有浓厚的东方色彩；既有家一样的温馨暖意，同时又充满异域情调。曼谷有许多人文历史和自然景观，吸引着世界各地游客前来旅游。

曼谷杜莎夫人蜡像馆是继香港和上海之后第三个成立于亚洲的蜡像馆，位于曼谷 Siam Discovery 购物中心的六层，于 2010 年开馆，打造了近 3000 平方米的展区，是东南亚第一家杜莎夫人蜡像馆，是所有造访曼谷旅客的必游景点之一。

蜡像馆凭借新颖的外观以及突显的现代建筑设计，成为曼谷的新地标。馆内有一个王室展厅，展出了泰国王室拉玛五世儿子以及拉玛五世女儿等王室成员的蜡像，这不仅可以让游客了解到泰国国王父母的生活，对曼谷王朝也能进一步认识。与其他分馆一样，曼谷杜莎夫人蜡像馆也拥有许多名人蜡像，游客能够近距离接触 70 个当地历史知名人物或是全球知名领袖等名人，如黛安娜王妃、伊丽莎白女王、泰国总理等；艺术科学界名人，如贝多芬、爱因斯坦、泰国皇家诗人顺通铺；世界知名影星歌星、运动明星，如迈克尔·杰克逊、大卫·贝克汉姆、乔治·克鲁尼、布拉德·皮特以及安吉丽娜·朱莉等。

曼谷杜莎夫人蜡像馆提供给旅客独特的互动体验，运用最新科技、巧妙的互动，以及生动的背景让蜡像栩栩如生地呈现在游客眼前。

曼谷唐人街位于曼谷市的西部，是一处繁华的商业街区，长约 2 千米，已有 200 多年的历史，是泰国最具代表性的唐人街，也是东南亚最知名的唐人街。

自古以来，有大批华人移居泰国，其中尤以潮汕人居多。因此，浓郁的潮汕风情，是曼谷唐人街最大的特色。曼谷唐人街的规模及繁华程度，在东南亚各地的唐人街中堪称魁首。街区几乎由商店组成，这些遍布街区的数以千计的商号有食品店、酒店、百货店、杂货店、鞋店、工艺品商店，比比皆是。店铺前都供奉着福、禄、寿三位官人像，门上、门旁匾额、对联或吉祥语都用中文。

▲ 曼谷唐人街

这个闻名遐迩的曼谷唐人街，现在已

经不仅仅是传统的华人居住和商业区，也成了曼谷的一张名片，吸引四面八方的游人前往观光、购物。

曼谷玉佛寺建于1782年，位于泰国首都曼谷市内，是泰国的佛教圣地，被视为泰国的三大佛寺之一。

玉佛寺内供奉的玉佛由一整块壁玉雕成，高约66厘米，宽约48厘米，由玻璃保护，上有多层华盖，基座很高。玉佛每年三季都由王室为玉佛换上不同朝服，以示尊敬。在玉佛周围另有四尊金佛，主寺内壁画则是释迦牟尼佛由诞生到涅槃的故事。供奉玉佛的主殿共有40根四角形立柱，并在廊下装饰有112尊鸟头人身的金像。玉佛寺内的所有建筑都有加高的白色大理石基座和缤纷夺目的马赛克装饰。在主殿北方，有三座佛塔，分别是纯泰式藏经阁、锡兰式金色舍利佛塔和高棉式的王室宗庙。玉佛寺外围墙是白色的，相对简单，内墙绘有泰国版本罗摩衍那史诗与拉玛坚神话场景。

▲泰国曼谷玉佛寺庭院尖塔

参观时可由玉佛寺北门开始，以顺时针的方向观赏178幅壁画，多数壁画有泰文的说明，壁画是拉玛一世时所绘，讲述一个神话故事。绿色的怪兽是坏的，喜欢抢别人的老婆，白色的猴子是好的，具有神力，帮助国王救回皇后，有一次甚至施展神力将整个城市包起来，免于被坏人入侵，绘画的手法相当活泼立体。

曼谷卧佛寺位于大皇宫隔壁，又称菩提寺，有一系列佛寺之"最"，是曼谷历史最久远和最大的寺庙；有泰国最大的卧佛，最多的佛像和佛塔。卧佛寺内的卧佛全长46米，足掌长度5米，宽1.5米，两脚掌相叠，各装饰有珍珠母贝壳镶嵌而成的108个吉祥图案。

▲曼谷卧佛寺

在卧佛寺内共有99座大小佛塔，高7米的佛塔就有71座，有"塔林"之称；还有高41米的大型摩诃佛塔4座。在卧佛寺大殿走廊的柱子上、墙壁上及各佛殿、排亭中都刻有很多碑文；碑文在三世王时刻成，其内容有建筑、历史、佛史、医药、格言、文学、地理、风俗习惯等，至今这里仍有一所泰国古典按摩学校，招收国内外学员来培训古式按摩术，被称为"泰国的第一所大学"。在大雄殿外面栏杆的柱子和柱子之间，共有154幅以大理石雕刻的"拉玛坚"故事浮雕图案，有很高的艺术价值。

曼谷国家博物馆由拉玛五世建立，于1874年开馆，主要介绍泰国的历史和艺术，收集了泰国最多的艺术品和手工艺品，为东南亚最大的博物馆。博物馆外观精美，为素可泰王朝的建筑风格，别致的建筑同蔚蓝的天空互相映衬，非常漂亮，内部的装饰也极其考究。

博物馆内陈列着泰国重要历史文物和古典艺术品，在各种收藏品中，佛教文物占了相当大的分量，各种时期、各种造型、大小不一的佛像看得人眼花缭乱。藏品有班清文化出土文物、吞武里府女子古乐队的灰塑，以及有"泰国维纳斯"之称的阿瓦罗甘旦舜菩萨像、素可泰的著名石碑，还有古代兵器、服饰、乐器、绘画、陶瓷、五彩瓷、象牙雕、金漆立柜、漆器、螺钿镶嵌画、国王御用武器、御用车船、皇家生活用品，以及各种文献、木偶、皮影戏用具等。

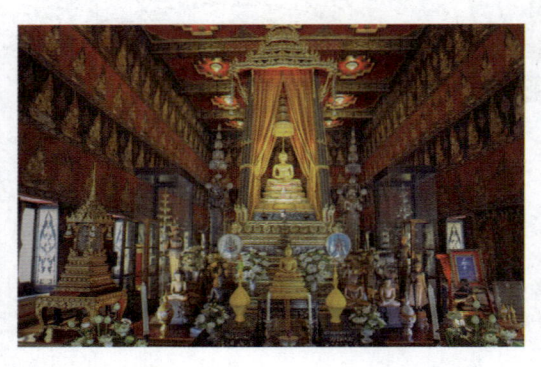

▲ 曼谷国家博物馆

暹罗海底世界坐落于曼谷暹罗典范购物中心的地下一层和二层，于2005年开馆，占地面积10000平方米，相当于两个足球场那么大，容水量超过400万升，相当于三个奥运会游泳池，为东南亚最大的水族馆，集娱乐和教育为一体，通过一系列的项目让游客了解水栖动物的生活环境。

暹罗海底世界内生活着30000多只海洋生物，包括鲨鱼、企鹅、海豹、蓝圈八爪鱼、锯峰齿鲛、魟、灰鲨、象鼻鲨、狮子鱼、叶形海龙和巨型蜘蛛蟹等400个品种，其中鲨鱼的种类繁多，如沙虎鲨、豹纹鲨、黑鲨等。根据动物的生活环境，海底世界分为七个不同的区域，即奇幻海洋、热带雨林、岩石海岸、神奇海母、深海暗礁、奇异世界等，每个区域都上演着自己的精彩和神秘，让游客惊异于海底的奇异和广阔。

▲ 暹罗海底世界

美功铁道市场。提到泰国的市场，肯定首先会想到泰国的水上市场，泰国的水上市场不仅可以观赏美景，还可在水上品味美食。除了多姿多彩的水上市场，泰国还有一个令人惊心动魄的铁道市场，被誉为世界上唯一的铁路菜市场。

美功铁道市场坐落于泰国首都曼谷以西约80千米。美功铁道市场上的摊位就摆在铁轨上，火车来了就拆掉遮阳棚让路，火车过去，接着摆摊。在这里摆摊的人都知道火车什么时间过来，在火车即将要来的时候，突然所有的摊位都开始把放在轨道的东西收起来，大家收东西又快又利落，这可是经过多年锻炼出来的速度。当火车呼啸而过，小贩们会以最快的速度将物品摆上去，继续买卖，这就像是在演一场电影，速度之快，让每个游客都感到不可思议，同时对这些小贩赞叹不已。

▲ 曼谷美功铁道市场

　　皇家大象国立博物馆。泰国素有"大象之邦"的盛誉，腿粗如柱、身似城墙的大象在泰国人民的心目中是吉祥的象征，白象被视为象征国运昌盛的国宝，它们生活在皇宫中，被当作神兽，受到极佳的待遇。皇家大象国立博物馆应运而生。

　　皇家大象国立博物馆坐落于曼谷，曾是泰国皇家大象的居住之地，成立于1988年，向世人展示了大象在泰国社会中的重要地位。博物馆有两个建筑，第一个建筑展示与大象相关的物品，如不同时期被国王授予"皇家大象"称号的大象的照片、皇家大象的象牙、泰国驯象师的雕塑等。第二个建筑展出皇家大象的模型和庆祝仪式的场景。

▲ 曼谷皇家大象国立博物馆

"泰北玫瑰"——清迈

　　清迈与首都曼谷不同，作为兰纳王国的故都，清迈散发着迷人的古典气质。这里气候凉爽，四季百花争艳，被称为"泰北玫瑰"。清迈历史悠久，文化古迹众多。清迈天然环境优美，气候凉爽，是著名的避暑胜地。清迈素以"美女和玫瑰"享誉天下，位于海拔300米的高原盆地，四周群山环抱，景色旖旎，古迹众多，商业繁荣。这座小城安静，淡雅，空气干净清新。这里有近乎凝固的时间和让人心情无比舒爽的安静。到清迈，游客能体验曾经兰纳王国的独特文化历史，细嗅这朵清雅的泰北玫瑰。值得一提的是，清迈是华语歌后邓丽君的一生挚爱，她也最终将生命交托于此。清迈作为兰纳王国的故都，有众多的古寺庙，在泰国享有较高的知名度。

▲ 泰国清迈拜县树屋

　　素贴山双龙寺。素贴山，位于清迈以西16千米处，海拔1667米，是清迈天然的瞭望台。双龙寺是半山上的主要游览点之一，是清迈市的标志。当地称此山为"遇仙山"或"会仙山"，因山上有著名的双龙寺而闻名。山坡上开满五色玫瑰，山顶白云缭绕，风光秀丽。登临山顶，清迈市全景尽收眼底。

　　双龙寺位于素贴山山顶，建于1383年，又称"舍利子佛寺"。称为双龙寺是因为寺门外石阶两侧各雕有一条长达500米的巨

- 59 -

龙，十分壮观。称为舍利子佛寺是因为寺内有一座建于16世纪的金塔，据说塔内藏有佛祖释迦牟尼的舍利子，故被视为圣地。清迈王朝历代帝王对此寺都十分崇敬，常来此朝拜。而来此朝拜的各地信徒更是络绎不绝，每年6—7月均在此举行礼佛盛会。

让游客感受到这种朴实无华的生活中的别样风味。

此外，其他景点还有仅存的泰北式庙宇清曼寺、因他农山、马沙山谷、老清迈、查育寺、部族研究中心、泰北文化公园、清迈植物园、清迈动物园、清迈国家博物馆、杜英沙那国家森林公园等。

▲ 素贴山双龙寺金身佛像

▲ 清迈古城

寺院周围苍松翠柏，古木参天，两条用彩色玻璃片和扇形彩釉小瓷砖镶嵌的巨龙，各有大小7个龙头，雄踞石阶两侧，龙首高翘，威风凛凛。长约150多米的龙身随石级起伏而上，一直伸展至佛寺门口。石阶重重叠叠，共有309级，俨然佛家龙道，十分壮观。每座殿内供有一尊金身大佛，正殿莱甘堂内供奉有被视为泰北最具灵性的三尊佛像。寺院正中有一座高约20米的大金塔，建于16世纪，据说塔内保存有佛祖释迦牟尼的圣物（舍利子）。右侧有呈高床式的七旋塔，被誉为泰国建筑的精华。

苗族村，位于泰国培山附近，距离蒲屏宫不远处，村庄位于山上，上山之路非常崎岖难行。作为泰国现存的六个山地民族之一，当地的村民仍然保留少数民族的穿衣风格，部分苗人更懂得汉语的表达，苗人主要以种田为生，生活十分朴实简单，也有一些当地人依靠卖旅游纪念品为生，

"泰北小瑞士"——清莱、拜县

清莱、拜县终年云雾缭绕，山花烂漫，被称为"泰北小瑞士"。清莱位于泰国、缅甸、老挝三国的交界处，是著名的"金三角"地区的一部分。经过整治后，曾为全球最大毒品原产地的清莱，现如今是一座安宁平静的泰北小城，依靠白庙、黑庙以及长颈族村等景点吸引了众多游客。清莱的必去之处是白庙和皇太后花园。弹丸之地的拜县，则布满了色彩各异的度假村和主题客栈，泰国有一部风景爱情片《爱在拜城》，就是以拜县为背景拍摄的，不妨去找找浪漫气息。清莱坐落于寇克河与三座小山丘的天然屏障之间，靠近边界的战略位置，为一个极重要的通关与贸易中心。

因为靠近"金三角"地区，而且，此地又被作为探险山区远征队的基地，清莱不但景观或古迹著名，也是一个极为典型

的泰国省城。近几十年来，这个地方逐渐繁荣发展，新建的旅馆到处林立，除了有许多专为国外旅客所设立的餐厅、购物商店外，还有专门为观光客代办参观山地部落的旅行社，提供各式行程，不论两日游或是为期一周的深度之旅都有，能享受如画的美景，拜访奇特的山地部落，满足喜欢冒险旅游的游客们的需求。清莱最著名的景观主要有白庙、黑庙、美斯乐和明莱王塔等。

白庙。白庙本名白龙寺，是泰国著名艺术家察霖猜设计的寺庙。寺庙以白色为主，墙体和雕塑上镶有众多玻璃碎片。当阳光照射时，不时反射出耀眼的银光，仿佛落入人间的琼楼玉宇，美得令人炫目。

白庙主殿中的壁画，除了传统的佛教主题，还增添了许多现代元素。在代表凡间的壁画下半部分，聚集了众多熟悉的身影：机器猫、阿凡达、美少女战士、迈克尔·杰克逊、异形、铁臂阿童木……十分有趣。

▲ 清莱白庙

黑庙。黑庙也被译作黑屋博物馆，其实不是庙，而是由泰国鬼才艺术家Thawan设计的死亡主题博物馆。馆内遍布漆黑的尖顶木屋，内置大量关于死亡的展品，例如，水牛头骨、动物皮毛，以及原始部落的猎杀工具等。

▲ 泰国黑庙

走进黑庙的展厅，就像走进一座远古神殿。大殿高耸的屋顶让人有种直达苍天的错觉，阳光只能照亮大殿的一角，余下的部分隐藏在虚无的黑暗中。明与暗两个世界截然分明，步入其中有如在人间与幽冥之交界。

美斯乐。美斯乐位于泰国北部清莱府，是泰国重要的茶叶生产基地和旅游胜地，素有"泰国春城""中国村"之美称。泰北孤军原国民党93师官兵及其后代很多都生活在这里。走在村庄内，一路都是浓郁的中国风情：大红的灯笼与春联、精美的瓦当壁画、随处可见的汉字，令人感觉十分亲切。在美斯乐除了华人外，还有五个泰国少数民族。中国台湾著名作家柏杨所著的《异域》及据此改编的由朱延平执导的电影《异域》描写了生活在美斯乐的中国人在异国他乡自力更生、顽强不息的奋斗过程。虽说他们身处异国，但我们还是能看到他们的赤忱之心，那儿的墓地全部朝向北方，因为那儿有他们心中的家乡——中国。

美斯乐村地处高山，气候温和湿润，终年云雾缭绕，林木隽秀，山花烂漫，美景宜人，又被称为"小瑞士"。

斑斓海岸——泰国诸岛

泰国有许多世界级的海岛旅游胜地，

令游客最为向往的莫过于芭堤雅、象岛和普吉岛。

芭堤雅。芭堤雅是中南半岛南端的泰国一处著名海景度假胜地，也是近年来热度极高的海滩度假、房产投资、旅游、养老胜地，享有"东方夏威夷"之誉。芭堤雅已成为"海滩度假天堂"的代名词。

芭堤雅位于首都曼谷东南154千米，从曼谷出发，沿苏库威高速公路，两小时就可到达芭堤雅。长达40千米的芭堤雅海滩阳光明媚，天蓝水绿，是天然的海滨游泳场。离芭堤雅海岸约10千米处有个美丽的小岛——珊瑚岛，月牙般的沙滩拥抱着蔚蓝透彻的海水，沙粒洁白松软，特别清洁美丽，海域水质洁净，可透视水深数米之下的海底生物世界。沙滩上排满了沙滩椅和色彩艳丽的太阳伞，给人一种舒适宁静的享受。

▲芭堤雅东芭乐园

象岛。象岛又称阁昌岛，多为原始景观，岛上75%的热带雨林依然保存完好。这里有美丽的海滩、壮观的瀑布、苍翠的丛林，以及各种野生动植物。

岛屿群山绕翠，宁静且纯朴无瑕，充满了自然生态之美，是探险爱好者的天堂。瀑布是岛上主要的水源，因泰皇拉玛五世曾驾临此地而声名大噪。象岛中部密集的热带雨林形成一些天然壮观的瀑布景观，岛上各主要观光朝圣景点与瀑布相连，别具一番风情。

这里也有热带自然风光，海湾环绕，处处可见银白柔软的沙滩和湛蓝的海水，青郁的山峦嵌入蔚蓝的大海中，让人恍如置身桃花源中。无论是在沙滩上自由地游玩嬉戏，或是在未被污染的大海里进行垂钓、潜水、帆船运动，抑或是在雨林中徒步，都是在象岛极具魅力的活动。

普吉岛。普吉岛是泰国面积最大，也最为出名的海岛，普吉岛位于印度洋安达曼海东南部，离泰国首都曼谷867千米，是泰国境内唯一受封为省级地位的岛屿。普吉岛有悠久的历史和文化，被誉为安达曼海的明珠，500多年前是锡矿基地，泰国主要的旅游胜地，有许多著名海滩。而距普吉岛西北90千米处的斯米兰群岛，是世界十大潜水胜地之一，因为用心保护，未经开发，拥有未受污染的海滩、碧蓝的海水、种类繁多的海洋生物，以及绚烂多彩的珊瑚礁群，是深海潜水者的"水下天堂"。作为印度洋安达曼海上的一颗"明珠"，普吉岛宽阔美丽的海滩、洁白无瑕的沙粒、碧绿翡翠的海水，自然吸引了众多游客的光顾。

▲泰国普吉岛

普吉岛是泰国最大的岛屿，大部分游客聚集在芭东海滩或普吉镇上，这是整个普吉岛的两个中心。一个胜在海岛风光，一个胜在古老的建筑，却都因为有完善的服务而受到游客们的青睐。

皮皮岛。皮皮岛位于泰国南部的安达曼海，由大皮皮和小皮皮组成，距泰国普吉岛东南约20千米处，是由两个主要岛屿组成的姐妹岛，1983年被定为泰国国家公园。这是一个深受阳光眷宠的地方，柔软洁白的沙滩，宁静碧蓝的海水，鬼斧神工的天然洞穴，未受污染的自然风貌，使得她从普吉岛周围的30余个离岛中脱颖而出，成为炙手可热的度假胜地之一。

▲ 皮皮岛风光

这一片美丽的海域是怒江的入海口。游客们通常住在大皮皮岛上，两座岛由一条"走廊"连接起来。这条走廊是皮皮岛最热闹的地方，很多旅店、餐厅、酒吧、潜水学校、旅行代理和小摊贩，密集地分布在小巷左右。走廊两边是两个非常漂亮的海湾，一个叫罗达拉木湾，一个叫通赛湾，在这两个海湾之间往返只要步行10分钟，相当悠闲。岛上气候温暖湿润——年平均气温28℃，温差很小。

攀牙湾位于普吉岛东北角75千米处，属于攀牙府，被誉为全岛风景最美丽的地方，有泰国的"小桂林"之称。

这里遍布石灰岩小岛，小岛的名称与其形状极为吻合。还有巧夺天工的钟乳石岩穴和数不清的怪石、海洞。其中007岛（也称铁钉岛）、钟乳岛石洞（即佛庙洞和隐士洞）以其天然奇景而著称。海湾内遍布珍贵的红树林，红树林与小渔村之间有河道，可坐在小船上观赏红树林和小渔村。

▲ 泰国普吉岛北部攀牙湾

幻多奇乐园。幻多奇乐园是一个类似拉斯维加斯风格的主题乐园，于1998年年底正式开幕。它位于卡马拉海滩，以丰富多彩的夜生活而著称，也是普吉岛最受欢迎的旅游点。每晚幻多奇剧场都会表演精彩的节目，如歌舞、魔术、杂技，以及大象表演，有英语和泰语讲解。这里以一座古老村落的形式出现，向游客展示泰国传统文化神秘的一面，尤其是最后十几头大象一起走到舞台上，景象十分壮观。

幻多奇乐园占地广阔，内有主题商业街、小吃摊、宫廷式餐厅及豪华的现代化大剧院。在这里不但能买到具有泰国特色的手工艺品，还能品尝到当地的特色佳肴及世界各国的风味美食。泰国人把它当作本土的迪士尼乐园。

安达曼公主岛。公主岛是印度半岛的安达曼海上的一个小岛。这个岛从北部到南部，有大约15千米长的漂亮的白色沙滩海岸线，临安达曼海，周围有许多小岛屿环绕。在这里，你可以潜入神奇诱人的海底，在五彩斑斓的珊瑚丛中，你可以看到虾儿、鱼儿穿梭不停,美丽异常。岛上由森林覆盖着,还有少量的草原。游客可以到国家保护区参观,这里有新奇的石灰岩群山,有山谷河流,让人耳目一新。

作为泰国国家一级保护珊瑚区,其四周的海域是浮潜和潜水爱好者必去之地。优质的珊瑚可以和马尔代夫媲美,一直以来都是游客度假休闲的天堂。珊瑚区面积约1平方千米,在印度洋翡翠般的海水的环绕之中,慵懒的白色沙滩反射着阳光,散发迷人的光晕。

▲泰国普吉岛安达曼海黄昏火烧云

虽然泰国是一个仅有6790万人口的小国,但每年都有2000多万境外游客到此观光旅游,此项收入每年高达300多亿美元,成为泰国经济的支柱。

旅游攻略

泰国旅游攻略

签证指南

根据双边协定,持中国外交护照和公务护照人员入境泰国30日之内免签。

中泰两国从2024年3月1日起实施永久互免签证入境政策,这意味着往返两国无须对方国签证。两国永久相互免签,这将对两国人文交流、旅游业发展产生积极深远影响。

特别提示:泰国要求护照有效期必须在6个月以上,否则将被拒绝入境。在出国前应仔细检查护照有效期限,以免造成不必要的损失。

出入境

泰国入境所需证件

护照、海关申报表、出入境卡(正联入境时收、副联出境时收)。海关申报单、出入境卡需用英文填写。其中,姓名需用大写字母填写。

入境手续

将出入境卡夹在护照中经移民局办理入关手续后,到航站取出托运行李,拿海关申报单到海关检查处接受检查后出海关,进入迎宾厅。

海关防疫

旅客携带以下物品无须申报,可使用机场海关绿色通道通关:合理数量的个人物品且总价不超过2万泰铢(不含限制或严禁携带物品),200支香烟(1条烟)或250克烟草(或雪茄),或香烟、雪茄等总计最多不超过250克;最多不超过1升甜酒或烈酒。团体旅客个人单独购买的免税烟酒应各自单独携带,不要将多人烟酒放在一人行李内,也不要一出海关就交由一人保管携带。

如携带有以下物品应如实主动向海关申报,并从红色通道通关:个人使用物品数量不合理,随身携带总值超过2万泰铢的物品或被用于商业、贸易的物品。佛像、文物、宗教艺术品、植物、活体动物、宠物、动物制品、武器、军火等是出境前应取得泰国主管部门出口许可的物品。须申报物品而未申报的会被处以该物品和应缴税金相加后总值4倍的罚款,或10年以下监禁,或两者并罚,且未申报物品将被没收。

检验检疫

游客携带植物、活体动物、宠物、动物制品等入境泰国,须事先向泰国农业部申请,获准后凭动植物检验检疫合格单向泰国海关办理通关手续。严禁携带猪肉及猪肉制品入境泰国。

金融管制

泰币:旅客携带45万以上泰铢入境或5万以上泰铢出境,须向海关申报。旅客前往缅甸、老挝、柬埔寨、马来西亚、越南、中国云南省,携带泰铢金额不得超过200万泰铢,超过45万泰铢须向海关申报。

外币:可携带任何外币出入境泰国,总额如超过等值1.5万美元,须向海关申报。

特别提示:出入境时应配合海关、移民官员检查,如实申报。沟通时应保持冷静和理智,避免出现过激言行,以免带来不必要的麻烦。

防疫要求

出入境时应如实填写旅客卫生免疫体检卡,按机场工作人员要求配合测量体温,中国旅客无须出示《国际预防接种证书》。

居留入籍

泰国不承认双重国籍,移民政策较为严格,对留学生和外国投资者一般只发给非移民签证。申请人可通过以下方式申请移民。

亲属移民

根据泰国移民法规定,中国公民具备以下条件之一者,可以申请赴泰国移民定居:配偶或父母(包括养父母)是泰国公民,20岁以下的未婚子女(含养子女)是泰国公民,兄弟姐妹是泰国公民,泰国移民法律规定的其他特殊情况者。

具备以上条件者,可委托在泰国居住的亲友,向泰国移民局提出申请;或申请人持有关证件,向泰国驻华大使馆提出申请。申请须递交的证件包括:泰国亲友身份证复印件;泰国亲友的经济收入证明书或财产状况证明书,特别要提供房屋等不动产证明书;泰国亲友与申请人之间的关系认定书;泰国亲友的有关信件;本人的护照和照片等。

结婚移民

外国人与泰籍人士结婚可以申请永久居留资格。外国男士与泰国女士结婚,入泰籍很难,但外国女士和泰国男士结婚,入泰籍相对容易。根据泰国籍法,子女出生在泰国,父母一方是泰国人就可取得泰籍。

工作居留

根据泰国促进投资法等法律规定,申请工作的外国人,必须在入境泰国之日起30天内,或者在得知获准工作之日起30天内,提出申请工作证。违者将被处罚款最高至1000泰铢。

外国人如需在泰工作,不管其有无在泰居留权,都必须事先申办工作证。否则将被判处最高至3个月的监禁和最高至5000泰铢的罚款。

工作证必须随身携带或者存放于办公室,以便检查。违者将被罚款最高至1000泰铢。

根据促进投资法等法律,获准延长工作期限的外国人,必须在获知批准之日起30天内,到所属区域的劳工部就业厅劳务办公室提出申报,违反者罚款最高至500泰铢。

如工作证到期后还需继续工作,必须

事先提出延期申请，否则将被判处监禁最高至 3 个月，罚款最高至 5000 泰铢。

如工作证损坏，必须在发现之日起 15 天内提出申请换发新本。

如外国人更改姓名、国籍、地址或公司，必须尽快提出申请更改。

如停止工作，必须在停止之日起 7 天内交还工作证，否则将被罚款最高至 1000 泰铢。

社会治安

泰国社会治安状况整体较好，安全形势总体稳定。泰国和马来西亚边境地区的北大年、也拉、陶公三府安全形势严峻，2005 年 7 月至今，该地区被泰国政府列为实施紧急状态法令地区，时有爆炸案发生。如无特殊需要，应避免前往上述三府。

建议中国公民密切关注当地局势，注意出行安全，提高防范意识，遵守泰国法律法规，不参与政治活动，远离集会示威场所，避免前往泰国南部动荡地区。遇紧急情况及时报警，并联系中国驻泰王国大使馆。

安全、文明旅游指南

涉水安全

泰国很多旅游胜地靠海，季风时节，周边海域风急浪高，海况瞬息万变，浮潜、游泳等涉水项目安全事故多发。如普吉岛、攀牙湾、皮皮岛、丽贝岛等位于西海岸，每年 5 月至 10 月受印度洋季风影响；苏梅岛、涛岛则位于东海岸，每年 11 月至次年 4 月受东北季风影响，风浪较大，不适合游泳。

交通安全

泰国右舵左行。过马路应先看右，再看左，注意避让"摩的"。选择愿意打表的出租车，记下车左前方挡风玻璃处的车牌及司机执照信息。未持泰国本地驾照或国际驾照者，在泰国租驾摩托车及自驾属违规无证驾车，中国驾照在泰国无法换取国际驾照，仅持中国驾照或驾照英文翻译、公证在泰国不受法律保护，不仅会被警察罚款，且一旦发生事故将承担全责。

财产安全

注意保管财物、证件等。曼谷、芭堤雅、普吉、苏梅等地时常发生飞车抢劫、盗刷银行卡、酒店行李财物被盗的情况。

乘船安全

请选择正规的旅游公司和船务公司，报名前应了解是否有旅游意外保险及理赔范围；了解当天气候和海况，如天气恶劣，风大浪高，应取消行程。

海边租驾摩托艇游玩导致经济纠纷较常见。摩托艇性能、驾驶要领与驾车不同，加之海上突发情况无法掌控，伤亡事故时有发生。租赁公司常以艇剐蹭损坏为由，向游客高额索赔。

饮食安全

泰国天气炎热，民众喜饮冰水，路边摊美食海鲜多。出行前应备齐治疗腹泻等病的常用药。

电子烟

根据泰国法律规定，在泰国携带、使用、进出口、销售电子烟等行为均属违法。其中，携带、使用电子烟将判最高 5 年监禁或不超过 50 万泰铢罚款，或两者并罚。

遵守当地风俗和礼仪

（1）进入寺庙要脱鞋，不要穿着短衫、短裤进入。

（2）女性避免碰触僧侣；打招呼时，双手合掌。

（3）头为神圣部位，不随便摸别人的头。

（4）在公共场所，男女不可有太亲密的举动。

（5）禁赌，在饭店房间不能玩牌或打麻将。

（6）与人谈话或聊天时不要戴着墨镜，不得用手指着对方说话。

（7）泰国人爱清洁，随地吐痰、扔东西、涂画等都是不礼貌的行为。

（8）泰国人普遍认为左手和脚不干净。

（9）游客在泰国时最好不要轻易谈论其王室。泰国的国王和王室成员在民众中有很高的威望，受到泰国国民尊重。

（10）遇见僧侣要礼让；女性避免碰触僧侣，如奉献财物，可请男士代劳或直接放在桌上。

（11）进入寺庙不能踩门槛，不可攀爬院墙、佛塔。

（12）每天 8:00 和 18:00，很多公共场合会播放泰国国歌，凡是听到国歌声的泰国民众都会立定，停下手头所有的事情，以表示敬意。

（13）泰国的电源插孔都是两孔，220 伏，50 赫兹。

（14）泰国是个习惯付小费的国家之一，付小费是一种礼仪。

紧急求助

医疗：1669/1691/1554/1555。

火警：199。

匪警：191。

旅游投诉：1155。

中国驻泰国大使馆：0066-2-2450088。

中国驻泰国孔敬总领事馆：（043）226873。

中国驻泰国清迈总领事馆：（6653）276125。

思考与讨论

1. 泰国具有哪些文化特色？
2. 如何理解中泰两国人民的"中泰一家亲"关系？
3. 泰国旅游风情具有哪些特色？
4. 泰国为何被称为"微笑的国度"？
5. 中泰经贸合作具有哪些优势？

第4章 花园城市——新加坡

初识新加坡

新加坡，全称为新加坡共和国，旧称新嘉坡、星洲或星岛，别称为狮城，是东南亚的一个岛国，也是一个热带城市国家。

新加坡的地理位置

新加坡位于马来半岛南端，所处的地理位置是世界的十字路口之一。新加坡北隔柔佛海峡与马来西亚为邻，南隔新加坡海峡与印度尼西亚相望，地处太平洋与印度洋航运要道——马六甲海峡的出入口，其地理优势明显。国土由新加坡岛及附近63个小岛组成。新加坡岛东西约50千米，南北约26千米，地势低平，平均海拔15米，最高峰163米，海岸线长193千米。

新加坡与中国在同一经线上，与北京时间无时差，飞行6个多小时可到达。新加坡位于赤道以北136千米。属于热带海洋性气候，全年气候湿热，昼夜温差小，同东南亚其他国家相比，无明显的旱季、雨季，当地一般将11月至次年1月为雨季。总体而言，它是一个非常优美的海滨城市。

新加坡被称为"花园城市"

新加坡是亚洲最重要的金融、服务和航运中心之一。新加坡在城市保洁方面效果显著，故有"花园城市"之美称。这个面积很小的国家对世界上其他国家的人来说，有着莫大的吸引力。新加坡全年气候温暖，特别适合旅游。

新加坡市区位于新加坡岛的南岸，由于国土面积仅有735.2平方千米（2023年），所以没有省市县镇等行政单位之分，整个国家既是一座城市，也是该国的经济、政治和文化中心。

国家象征

新加坡国旗又称星月旗，于1965年8月9日正式成为新加坡共和国的国旗。新加坡国徽由盾徽、狮子、老虎等图案组成。红色的盾面上镶有白色的新月和五角星。

国家信约

国家信约是新加坡本国公民对新加坡宣誓效忠的一个方式。新加坡人一般在公众活动中一齐宣读信约，尤其是在学校、新加坡武装部队以及国庆庆典的时候。信约的中文内容是："我们是新加坡公民，誓愿不分种族、言语、宗教，团结一致，建设公正平等的民主社会，并为实现国家之幸福、繁荣与进步，共同努力。"

行政区划与人口

新加坡无省市之分，而是以符合都市规划的方式将全国划分为5个社区（行政区），由相应的社区发展理事会（简称社理会）管理。5个社理会是按照地区划分，定名为东北、东南、西北、西南和中区社理会，这5个社区再进一步分为31个选区，包括14个单选区和17个集选区。

新加坡人主要是由近100多年来从欧亚地区迁移而来的移民及其后裔组成的。其移民社会的特性加上殖民统治的历史和地理位置的影响，使得新加坡呈现出多元文化的社会特色。

新加坡总人口约592万（2023年），公民和永久居民407万。华人约占74%，其余为马来人、印度人和其他种族。马来语为国语，英语、华语、马来语、泰米尔语为官方语言，英语为行政用语。主要宗教为佛教、道教、伊斯兰教、基督教和印度教。大多数新加坡华人的祖先源自中国南方，尤其是福建省、广东省和海南省。其中，四成是闽南人，其次为潮汕人等。

政治环境

新加坡实行议会共和制。1963年9月，新加坡并入马来西亚后，颁布州宪法。1965年12月，州宪法经修改后成为新加坡共和国宪法，并规定马来西亚宪法中的一些条文适用于新加坡。总统为国家元首，原经议会产生，1992年国会颁布民选总统法案，规定从1993年起总统由全民直接选举产生，任期由4年改为6年。总统和议会共同行使立法权。总统有权否决政府财政预算和公共部门职位的任命；可审查政府执行内部安全法令和宗教和谐法令的情况；有权调查贪污案件。总统在行使主要公务员任命等职权时，必须先征求总统顾问理事会的意见。2016年，新加坡修改法律，规定总统原则上由各种族人士轮流担任。

新加坡国会实行一院制，任期5年。国会可提前解散，大选须在国会解散后3个月内举行。年满21岁的新加坡公民都有投票权。国会议员分为民选议员、非选区议员和官委议员。本届国会2020年7月11日选举产生，现共有议员103人。其中民选议员92人，包括人民行动党83人，工人党9人。

新加坡政府由总统和内阁组成，总统委任议会多数党领袖为总理。总理推荐内阁部长和部门首长，由总统任命后组成内阁与政府。政府共设有16个部，首任新加坡总理为李光耀，于2015年3月逝世。现任总理黄循财，于2024年5月15日晚在新加坡总统府宣誓就职，出任第四任总理，接替四度连任新加坡总理的李显龙。

新加坡司法机关设最高法院和总检察署。最高法院由高庭和上诉庭组成。1994年，废除上诉至英国枢密院的规定，确定最高法院上诉庭为终审法庭。最高法院大法官由总理推荐、总统委任。首席大法官梅达顺，总检察长黄鲁胜。

新加坡武装部队组建于1965年，建军节为7月1日。总统为三军统帅。实行义务兵役制，服役期2～3年。现役总兵力约7.25万人，另有预备役约25万人，准军事部队约10.8万人。新加坡重视全民防卫教育，致力于建设第三代"智能"军队。

新加坡的社会文化

新加坡是一个多语言的国家，拥有四种官方语言，即英语、马来语、华语和泰米尔语。基于和马来西亚的历史渊源，《新加坡宪法》明定马来语为新加坡的国语，主要是尊重新加坡原住民所使用的语言。由于内在和外在因素的考量，新加坡采用英语，作为主要的通行语和教学语。

新加坡提倡宗教与族群之间的互相容

忍和包容精神，实行宗教自由政策，确认新加坡为多宗教国。新加坡确实称得上多宗教融汇的大熔炉，这里有各式各样的宗教建筑，许多历史悠久的寺庙已被列为国家历史文化古迹，而且每年有不同的庆祝活动。新加坡人信仰的宗教包括佛教、道教、伊斯兰教、印度教、基督教等。

新加坡是以华人为主、拥有多民族的城市国家。华族、马来族、印度族等各民族虽风俗各异，但相互间友好相处、团结和睦。

早期离乡背井到新加坡再创家园的移民者将各自的传统文化带入新加坡，各种族之间的交流与融合，不仅创造了今日多民族的和谐社会，也留下了丰富的多元化文化特色。中华文化精髓也深深影响着新加坡的生活形态。如热闹的农历新年，或慎终追远的清明节和传统祭祖普度的中元节。当然，风行于华人文化的风水之说，也反映在新加坡的多项建筑设计里面。

新加坡政府为确保新加坡华人保留自己的母语文化，在所有学校推行中文教学，华语是单一的语言科目，所有新加坡华人都需要学习华语（母语）。新传媒拍摄了许多新加坡电视剧，介绍新加坡华人先辈如何漂洋过海来到南洋，以及一起经历第二次世界大战的故事，比如，《雾锁南洋》《和平的代价》《出路》，还有以各个籍贯的华人为主的剧情片《客家之歌》《潮州家族》《琼园咖啡香》等。透过本地制作的电视剧，年轻的新加坡人看见了祖先离乡背井、不屈不挠地挣扎求存的最真实面貌。

新加坡的经济与旅游

新加坡被誉为"亚洲四小龙"之一，其经济模式被称作"国家资本主义"。根据2023年发布的第34期全球金融中心指数报告（GFCI 34），新加坡是继纽约、伦敦之后的第三大国际金融中心，也是亚洲重要的服务和航运中心之一。新加坡是东盟成员国之一，也是世界贸易组织、英联邦以及亚洲太平洋经济合作组织成员经济体之一。

新加坡属外贸驱动型经济，以电子、石油化工、金融、航运、服务业为主，高度依赖中国、美国、日本、欧洲和周边市场，外贸总额是GDP的三倍。新加坡的特色产业主要有电子工业，作为新加坡传统产业之一，年约占制造业总产值的40%；新加坡是世界第三大炼油中心和石油贸易枢纽之一，也是亚洲石油产品定价中心，石化工业为新加坡的特色产业，日原油加工能力超过150万桶。新加坡目前是全球第二大财富管理中心、亚洲美元市场中心，也是全球第二大离岸人民币中心。2021年，新加坡金融保险业收入约占GDP总额的14.6%左右。

新加坡是世界上最繁忙的港口和亚洲主要转口枢纽之一，也是世界第一大燃油供应港。新加坡港已开通200多条航线，连接123个国家和地区的600多个港口，有5个集装箱码头，集装箱船泊位54个，为全球仅次于中国上海的第二大集装箱港口。

新加坡的经济在2022年出现了复苏，2023年国内生产总值6733亿新元（约合4879.0亿美元），人均GDP11.4万新元（约合8.2万美元），人均GDP位居东盟10国第一位。新加坡地理位置优越，以其为中心的7小时飞行圈覆盖亚洲各主要城市，辐射亚洲28亿人口市场。另外，新加坡国际企业发展局在全球20个国家（地区）设有超过35个代表处,协助企业开拓国际市场,扩展商业网络。新加坡投资环境极具吸引力,主要体现在地理位置优越、基础设施完善、政治社会稳定、商业网络广泛、融资渠道多样、法律体系健全和政府廉洁高效等7个方面。

作为阳光岛国的新加坡,有"活力之都"之称,当然,娱乐也是丰富多彩的,虽然有很多娱乐项目和其他国际大都市相似,但是因为良好的治安环境、极低的犯罪率,人们在玩乐的同时,会感觉到真正的安全,这也是新加坡娱乐的一大优势。在这里的海边游泳、冲浪、进行帆船运动都别有一番滋味,暖暖的海水,蓝蓝的天空,一切都感觉很美好。

新加坡是一个多元文化的移民国家,促进种族和谐是政府治国的核心政策,新加坡以稳定的政局、廉洁高效的政府而著称,是全球最国际化的国家之一。

新加坡的历史发展轨迹

新加坡的历史发展轨迹

在东盟国家当中,新加坡可以说是一个年轻的国家,但从其历史发展的轨迹来看,也经历了一个复杂的过程。14世纪,新加坡属于拜里米苏拉建立的马六甲苏丹王朝。19世纪初被英国占为殖民地。1942年2月15日,新加坡被日军侵占。1965年,新加坡正式独立。

早期文明

新加坡历史可追溯至3世纪,当时,已有土著居住,其最早文献记载是3世纪东吴将领康泰所著的《吴时外国传》,据新加坡学者许云樵考证,"蒲罗中"是新加坡岛最古老的名称,意为"马来半岛末端的岛屿",比淡马锡(明朝把新加坡称作"淡马锡")早1000多年。

1330年前后,一名叫汪大渊的中国人到来,称这个居留地为"龙头",并说已经有中国人在此居住。最早把新加坡叫作淡马锡(或海城)的是1365年的《爪哇史颂》。新加坡岛开始受到重视是在14世纪,来自室利佛逝的王子拜里米苏拉在该区域建立了马六甲苏丹王朝,后来,葡萄牙人在1613年焚毁了河口的据点。此后的两个世纪内并没有关于新加坡的史料。

英属时期(1819—1942年)

新加坡的近代史肇始于1819年1月29日,莱佛士代表英国东印度公司登陆新加坡,开始统治新加坡。1824年,两项新条约使新加坡正式成为英国属土。新加坡作为自由港,吸引了来自周边各国的移民。新加坡迅速发展,成为一个以华人为主,包括马来人、印度人和欧裔人等在内的多民族的东南亚商贸枢纽。1821年,首批移民的中国帆船自厦门开抵新加坡。到1836年,新加坡的华侨人口增至13749人。1867年,新加坡成为海峡殖民地,受英国直接统治。殖民统治时期,殖民者对新加坡族群实行的是"分而治之"的种族隔离政策。殖民时期,新加坡各族群团体间都有很明显的经济、劳工分界线,各自居住在彼此独立的空间区域。官吏、驻军和商贾主要是英国人,占人口绝大多数的华人包括富商、内地农民和劳工。马来人通常是渔夫和船夫,并担任巡逻警察。1820—1840年,新加坡作为港口城市飞速发展。苏伊士运河开通后,其国际战略地位大大

- 71 -

提高了。1931—1947年，本地出生人口开始超越移民人口。

到19世纪末，新加坡获得了前所未有的繁荣，当时的贸易增长了8倍。经济的发展也吸引了区域内的移民。第一次世界大战结束后，英国也在新加坡修建了一个海军基地，时任英国首相的丘吉尔还称新加坡为"东方的直布罗陀"。可惜的是，这个海军基地并没有任何战舰。

日军侵占时期（1942—1945年）

1941年12月，英国低估了日军的战斗力，直到日军出其不意地攻击新加坡。从1942年12月日军占领新加坡，至1945年日本战败投降，为日军侵占时期。

新加坡由于华人人口密集，成为南洋华侨的抗日运动中心。陈嘉庚领导的"南洋华侨筹赈祖国难民总会"发动东南亚800万的华人，筹集了约合4亿余元国币的巨额外汇支持国内抗战。

经历了3年多的苦难，日本投降。据不完全统计，在日本占领超过3年期间有2万至5万名华人惨遭杀害（新加坡大屠杀）。战后，多个地方相继发现被屠杀者的遗骸。新加坡中华总商会不忍让这些骸骨散弃在荒郊野岭，同年成立了善后委员会，负责探查、发掘和安葬等工作。

新加坡日治时期蒙难人士纪念碑于1967年2月15日落成揭幕，每年2月15日（沦陷日），这里都会举行悼念战争蒙难者的活动。新加坡抗日片《和平的代价》描述日军占领新加坡的艰苦日子，同时也叙述了星华义勇军的抗战经历，这部电视剧让大家对历史人物比如陈嘉庚和林谋盛等人有了更深刻的认识，也了解到了南洋华人对抗日所做出的贡献。

迈向自治（1945—1963年）

1945年9月，英军回到了新加坡。1946年4月1日，新加坡成为英国直属殖民地。1955年，新加坡举行选举，马绍尔成为新加坡第一位首席部长，由他所领导的劳工阵线，同巫统和马华工会组成联合政府。

1959年，新加坡进一步取得自治地位。同年5月举行第一次大选。6月5日，新加坡自治邦首任政府宣誓就职，李光耀出任新加坡首任总理。

1961年5月，马来亚首相东姑阿都拉曼公布了想把新加坡、马来亚、文莱、沙捞越和北婆罗洲联合起来组成联邦。对此，李光耀决定举行全民投票，最后71%的人投了赞成票。于是在1963年9月，新加坡脱离了英国的统治正式加入马来西亚联邦。

新马合并（1963—1965年）

新马曾在1963年成功合并，但在两年后分开。新马合并后，新加坡开始和中央政府发生矛盾，对治国方针也有不同的看法。两地政府第一次发生公开的矛盾是在1963年12月。李光耀批评马来西亚的年度预算案没有给予提升社会状况足够的预算。双边经济的矛盾在1964年12月中央政府要求新加坡将上缴中央的税收从四成增加到六成后升温。同月，中央政府宣布关闭新加坡的中国银行的分行。

1965年8月9日，新加坡脱离马来西亚，成为一个有主权、民主和独立的国家。同年12月22日，新加坡成为共和国，伊萨克出任首任总统。建国以后，新加坡人民的集体危机感成为创造经济奇迹原动力，靠着勤奋的打拼在逆境中求得生存。

立国至今（1965年至今）

新加坡在建国后为寻求国际承认，于1965年9月21日加入联合国。同年10月，新加坡加入英联邦。1967年，新加坡协立东盟。为了以国家认同取代种族认同，新加坡政府延续殖民地时代偏重英文的政策，大力发展英文教育，加强英语在政府、商业、资讯、社会等各方面的运用。政府重视英文的政策迫使家长纷纷为孩子选择英校，最终导致华校解体。1987年，政府实施统一源流的教学，推行以英文为教育媒介语、母语为第二语言的双语教育政策，并且让唯一的中文大学——南洋大学与新加坡大学合并，成为新加坡国立大学。20世纪70年代末，新加坡政府开始推行讲华语运动，80年代设立中学儒学课程，90年代宣布新的华文教育政策。亚太和区域社会经贸格局的改变，促使新加坡从20世纪70年代末80年代初开始对其文化政策进行调整，改以多元文化政策取代建国前期推行的抑制种族文化政策，鼓励各民族保留和发展自己的文化与传统。新加坡政府为弥补因低生育率而导致的人口数量不足、平衡种族结构和发展高新产业，采取大规模引进高素质移民的国策。从20世纪70年代，新加坡不断提出吸引优质劳动力的计划。1977年，新加坡推出国外人才居住计划。1990年10月3日，中新建交后，中国人始大规模涌入新加坡。

吴作栋在1990年11月接替从1959年开始执政的李光耀，成为新加坡第二位总理。2004年8月，李显龙接替吴作栋出任总理，成为新加坡第三位总理。

中新关系

1980年6月14日，中国和新加坡关于互设商务代表处协议在北京签字，次年9月，两国商务代表处正式开馆。中国和新加坡自1990年10月3日建交以来，两国在各领域的互利合作成果显著。两国签署了《经济合作和促进贸易与投资的谅解备忘录》，建立了两国经贸磋商机制。双方还签署了《促进和保护投资协定》《避免双重征税和防止漏税协定》等多项经济合作协议。

近些年来，虽然中新关系出现了一些波折，但总体上在经贸和人文领域的交往保持了良好的势头。2013年以来，中新关系站在新的历史起点上，双方加强在经贸、金融、科技、人文、教育、社会管理和卫生等领域的务实合作，携手推进区域合作。中国国家主席习近平于2015年11月6日应新加坡总统陈庆炎的邀请进行国事访问，这也是纪念中新建交25周年的活动之一。中国和新加坡共同编制的《中新（重庆）战略性互联互通示范项目"国际陆海贸易新通道"合作规划》于2022年6月8日在重庆正式发布，在推进贸易领域合作、推动产业领域合作、深化基础设施和供应链物流合作等多个方面作出具体部署。合作规划提出五大合作领域，即推进贸易领域合作、推动产业领域合作、深化基础设施和供应链物流合作、提升金融服务和投资领域合作、加强通道数字化建设。此外，合作规划还提出了加强人才交流、文旅合作、教育培训等其他领域的合作。新加坡地理位置优越，地缘优势明显，中新合作方兴未艾，前景广阔。中国"一带一路"倡议为中新合作提供了新的历史机遇，新加坡将在中国与东盟国家的合作与交往中发挥重要的作用。

新加坡人文习俗

虽然新加坡是一个年轻的城市国家，但有着丰富多彩的人文习俗，既保留了中华的传统文化，也有本土形成的娘惹文化，又有多元的宗教信仰。和谐融合的多元文化，交织成色彩斑斓的文化景观，这是新加坡最吸引人之处。

娘惹文化

东南亚有个海峡华人族群，是数百年前中国移民和马来女性所生的后代，主要分布在槟城、马六甲、新加坡和爪哇一带。男的称为峇峇，女的叫娘惹。峇峇娘惹保留的中国传统习俗来自历史的某段时空，然后停格了，后来又受马来文化习俗的影响，所以不等同于中土文化。新传媒频道在2008年推出《小娘惹》作为台庆大戏，内容是几户峇峇家族几代人的恩怨情仇，着重介绍峇峇娘惹的文化习俗。《小娘惹》跌宕起伏的故事情节，加上色彩绚丽的民族服饰与娘惹美食的完美烘托，轰动一时。

娘惹文化在新加坡和马来西亚中具有一定的影响力，这种文化的发展和形成具有一定的历史背景。明朝郑和率船队下西洋，在经过马六甲时，有一部分随行人员就留在了当地。这些人定居后和当地的马来族或其他民族的妇女通婚。马来语中把生下的男性后代就称为"峇峇"，女性后代则称"娘惹"。有人称他们为"土生华人"或"海峡华人"。峇峇娘惹虽然远离中国本土，但是继承了中华民族的文化传统，注重孝道，讲究长幼有序，在文化习俗和宗教信仰方面十分"中国化"。他们把马来人的语言、服饰和饮食习惯融入自己的日常生活。几百年过去了，这些在当地出生的混血儿大部分已不会说汉语，他们讲的是一种综合中国福建方言与马来语的混合式语言。这些峇峇娘惹人，大部分的原籍是中国福建省或广东省潮汕地区，小部分是广东省其他地区和客家籍，很多与马来人混血。某些峇峇文化具有中国传统文化色彩，例如，他们的传统婚礼。

娘惹菜系和娘惹服饰是娘惹文化的精髓，娘惹菜系由中国菜系和马来菜系合并而成的马六甲菜肴，新加坡地道美食，融会了甜酸、辛香、微辣等多种风味，口味浓重，所用的酱料都由起码十种以上香料调配而成。娘惹服饰最能展示华人与马来文化融合美感的精髓，娘惹服装的颜色，不仅有中国传统的大红及粉红，还有马来人的吉祥色土耳其绿，服装上点缀装饰的图案，则是中国传统的花鸟鱼虫、龙凤呈祥。娘惹服装多为轻纱，呈现非常典型的热带风情，在马来传统服装的基础上，改成西洋风格的低胸衬肩，再加上中国传统的花边修饰，展现土生华人自身文化的独特性。

多元宗教

新加坡是一个自由的国度，同时，新加坡也是一个宗教信仰特别多元化的国家，大部分的民众具有自己的宗教信仰。新加坡提倡宗教与族群之间的互相容忍和包容精神，实行宗教自由政策，确认新加坡为多元宗教国。

佛教与道教

佛教是新加坡第一大宗教，信奉佛教的

人约占总人口的33%。新加坡境内寺庙林立，属于北传佛教的寺院超过150所，南传上座部佛教寺院有20余所。双林寺既是新加坡第一座寺院，也是最大的丛林之一。

新加坡信奉道教的人占了人口的11%，境内共有大小道观300余间。早年，南来谋生的华人移民带来了他们的宗教信仰与习俗，潮侨和闽帮所创建的粤海清庙和天福宫还收藏有光绪帝御赐的墨宝，他们也获颁联合国教科文组织亚太文化遗产保护奖状。此外，四马路观音堂是新加坡最著名、香火最鼎盛的庙宇之一，庙堂内几乎每天都有人潮。

基督教和伊斯兰教

新加坡基督教徒占总人口的18%，在新加坡创立初期，海峡华人族群、海外传教士和西方商人对两个教会的发展做出独特贡献，新加坡天主教教会也先后开办学校、医院、公益组织等来照顾弱势族群。两个教会最早修建的教堂是亚美尼亚教堂和圣安德烈教堂。

新加坡信奉伊斯兰教的人占总人口的15%，约有65万人。马来人和巴基斯坦血统的信徒基本上属于伊斯兰教的逊尼派。新加坡建有清真寺共80座。

此外，新加坡印度教的信徒约10万人，占总人口的5%。有大约30座印度寺庙，大部分以南印度的风格为主，其中，马里安曼兴都庙和尼瓦沙柏鲁马兴都庙，都属于新加坡的国家保护文物。

美食文化

新加坡美食是最有代表性的亚洲美食之一，在世界上越来越为人称道。在新加坡，不但有中国、马来西亚、印度的代表风味，还有日本、法国、意大利、西班牙等其他各国美食佳肴，可说是美食者的乐园。多元的文化和丰富的历史使新加坡拥有了足以骄傲的美食。来自中国、印度、马来西亚等诸多国家的饮食文化在这个亚洲美食的大熔炉里火热碰撞，各显所长。

在新加坡旅行，最大的乐趣就是能尝遍各国美味。在此可以品尝世界上的各种美味佳肴。中国、马来西亚、印度、印度尼西亚等亚洲各国的名菜都汇集于此，久而久之，就发展成一种独特的亚洲美食代表。

当然，新加坡也有它纯粹土生土长的菜肴，这就是由马来西亚、新加坡的华侨，融合中国菜与马来菜所发展出来的家常菜，主要是中国菜与东南亚菜式风味的混合体，也称为娘惹。喜食甜品的人也可以在娘惹菜中找到知音，比如由香蕉叶、椰浆、香兰叶、糯米和糖精制而成的娘惹糕。

香味四溢的鸡肉沙爹是新加坡著名的马来美食，一只只鸡肉串经火炭一番烧烤后，再配上饭团、切片鲜黄瓜和洋葱，就是一道可口美味的马来小吃。蘸上精心调制的黄梨花生酱，称得上绝顶美味，是本地人和游客的最爱美食之一。

此外，还有海南鸡饭和咖喱鱼头等最具新加坡风味的美食。

▲新加坡特色海鲜火锅

新加坡的美食菜系包括：

娘惹美食

娘惹食物融合了马来族与华人的烹调特色，从口味方面来说，娘惹食物是最特别、最精致的传统佳肴之一。娘惹饮食文化继承了中国菜的传统，又具有马来风味，卖相和味道奇佳。叻沙是最具代表性的娘惹美食，也是到新加坡必尝的小吃之一。正宗的娘惹叻沙讲究椰浆的鲜味、鲜虾的甜味和自制辣椒油的辛辣味。汤头是以咖喱汤汁混合椰浆，口味甜、咸、辣兼而有之；材料则有新鲜的蛤、油炸豆腐、鱼饼、虾子、豆芽菜等，再加上细白的粗米粉，就是一碗色香味俱全的叻沙了。

马来/印度美食

拌凉菜，如"rojak""gado gado"，都是受欢迎的美食，"satay"（沙爹）烤肉串是最受当地人及西方游客喜爱的食物，一串串腌好的牛肉、羊肉或鸡肉在火炭上烤熟后，再蘸上由花生及椰浆调制而成的沙爹酱，非常美味。虽然马来西亚和印度尼西亚是传统香料的盛产地，但是并非每道菜都是辛辣的，还有许多清爽的菜式可选择。

中式美食

粤菜是新加坡最受欢迎的中国菜，以清淡及推陈出新闻名，从简单的叉烧面到精心制作的上汤鱼翅或脆皮乳猪，都令人食欲大增。新加坡的许多餐馆在午餐时推出粤式点心，以蒸或炸的点心为特色，大受食客欢迎。

除了粤菜，其他有名的中国菜还有北京的填鸭、上海的鳝鱼、潮洲卤鸭、海南鸡饭、客家酿豆腐与辛辣的四川菜等，但这部分菜式多半是随着中国留学和交流增多而新近引进的。

西式美食

新加坡是个国际大都会，西式美食必不可少。无论是快餐店、普通小吃或是气派豪华的巴黎餐厅，所供应的食物都令人大呼过瘾。此外，在新加坡也可以尝到墨西哥、英国、意大利、法国、德国、奥地利、中东、俄罗斯及美国等各地的佳肴。

▲ 新加坡西式牛排

新加坡的交际文化

社交礼仪

由于长期受英国的影响，人们见面和分手时都要握手。马来族人则是先用双手互相接触，再把手收回放到自己胸口。首次登门拜访主人，应预先约好时间。在介绍时，通常应称呼人家"某先生""某太太""某小姐"，这适用于新加坡所有的民族。在他人自己提出要求的情况下可以直呼其名，否则最好按照规矩以姓相称。如果要求使用其头衔，则宜照办。如果你参加社交聚会，人们把你介绍给每个人，但介绍得很快，当从他们面前走过时，不用和他们握手。

新加坡不允许在公共场所咀嚼口香糖，乘坐公共汽车、地铁等不允许喝饮料、吃东西。

招待宴请

招待的方式通常是请吃晚饭或午餐。当地人一般不会邀请初次见面的客人吃饭，然而，主人对来访者有所了解后，便可举行正式宴会，并在席间洽谈业务。同样，来访者也不应急于请客，经常不断的会见将使双方更为接近，到那时互相宴请也为时不晚。只要不是公事宴会，客人可偕同妻子出席。宴请新加坡客户，须注意他们的口味。新加坡人喜欢清淡，爱微甜味道，主食以米饭为主，喜爱熘鱼片、炸板虾、香酥鸡、番茄白菜卷、鸡丝豌豆、手抓羊肉等风味菜肴。他们爱喝啤酒、东北葡萄酒等饮料，对中国粤菜也十分喜欢。与印度人或马来人吃饭时，注意不要用左手。

新加坡是一个多元种族和多种宗教信仰的国家，因此，要注意尊重不同种族和不同宗教信仰人士的风俗习惯，了解一个国家的风俗尤为重要，如果你到新加坡旅游，新加坡特色的风俗民情一定要了解一二。

新加坡的节庆活动

从热闹的华人农历新年到刺激的一级方程活动，新加坡一年到头举行各类娱乐庆祝活动，让人精彩享不停。

农历新年

农历新年，又称春节，毫无疑问是各地华人一年当中最为重要的传统节日。从农历新年的前几周开始，新加坡牛车水的街头亮灯活动就已拉开序幕，街头两边挂满设计精美的灯笼，吸引游人纷至沓来。此时，新加坡大街小巷到处弥漫着浓浓的欢庆氛围，庆祝活动丰富多彩，有精彩纷呈的大游行，热闹非凡的年货市场，还有欢腾动感的舞狮表演。

然而，最令人兴奋的莫过于与亲友欢聚，相互赠送柑橘祝福大吉大利，共享精心烹制的美食。

红色无疑是这个节日中最受华人喜爱的颜色。尤其是在所有新加坡华人的家中都可看见红彤彤的装饰物。门口高挂着大红灯笼，门框张贴着红对联，金橘盆栽上点缀着鲜红的丝带，而金黄色的金橘果实则象征着富贵和繁荣昌盛。不仅在小孩或晚辈装钱的"红包"上能看到鲜艳的红色，在人们穿着的新衣服上也能看到绚丽的红色。

与家人共享盛宴。农历新年的节庆意义在于一家团聚。因此，家人和亲朋好友围坐在餐桌前，欢聚共进团圆饭是必不可少的传统。为了能与家人共享一年之中最重要的一顿晚餐，家里的每一位成员都会赶回家，有些甚至会不远万里赶回家。

新加坡农历新年期间上市的各种精选节日美食让人欲罢不能。凤梨酥、味道浓郁的梅子千层糕、香脆的鸡蛋卷、入口即化的椰汁糕点、辣虾卷、肉干，这些只是美妙味觉盛宴中的一部分罢了。

开斋节

开斋节在新加坡被称为"Hari Raya Aidilfitri"或"Hari Raya Puasa"，它标志着斋戒月的结束。斋戒月为期30天左右，在此期间，伊斯兰教信徒自省忏悔，自黎明至黄昏时段禁食。他们将这个月的大部分时间用来敬拜、行善举、施怜悯。不少新加坡马来家庭会穿着"家庭一色"的服饰，男子身着称为马来装的宽松衣裤，女子则穿着马来套装。

开斋节庆典以前往清真寺诵读特别的祷告词拉开序幕。接下来是拜访父母。斋戒月期间，游客可以游览标志性的清真寺，逛逛热闹的午后集市，品尝集市上随处可见的本地马来美食。

圣诞节

在新加坡，圣诞节这一盛大节日是本地人随心所欲地享受美食和购物的时候。每年12月，著名的乌节路购物地带都会被装饰得灯火辉煌，既增添了喜庆的节日气氛，也成了提醒人们去商场购物的耀眼标志。

同时，圣诞节的气氛无处不在，全岛上的餐厅纷纷推出圣诞菜单，为原本就令人难忘的美食又增添了几分节庆气氛。在新加坡众多基督徒的心中，圣诞节仍然是个特殊的日子。和其他基督教节日一样，圣诞节也是一个宗教节日，不过在圣诞节里，每个人都沉浸在人工冰雪、圣诞老人，当然还有圣诞礼物的激动和欢乐中。

不同种族和不同文化背景的人们共同生活在同一个岛屿上，在以一种美好的方式融合之余，又保留了各自的特色。圣诞节庆祝活动在圣淘沙海滩达到高潮，这里举办的跨年倒数派对被誉为亚洲最大的欢庆晚会。

端午节

慷慨激昂的击鼓声和美味诱人的粽子使端午节（农历五月初五）成为广受欢迎的新加坡节日之一。

缤纷多彩的端午节赛龙舟起源于爱国主义和政治因素，这种联想似乎有些奇怪，屈原的故事是与端午节赛龙舟庆祝活动有关的流传最久的传说之一。端午节的两大特色活动——赛龙舟和包粽子由此而来。这些故事与中国渔夫用龙形的船只平息蛟龙的传统相吻合，从长而窄的船身，到绘有龙头的船首，再到统一划桨节奏的激昂鼓点，这项古老的比赛在今天仍保留着不少传统特色。在新加坡龙舟赛上，参赛者们劈波斩浪，鼓手奋力击鼓，彩旗飞扬，观众们则为自己喜爱的龙舟队加油助威，节日气氛无处不在。

龙舟节期间，糯米粽子是最受人们喜爱的一款民间美食，清香的班兰叶包裹着丰富多样的馅料，做成了一个个三角形的粽子。以猪肉、荸荠和蘑菇为馅料，是粽子中很受欢迎的一种。而另一种娘惹粽子则以焖猪肉、五香粉和糖渍冬瓜为馅料。

新加坡除上述节庆活动之外，还举办其他富有特色的各类娱乐活动。

世界名厨峰会（4月1日至5月12日）

新加坡世界名厨峰会汇集精致菜肴、顶级美酒和优质服务，饕餮盛宴不可错过。这是饕客大饱口福，寻求极致味觉享受的大好时机。

一年一度的世界名厨峰会以全新方式诠释美食节，着重让饕客品尝顶级的美酒佳肴。在这个东南亚地区顶级的美食节期间，酒商餐、主题餐、名人餐等相继登场，让老饕们享受一系列极致的美食体验。

美食节期间，游客可以到新加坡顶级餐厅用餐，品尝特色菜肴以及新加坡大厨与来自世界各地的名厨携手烹制的美味。

新加坡美食节（7月12日至7月28日）

一年一度的新加坡美食节旨在将本地的烹饪传统、餐饮文化、创新及艺术发扬光大，每年吸引了无数热切的美食爱好者。

美食节按照现代、艺术、文化及传统四个不同主题，以丰富多彩的美食体验完美展现了新加坡的饮食文化。无论是追求烹饪创新的美食家，或正统文化和艺术展示爱好者，还是钟情于传统美食的美食爱好者，都可尽兴而归。

新加坡欢乐节（3月14日至3月24日）

在新加坡欢乐节上可以参加各种娱乐和互动活动，增进与家人和朋友的情感。一个多世纪以前，克拉码头曾是个热闹喧嚣的港口，现在这里已成为一个充满活力的生活区，让你纵享丰富多彩的用餐和娱乐体验。每年3月，克拉码头都会主办新加坡欢乐节，一家老小可在此尽享天伦之乐。这场盛会分为三个部分，即互动儿童博览会、街头表演节和一连串喜剧表演。

···· 游览新加坡 ····

新加坡拥有"花园城市"的美称，新加坡的自然生态保护得很好，在一个现代都市中环抱一个天然保护区，并拥有世界上首个夜间动物园。因此，新加坡每天都吸引着将近12000名来自世界各个国家的旅行者。

新加坡景观最为突出的特点之一便是拥有繁多的绿色植物。在这个岛国的几乎每个角落都有大量的树木和鲜花，为周边环境带来新鲜的空气，并为热带气候送上一丝凉爽。

新加坡金沙娱乐城

位于滨海湾的新加坡金沙娱乐城设有赌场、歌剧院、艺术科学博物馆、会议中心与展览设施、零售商场和多样化的餐馆等，共六大建筑系列。在高达55层楼的酒店内，拥有2561个房间。位于酒店第57楼的是金沙空中花园，这座占地1公顷的空中绿洲汇集了葱茏的绿荫、雅致的花园，甚至一座无边泳池。

▲ 新加坡金沙空中花园夜景

体验新加坡的多元种族文化

如果想亲身体验新加坡的多元种族文化，不妨前往参观不同的种族文化区。

游览岛上众多的文化遗迹是了解新加坡历史的最佳途径。梦幻般的旅程带你穿梭时空，见证重要的历史时刻。踏上文化古迹之旅，了解当地厚重悠久的历史，感受、观察和体会新加坡风云变幻的往昔岁月。

马来传统文化馆

马来传统文化馆原为马来苏丹王宫，1842年由著名建筑师乔治·科尔门设计建成。近年修复后重现昔日光辉，用以展示与保留新加坡马来族的历史与文化。

想进一步了解新加坡马来族社群丰富多彩的文化遗产，就别错过马来传统文化馆。甘榜格南皇宫由苏丹胡先之子苏丹阿里在160多年前所建，曾是马来苏丹在新加坡的皇宫。

这片马来苏丹王朝统治时期的权力重镇之地，经过一番整修，以马来传统文化馆的新角色重现昔日辉煌。对新加坡马来社群的历史感兴趣的话，不妨重返这个苏丹王朝的历史现场，实地感受一番。马来传统文化馆通过历史文物、互动多媒体，以及新加坡国家收藏和民间捐赠的展品，展示了新加坡马来社群丰富多彩的文化遗产。这里可了解更多有关莱佛士1819年登陆以前的历史，当时的甘榜格南已经是一座繁华的港口小镇。

华裔馆

华裔馆成立于1995年，是全球除中国以外，唯一一个专注于海外华人研究的大学研究中心。最初为一个非营利组织，后于2011年重组为南洋理工大学旗下的一个自主研究机构。从成立至今，华裔馆一直都是靠私人捐款和政府拨款维持运作。

华裔馆通过对中国文化相关物品和艺术的收藏、保护以及展示，让人们对海外华人文化与传统有了更深的认识。在新加坡，除了可以通过牛车水原貌馆体验早期华人移民的生活点滴，进一步了解新加坡的华人文化之外，还可以探访华裔馆，了解更多海外华人社群及其文化。

何谓华人？我是否符合华人的身份定义？华裔馆通过其永久馆内的展品，对华人身份认同的课题进行探索。这个名为"何谓华人？"的图片展是华裔馆的一大焦点。

华裔馆坐落于南洋理工大学校园内，这里历史底蕴浓厚，完全契合华裔馆的使命。华裔馆所在的建筑是前南洋大学行政楼。该大楼建于1953年，1999年正式被列为国家古迹。曾经远近闻名的南洋大学，由海外华人出资兴建，是中国境外第一所且唯一一所华人大学。如今，人们可以探索这一历史古迹，欣赏建于20世纪50年代的建筑。风景秀丽的云南园和南大湖位于华裔馆的前方，同样值得去漫步赏玩。

东西方交汇的火花

走进热闹繁华的荷兰村，以独特的新加坡方式认识欧洲文化的另一种魅力。

荷兰村始于20世纪初，由旅居新加坡的荷兰人社群建立起来。这个邻里街区处处是种植园、苗圃、殖民风格房屋，古老店屋和低层建筑的建筑风格均可看出欧洲文化留下的烙印。

这些年来荷兰村逐渐成了个创意公社，也以培育本地艺术家、音乐家和企业家而声名远扬。罗弄曼蒙是荷兰村的主要地带，沿街汇集着露天咖啡馆、餐馆和流行时尚店铺，散发着淡淡的欧洲魅力。

探索多彩文化

新加坡的几处最引人入胜的宗教朝圣地坐落在牛车水的中心地带。这个历史悠久的地区融合了各种不同的文化，且是世界上唯一一条在同一街道上汇集了佛教寺庙、清真寺和兴都寺庙的唐人街。

如果你是一位文化爱好者，想要身临其境地体验佛教丰富多彩的艺术与历史，那就不妨到新加坡佛牙寺龙华院一游。寺院的内部结构设计成曼荼罗造型。曼陀罗是佛教和兴都教修行中的核心概念，代表着宇宙的万象森列与圆妙融通。此去不远的摩士街上，就是詹美清真寺，牛车水的淡米尔在这里祷告。这座清真寺在本地又称为Periya Palli，经典的建筑风格让它成为城市游客不容错过的一处名胜。

欧亚人文化馆

欧亚人文化馆能带人认识新加坡欧亚族群的历史和文化。欧亚文化遗产中心坐落于加东地区，全面展示了欧亚文化的动人魅力。欧亚人文化馆通过三座展馆和特别活动，详细诉说本地欧亚人的历史和风俗习惯。

欧亚族群是新加坡最小的社群，不过其移民历史最为悠久。拥有欧洲和亚洲人血统的欧亚人，生活习惯兼具东西方文化特色，他们的根源可追溯到本区域最古老的殖民地据点，如马六甲、槟城、果阿、中国澳门和锡兰（现为斯里兰卡）。

欧亚人文化馆就设在欧亚人协会会所内，地点在充满活力的加东区。在20世纪初，这里是许多欧亚人聚居的地点。可通过展馆内的展览认识本地体育、音乐和政坛上最为著名的欧亚人士，同时也能深入了解欧亚族群的起源、独特的节庆活动、语言和服饰。如果你对第二次世界大战历史感兴趣，你肯定会对欧亚家庭在日军占领期间的经历充满好奇。

牛车水——华族传承的故事

新加坡的"唐人街"称为"牛车水"。名称源于19世纪，当时，华人聚居区的供水主要是依靠牛车运送，因而得此名。

探索独一无二的牛车水，陶醉于历史悠久的寺庙、时尚新潮的酒吧及新加坡丰富多彩的文化遗产。牛车水原是新加坡华人移民聚居的地方，而今，历史悠久的寺庙、老字号中药铺，与新潮酒吧和生活时尚店铺交错而立，新旧交融并存的独特风味，让海外游客和本地人都流连忘返。这片充满活力的地区包括丹戎巴葛、武吉巴梳、水车路和直落亚逸邻里，人们可在此度过充实的一整天。无论是探索百年寺庙还是在时尚新潮的酒吧结交新朋友，牛车水总能带给人新的体验。

▲ 新加坡牛车水街景

"小印度"

"小印度"就是印度移民们在新加坡的聚居地。走进"小印度"，百年古庙、新兴艺术设施、繁华街道，吸引着游客深度探索。

"小印度"最初是18世纪末南来的印度劳工聚居之处；这里原有的赛马场和石灰岩采石场已蜕变成一个传统场所、百年老庙、精品博物馆和新兴艺术空间无缝融合的社区。

"小印度"的核心地标——维拉玛卡里雅曼兴都庙，是新加坡最古老的兴都教寺庙之一，是最初来到新加坡的印度移民们，为了寻求伽梨女神的庇佑所建造出来的。家乡就是每个人最喜爱的地方，无论身在何处，内心总是牵挂着家乡，这跟我国人民所追寻的落叶归根，是同一个道理。

景区内的房子都是特有的印度建筑风格，不同的色彩通过不同的排列方式，让人感受到神奇的视觉效果。饱和的颜色就像是当地人的性格，热情奔放，还有绘制着图腾与文字的墙壁。这里是艺术的海洋，是幻想中的梦幻国度。漫步于这座拥有200年历史的民族聚居地，人们会沉醉于充满活力的文化、传统的美学气息及丰富多彩的艺术活动。从宗教雕塑到南亚艺术品，新加坡印度社区充满激情的文化和优美迷人的艺术必将带给你无限灵感和启迪。

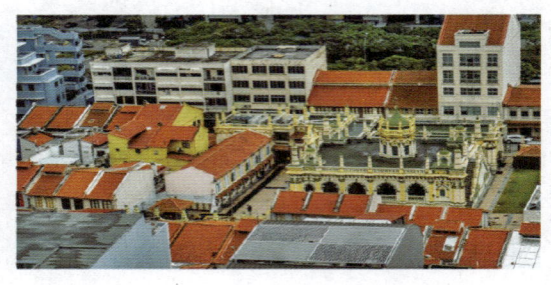

▲ 新加坡小孟买

新加坡总统府

新加坡总统府曾是新加坡英国殖民政府的总督府，现为新加坡共和国总统官邸与办事处，具有悠久的历史。

总统府是新加坡历史最悠久的国家古迹之一，除了深厚的历史渊源，它同时也是一栋建筑奇观。这座新帕拉底奥式风格的建筑，最初由英殖民政府工程师兼建筑师约翰·麦克耐尔少校设计，并于1869年建成。在殖民地时代，这里是新加坡前后21位总督的官邸，现为新加坡共和国总统的办事处。

除了游览总统府园区，你还可以参观总统府主楼曾经接待过外国元首和王室成员的多间功能室会客室，听听一些趣味盎然的历史小故事。

总统府会议厅是接待各国政要和外交官员的地方，在这里，还会看到各国赠予新加坡总统和总理的献礼，从中更好地了解新加坡与全球伙伴之间的友谊。

樟宜博物馆

樟宜博物馆重现1942年至1945年这段黑暗历史中生活与情感层面的种种挣扎，时刻提醒着世人战争的血腥与残酷。

2001年2月15日，博物馆在樟宜监狱旧址建成开放，正好配合新加坡沦陷59周年纪念。59年前，也就是1942年的同一天，日军全面入侵，开启了长达三年零八个月的日军黑暗统治期。访客可在这里通过照片、绘图以及战俘的书信，了解日军占领时期樟宜监狱里的生活面貌，还可参加45分钟导览活动。

樟宜博物馆为日军占领时期被注册关押在新加坡樟宜监狱的平民身份进行存档，至今搜集到了近5000个被关押者身份，以此创建了一个可供搜索的线上数据库。

日治时期蒙难人士纪念碑

日治时期蒙难人士纪念碑坐落于美芝路的日治时期蒙难人士纪念碑公园，这座纪念碑用以追缅日军占领新加坡期间受迫害而蒙难的平民。据估计，在1942年2月15日至1945年9月12日这段日军占领新加坡的时期，共有5万多人蒙难。

1967年2月15日，已故前总理李光耀为日治时期蒙难人士纪念碑揭幕，这一天正是新加坡沦陷于日军25周年的日子。在这片宁静的公园，你会看到4根形状和结构一致的石柱往天际伸展矗立。纪念碑高达65米，4根支柱象征着新加坡的四大种族共同经历的苦难，同时，更为纪念那些遇难并埋葬在此的不同种族人民。每年的2月15日，各族民众聚集在这里举行悼念战争蒙难者的活动，以此表达对蒙难者的敬意。

圣安德烈教堂

圣安德烈教堂，是新加坡最大的教堂，也是最古老的英国圣公会礼拜堂。

这座教堂于1856年由当时的公共工程

局工程师兼主管隆纳德·麦克佛逊上校设计。他采用英国哥特式建筑结构，取代在1852年两次遭雷击的礼拜堂。教堂早期建筑由苏格兰商人捐资建成。因此，该教堂以苏格兰的守护圣人圣安德烈命名。当年参与教堂建设的还包括一些接受过建筑培训的印度囚犯劳工。

1942年新加坡沦陷之前，这座教堂在频繁的空袭期间被用作急救医院。1945年日军投降之后，教堂才重新开放供教徒礼拜。这座在1973年被列为国家古迹的教堂内，设有许多纪念碑和纪念物。其中包括半圆形后殿的三面花窗玻璃，分别用来纪念现代新加坡的开埠者史丹福·莱佛士爵士、第二任殖民地驻扎官约翰·克劳福和海峡殖民地总督威廉·巴特沃斯少将。这里还可以找到新加坡1915年印度兵变的遇难者纪念牌匾。

色雕像也随之在此处立起。原有的莱佛士雕像是深铜色的，于1969年新加坡欢庆开埠150周年之际迁移至此。

如果游客想一睹这尊原型雕像的风采，可前往位于皇后坊的维多利亚纪念堂（Victoria Memorial Hall），它就位于纪念堂正前方。这座雕像由英国著名雕塑师兼诗人托马斯·伍尔纳制作完成，并于1887年6月27日由英国维多利亚女王登基金禧纪念日揭幕。

这尊原型深铜色雕像最早的所在地其实是政府大厦大草场，至1919年才撤走。日军占领期间，这座雕像被迁至昭南岛博物馆（莱佛士博物馆），当时普遍认为，日军看上了这座雕像的铜，想把它熔掉。1946年，这座雕像重新安置在皇后坊。如今，莱佛士雕像成了新加坡的标志之一，并持续充当现代新加坡的象征。

▲ 新加坡圣安德烈教堂

▲ 现代新加坡奠基人史丹福·德莱佛士爵士的白色大理石雕像

莱佛士雕像

莱佛士雕像共有两尊，分别位于莱佛士登陆遗址和皇后坊。这座矗立于新加坡河的白色人造石雕像交叉双臂，凝视大海，若有所思。游客纷纷在此拍照留念。

这里就是莱佛士在1819年首次踏足新加坡之处，故称为"莱佛士登陆遗址"，白

新加坡国家博物馆

新加坡最古老的博物馆，展示了新加坡历史和文化发展进程。新加坡国家博物馆以生动有趣且深具启发的方式，诉说着新加坡的历史和文化。

国家博物馆的历史可追溯到1887年，是新加坡历史最悠久的博物馆，也是这座

城市的一大建筑地标。历史展馆和生活展馆是新加坡国家博物馆的永久展馆，以引人入胜的方式展示着新加坡丰富多彩的过去和现在。博物馆将新旧元素完美融合，新现代主义的玻璃和金属元素使新古典主义建筑更显优雅，建筑风格令人惊艳。除了展出重要的历史和文化文物藏品，博物馆全年举办艺术展览、节庆活动、表演和电影展映等各种富有活力的活动，让波澜壮阔的历史文化之旅有个完美句点。

▲ 新加坡国家博物馆

探索具有多样物种的生态系统

虽然新加坡是一个国际大都市，但身居其中，你会发现这个都市内部所蕴含的生机勃勃的自然风景和野生生物。自然爱好者可进入雨林和湿地中，畅享安宁自在的探索体验。

对于野生生物爱好者而言，这里的自然保护区养育了数以千计的自然生物，其中包括数量繁多的鸟类和昆虫。如果还无法满足你的期望，那不妨前往动物园、夜间野生动物园或裕廊飞禽公园，和世界上最凶猛或珍稀的动物进行近距离的亲密接触。

新加坡拥有多处自然保护区和植物园，在新加坡向国际都市转变的过程中，这些绿色景区依然保存完好，不得不令人啧啧称奇。

滨海湾花园与圣陶沙

这座超级园林占地101公顷，收集培植了逾25万棵珍稀植物，要到此参观只需从滨海湾市区步行约五分钟。公园以其蜿蜒的步道和如画的森林美景而广受自然爱好者与跑步者们的喜爱。如果你沿着小径前行，还可到达多个10层楼高的瞭望点，俯瞰周围的美景。

▲ 新加坡圣陶沙名胜世界梦之湖

圣淘沙（意思是平静而安详），是新加坡最为迷人的度假小岛，占地500公顷，有着多姿多彩的娱乐设施和休闲活动区域，被誉为欢乐宝石。岛的南岸有超过2千米的海滩，西面安置着第二次世界大战期间英军留下的西罗索炮台、两个高尔夫球场及7间酒店。其中包括圣淘沙名胜世界、新加坡环球影城、蝴蝶馆、海豚世界、昆虫王国等。

新加坡环球影城

该景点坐落于圣淘沙岛，作为东南亚首个好莱坞电影主题公园，新加坡环球影城精选各种迷人景点、游乐设施和娱乐项目，既适合全家共享天伦之乐，也为寻求刺激的游客准备了惊险刺激的体验。影城内包含了七个主题区，分别为好莱坞、纽约、科幻城市、古埃及、迷失世界、遥远王国及马达加斯加，都是以好莱坞卖座电影设计出的精彩游乐项目。其中包括：变形金刚3D对决之终极战斗、史瑞克4D影院、马达加斯加、木箱漂流记、侏罗纪河流探险等。

▲ 新加坡环球影城

鱼尾狮公园

每年来自世界各地的游客，专程造访市区的鱼尾狮公园与鱼尾狮拍照留念。鱼尾狮塑像的设计灵感来自《马来纪年》的记载。公元14世纪时，苏门答腊巨港王子乘船至此，他一登陆就看到一只神奇的野兽，随从告诉他那是一只狮子。于是他为这座岛取名狮子城。至于塑像的鱼尾造型，浮泳于层层海浪间既代表新加坡从渔港变成商港的特性，也象征南来谋生求存、刻苦耐劳的祖祖辈辈。

▲ 新加坡地标建筑鱼尾狮

旅游攻略

新加坡旅游攻略

签证指南

中国公民持外交护照、公务护照（含公务普通护照）到新加坡停留不超过30天者，免办签证；若停留超过30天，或以工作、学习及任何营利活动为目的，应根据新加坡政府主管部门规定申办签证或有关准证。新加坡和中国于2023年12月7日在天津召开新中双边合作联合委员会（JCBC）会议，进一步推进两国合作。新加坡副总理兼财政部长黄循财在会上透露，在新中航班不断增加的基础上，双方将通过30天互免签证安排，加强两国人员往来。2024年1月25日，中国和新加坡两国代表在北京签署协定，正式宣布中新两国自2月9日起实施免签，限时30天。今后，中国公民持普通护照前往新加坡实现免签待遇，进一步推动双边人员的交往。

申请签证有关要求详见新加坡驻中国使领馆网站。

出入境须知

入境时，要向新加坡移民与关卡局官员出示护照、签证以及填妥的出入境卡。出入境卡共三联，左边两联均为入境卡，入境时会被收走；右边一联为出境卡，俗称"白卡"，系合法入境的证明之一，应妥善保存，以便在出境时交还。移民与关卡局官员有可能对旅客来新目的的真实性进行核查，建议事先准备好返程机票订单、酒店订单和足量现金或其他可证明有能力支付在新期间费用的材料备查。即使持有效签证，也可能被拒绝入境，如入境受阻，请保持冷静并配合，避免出现过激言行或贿赂有关官员，以免授人以柄。

出境时，在离境检查站出示护照及出境卡（"白卡"），移民与关卡局官员加盖出境章。通过出境安全检查后，到候机室等候登机。樟宜机场已于2018年1月起全面终止呼叫乘客登机的广播服务，只有紧急事故、孩童走失、航班延误、登机口变动等重要信息才会广播通知。建议大家合理安排行程，提前确认好航班信息，到机场后及时查看登机时间，以免误机。

海关防疫

新加坡入境检查站设有红色与绿色两种通道。新加坡关税局规定，赴新者若携带超出规定消费税或关税免税优惠数额及其他须缴税的物品、管制性或限制性物品、禁运物品，须使用红色通道，管制性物品须有入口准证或有关管制机构签发的授权书方可入新；若未携带上述三种物品，则使用绿色通道。应完整并准确无误申报，错误申报是违法行为，违例者可被判罚款最高1万新元或监禁。入境者若携带超过2万新元或等值的可转让证券，必须填写申报表，在入境时交给红色通道关卡人员。携带同等款项的出境者，可把表格提交给出境柜台的关卡人员。

居留入籍

准证是外国人在新加坡合法逗留、工作、学习和培训的证件，由新加坡政府根据外国人赴新的不同目的颁发，主要有社交访问准证、工作准证、就业准证、学生准证、家属准证等。

旅游新加坡须知

社会治安

新加坡政局稳定，法律完备，管理严格，社会治安总体较好，但也不可掉以轻心。中国公民赴新应注意人身安全，与亲友保持畅通联系，增强防范和警惕意识，妥善保管个人财物和身份证件，遵守当地法律及交通规则，尊重不同种族、宗教风俗禁忌。

气候条件

新加坡地处热带，全年炎热潮湿，晴天日照强烈，也经常会有阵雨及雷雨，年平均温度为23～31℃，温差较小，严重自然灾害少发。

风俗习惯

新加坡是华人占人口多数、拥有多个种族的城市国家。华人、马来族、印度族等各族群虽风俗习惯各异，但相互间友好相处、团结和睦。华人多信奉佛教和道教，注重伦理道德，保留着过春节、中秋节等中华传统节日的习惯。马来族多信仰伊斯兰教，作为宗教禁忌不吃猪肉，不喝含酒精饮料，待人接物多用右手。

吸烟规定

新加坡对吸烟场所规定严格，许多公共场所、宾馆室内都禁止吸烟。根据新加坡相关法律规定，自2021年1月1日起，未满22岁者若购买、拥有或使用烟草产品，可被罚款最高300新元。

通信电源

新加坡电压是230伏，电流频率50赫兹，电源插头是英国标准。

新加坡通信发达，手机普及率高，通信费用较低。外国人可凭护照购买手机SIM卡。新加坡电信公司提供与中国电信

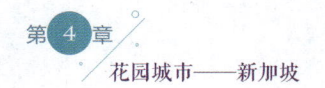

运营商有合作协议的各种套餐服务，并通过超市、24 小时便利店等窗口销售各类电话卡。

紧急求助

报警电话：999。如中国公民需在中国境内向新加坡警方报警，可拨打新加坡警察部队热线电话（0065-62550000）。

急救电话：995。

意外（海事）电话：0065-63252488。

警察部队总部电话：0065-63530000，0065-18003580000（问询与反馈）。

中国驻新加坡使馆领事保护与协助紧急求助电话：0065-64750165。

思考与讨论

1．如何理解新加坡的地缘优势？

2．新加坡具有哪些文化特色？

3．如何理解华人对新加坡的贡献？

4．从历史的角度如何认识中新关系的重要性？

5．如何理解新加坡的经济发展优势？

第 5 章　佛塔之国——缅甸

初识缅甸

被西方媒体称为"亚洲隐士"的缅甸，对于很多人来说还是个神秘的国家。说起缅甸，许多人会联想到佛教、美玉、毒品、电信诈骗等字眼。了解抗战史的，也知道抗战时期的中国远征军曾经到过那里，书写了抗日历史光辉的一页。

其实，对于中国人乃至世界来说，缅甸仍是一个神秘的国度，因为其封闭了50多年，关于她的历史、文化和现在的生活，以及将来融入世界的趋势都值得人们去探索和研究。

缅甸是中国的近邻，位于中国云南省的西南方，它境内的三条大河——湄公河、莎尔温江和伊洛瓦底江都发源于中国。

地理位置

缅甸联邦共和国简称缅甸，位于东南亚，西临印度洋，西南临安达曼海，西北与印度和孟加拉国相邻，东北与中国接壤，东南至泰国与老挝。

从地图上看，我们会发现一个有意思的现象。首先，它的形状有点像一块钻石。从南到北长约2090千米，东西最宽处约925千米。其次，它是与中国接壤最多的东南亚国家，中缅国境线长约2185千米，其中滇缅段为1997千米。它有着漫长的海岸线，位于连接南亚与东南亚的咽喉，是中国跨越马六甲直出印度洋的极佳选择。

缅甸面积约676578平方千米，海岸线长3200千米。地势北高南低，北、西、东为山脉环绕，北部为高山区，西部有那加丘陵和若开山脉，东部为掸邦高原。靠近中国边境的开卡博峰海拔5881米，为全国最高峰。西部山地和东部高原间为伊洛瓦底江冲积平原，地势低平。大部地区属热带季风气候，年平均气温27℃。曼德勒地区极端最高气温逾40℃。缅甸南端的维多利亚角处于北纬10度，北端缅中边界线居于北纬28度，缅甸大部分地区都在北回归线以南，属热带。仰光和第二大城市曼德勒都在东经96度线上，缅甸的标准时间以东经96度为准。

行政区划及人口分布

缅甸一共下辖7个省、7个邦和联邦特区。省是缅族主要聚居地，7个邦多为少数民族聚居地，联邦区的首都是内比都。2006年3月，缅甸政府将缅甸联邦新的首都命名为"内比都"。2022年最新的人口统计数据为5417万，共有135个民族，主要有缅族、克伦族、掸族、克钦族、钦族、克耶族、孟族和若开族等，缅族约占总人口的65%。各少数民族均有自己的语言，其中克钦、克伦、掸和孟等族有文字。全国85%以上的人信奉佛教，约8%的人信奉伊斯兰教。另有印度人、孟加拉人，但缅甸官方不承认华人、印度人、孟加拉人为法定少数民族。人口最多的省邦分别是仰光省、曼德勒、伊洛瓦底省、掸邦、实皆省和勃固省。缅甸15～64岁的劳动力人口约占66%，人力资源极为丰富。

缅甸与中国山水相连，19世纪中叶，开始有大量中国人移居缅甸。目前缅甸华侨华人及其后裔的总人数约为250万。

官方语言为缅语、英语，主要的民族语言包括缅、克钦、克耶、克伦、钦、孟、若开、掸等民族的语言。英语是流行的主要外国语。

政治体制

根据2008年宪法，缅甸是一个总统制的联邦制国家，实行多党民主制度。总统既是国家元首，也是政府首脑。缅甸联邦议会实行两院制，由人民院和民族院组成，每届议会任期五年。议会选举制度是当前缅甸政治的基本特征。缅甸法院和检察院共分四级。设最高法院和最高检察院，下设省邦、县及镇区三级法院和检察院。最高法院为国家最高司法机关，最高检察院为国家最高检察机关。

缅甸总统为国家领导及政府首脑，政府设有国家投资委员会，有关国内外的重要投资项目均必须由主管部门通过投资委员会审批并报经内阁会议批准。政府管理机构共设23个部。

缅甸2010年结束了军政府统治，进行民主改革。2010年10月21日，根据缅甸国家和平与发展委员会颁布的法令，缅甸正式启用《缅甸联邦共和国宪法》，确定的新国旗、新国徽，国歌保持不变。缅甸的新国旗为黄绿红三色，中有白色五角星。绿色代表和平、安宁、草木茂盛、青葱翠绿的环境，黄色描绘出团结，红色象征勇敢与决心，白星反映出坚强联邦永恒不坠的意义。现行缅甸国徽于2010年10月21日开始使用，由1974年版缅甸国徽修改而来。新国徽中间为缅甸版图置于橄榄枝中间，两头圣狮为守护兽。两者之间为花卉状图案，顶端为一象征独立的五角星。下方是绶带。

议会是缅甸的立法机构。2012年4月1日，缅甸举行议会补选（克钦邦3个选区因安全原因取消投票）。民盟获得联邦议会45个可选空缺议席中的43个，成为议会第一大反对党。5月2日，昂山素季与其他新当选议员宣誓就职。2015年11月8日，民盟在全国大选中获胜。2016年2月1日，民盟组建新一届议会并召开首次会议。2020年11月缅甸举行联邦议会选举，昂山素季领导的全国民主联盟在大选产生的476个联邦议会席位中赢得396个议席，这是该国自2015年军事统治结束以来的第二次民主选举。但军方认为这次大选存在欺诈，与军方结盟的巩发党也对选举结果提出了异议。2021年2月1日，缅甸军方宣布缅甸进入为期一年的"紧急状态"，缅甸国务资政昂山素季和其他政府高层官员"被军方扣押"。

对于缅甸目前的政局，国内有关专家认为，如果缅甸能在2023年底前如期顺利举行具有包容性的大选并建立令各方满意的权力架构，国内外困境就有望极大缓解，而如果大选迟迟难以举行，缅甸政局或将面临复杂多变的局面。

经济概况

缅甸是世界最不发达国家之一，以农业为主，从事农业的人口超过60%，农产品有稻米、小麦、甘蔗等。缅甸也是一个资源丰富的国家，石油是缅甸重要的经济资源之一。石油分布于伊洛瓦底江中下游各地，以及实兑南部诸岛。20 世纪 80 年代末，缅甸实行开放政策，政府先后与韩国、荷兰、澳大利亚、加拿大、美国、日本、英国的九家石油公司签订合同，勘探石油及天然气，取得可喜的成绩。

由于缅甸实行封闭的政策，20 世纪缅甸的经济发展几乎陷入停顿或倒退。

缅甸的重点和特色产业主要有农业、加工制造业、能源产业和旅游业等。农业是缅甸国民经济基础，也是缅优先发展的重要产业之一。2021 年以来，缅甸农业发展面临生产投入不足、融资乏力、农产品出口受阻等困难。缅甸能源产业以生物质能、石油、电力、天然气和煤炭为主。2021 年由于缅甸政局变化，在缅甸从事石油和天然气项目的法国道达尔、美国雪佛来、澳大利亚伍德赛德、马来西亚石油公司和日本三菱相继宣布出让股份撤出缅甸市场。之后欧盟对缅甸国家石油天然气公司（MOGE）采取了经济制裁。缅甸政府将旅游业作为促进经济增长的重点产业，积极采取措施改善旅游基础设施、放开落地签。2022 年 5 月，缅甸重新开放旅游电子签证，以吸引国外游客。

缅甸的投资环境具有一定的优势，主要体现在：一是具有丰富的自然资源和文化遗产；二是地理位置优越，毗邻中国、印度、东盟三大人口密集的新兴市场，是连通东亚和东南亚的重要通道，市场潜力大；三是劳动力资源丰富且成本相对较低；四是基础设施等传统产业以及电子商务、移动支付等新业态均有较大发展空间，环境的变化使缅甸发展数字经济的意愿更为迫切，已可通过网上银行和手机银行办理税收缴纳业务。但缅甸国内目前政局不稳，缅北地区社会治安形势恶化，对缅甸的投资环境造成了负面影响。

缅甸作为东盟成员国，已加入东盟自贸区、中国—东盟自贸区、韩国—东盟自贸区、日本—东盟自贸区、印度—东盟自贸区等。在过去几十年里，缅甸对外贸易主要用美元、英镑、瑞士法郎、日元以及欧元进行结算。2019 年 1 月 30 日，缅甸中央银行发布 2019 年第 4 号令，批准将人民币和日元纳入其合法的国际结算货币。

2020 年前，缅甸经济保持较高增速，2021 年受政局变化和环境影响，经济出现下行，2022 年开始逐步恢复。2022 年，缅甸只有国内生产总值 593.6 亿美元，人均 GDP 1095.8 美元，在东盟国家中人均 GDP 排名末位。

缅甸人文习俗

缅甸是一个历史悠久、文化古老的多民族国家，在长期的社会发展过程中，各民族形成了独特的宗教文化习俗和社会生活方式。

宗教风俗

缅甸位于中国和印度两大文明古国之间，发展了自己独特的佛教文化。缅甸是著名的"佛教之国"，佛教传入缅甸已有 2500 多年的历史。1000 多年前，缅甸人就开始把佛经刻写在一种叫贝多罗树的叶子上，制成贝叶经。正如李商隐诗中提到"忆奉莲花座，兼闻贝叶经"。在缅甸，85% 以上的人信奉佛教。佛教徒崇尚建造浮屠，建庙必建塔，缅甸全国佛塔林立。因此，缅甸又被誉为"佛塔之国"。

缅甸佛教是上座部佛教（俗称小乘教），与中国的佛教（大众部，俗称大乘教）是同一宗教，不同教派。缅甸佛教徒十分虔诚，每天早晚均要念经一次，每逢缅历初一、十五或斋戒日都要到寺庙朝拜，布施钱财、物品。

在蒲甘佛教的全盛时期，上缅甸共有1.3万座塔与僧院。其中，大寺派影响力最强。此时缅甸开始有留学锡兰的僧侣，缅甸高僧车波多即在大寺受戒，留学10年。12世纪时，僧团分裂为锡兰宗派与原有的缅甸宗派。锡兰宗派不久更分为尸婆利、多摩陵陀、阿难陀等三个僧团。虽然分裂，各派仍极力弘扬佛法，所以佛教仍非常兴盛。

现今缅甸佛教僧团主要有哆达磨、瑞景、达婆罗三派。他们在教学上对于所遵奉的三藏圣典大抵是一致的，只有在戒律上，特别是对于所持的用物、着衣法及生活仪礼等，有着若干差别。

▲ 缅甸曼德勒乌本桥上的僧侣

依照缅甸的一般习俗，男子在十四五岁时，须入寺短期出家。在各国佛教中，以缅甸僧侣的测试制度最为严格，通过律藏测试的人，称为持律者；三藏全部通过的人，称为三藏师，这是缅甸僧侣的最高荣誉。

缅甸独立以后，对佛教给予极大支持。1950年，缅甸政府设立僧伽法庭、宗教部和佛法院。僧伽法庭分设二处：一处在仰光，一处在曼德勒，负责僧伽戒律的指导和监督，并解决僧俗间的法律问题。宗教部的设立目的在于制定法律辅助僧伽，由政府资助成立佛教大学、训练师资。因此，政府和佛教之间有极其密切的关系。佛法院是全国佛教徒的代表机构，成立宗旨是在国内外弘扬佛法，设立布教中心，开办课程和机构，举办佛典口试和笔试。1961年8月26日，缅甸通过宪法，宣布佛教为国教。

缅甸文化艺术

缅甸文化深受佛教文化影响，缅甸多个民族的文字、文学艺术、音乐、舞蹈、绘画、雕塑、建筑以及风俗习惯等都留下佛教文化的烙印。缅甸的每个男人在一定时期内都必须削发为僧。清晨和傍晚，佛经声都会响彻仰光全城。缅甸是著名的佛教国家，佛塔多、庙宇多、僧侣多是缅甸佛教文化的三大特色。在电力缺乏的缅甸，人们对于每天短暂停电已经习以为常。入夜后城市的灯火并不辉煌，在空中基本看不到城市的灯火，只有金色佛塔在灯光的照耀下闪闪发光。

虽然缅甸的文化受中国和印度文化影响较深，但有着明显的民族特色。缅甸的古典舞蹈相当有可观性，特别突出曲线，即"三道弯"的艺术。缅甸"三道弯"舞蹈风格十分鲜明，其主要利用手、脚、头、腰等的姿势，配合眼睛和表情，舞姿令人击节赞赏。传统的木偶戏，由人牵线操控演出，亦经常博得满堂彩。缅甸的音乐最大特点在于它的乐器。缅甸最主要的民族乐器是弯琴，是缅甸所特有的弓形竖琴。

在缅甸的音乐文化中，弯琴、围鼓和竹排琴三件乐器及其音乐是缅甸音乐的珍宝，也是对缅甸对世界音乐的贡献。

缅甸礼仪

缅甸人性情温和，热情好客，温文尔雅，缅甸素有"礼仪之邦"之美称。缅甸人在人际交往中待人十分谦恭、友好，他们所采用的见面礼节，主要有下述三种。

其一，合十礼。由于缅甸人大多信奉佛教。因此，他们在社交活动之中，一般习惯于向交往对象行合十礼。在缅甸，关于行合十礼，有两点需要强调：一是见到僧侣时，对其只能行合十礼。二是在行合十礼时不仅要问候对方，而且戴帽子的人必须先将帽子摘下来，并且夹在腋下。

其二，鞠躬礼。缅甸人在见到长辈、上级或学者时，大都要向对方行鞠躬礼，以表示自己特殊的敬意。

其三，跪拜礼。在民间交往中，缅甸人在参见父母、师长或者僧侣时，往往讲究要"五体投地"，向对方行跪拜大礼。

饮食风俗

缅甸人常用米粉、面条或炒饭作早点，也有喝咖啡、红茶和吃点心的。午餐和晚餐为正餐，以米饭为主食。菜肴特点为油多、带酸辣、味重。常用各种幼果、鲜菜嫩叶作小菜，蘸佐料吃。进餐时将米饭盛在盘子里，用手抓着吃。随着社会发展，用刀、叉、勺进食者逐渐增多。

服饰风俗

缅甸各个民族有其特色的民族服装，独显其民族文化。同处于缅甸区域文化内的八大民族，在文化上有着共同的特点，也有着自己独特的文化。在服饰上这八大民族有一些相同的特点，如这八大民族的女士都穿纱笼，男式都扎包头。但是，在装饰上的不同就显示出了民族特色。

缅族的服饰与中国云南省傣族相似，不论男女下身都穿筒裙，男裙称"笼基"，女裙称"特敏"。僧侣着赭红袈裟，女尼则着粉红袈裟。至于女人头顶重物之景观，仍随处可见。

缅甸人的特殊美容品——特纳卡

缅甸人认为，用黄香楝树枝干研磨的粉末——特纳卡涂在身上，不仅幽香沁人，而且有防止蚊虫叮咬、消毒祛病、保护皮肤之奇效。

由于缅甸气候炎热，人们把黄香楝粉抹在脸上，既可防止紫外线，又能起到清凉、美容的作用，加之特纳卡制作简便，价钱便宜，所以深受大众喜爱。

作为传统的防晒化妆品，缅甸人涂黄香楝粉的历史可追溯到2400多年前。

生活禁忌

缅甸人有"右为贵，左为贱""右为大，左为小"的观念。因此,缅甸人有"男右女左"的习俗。此外，女人不能枕着男人的胳膊睡，否则男人就会失去"神力"，整日萎靡不振。在吃饭时，须按照男右女左的习俗入座。

缅甸人认为头部是一个人最高贵的地方，一般不喜欢别人摸自己的头。所以无论你与缅甸朋友多么亲密，不要去随意摸他的头。不然，缅甸人会认为你伤害了他的尊严。

缅甸人视妇女的筒裙为不洁，严禁妇女把筒裙晾晒在超过人头的高度。缅甸男人十分忌讳从晾晒的妇女筒裙底下钻过，认为这样会倒霉一辈子。缅甸忌妇女登上佛塔的塔基，忌妇女往佛像上贴金。

受西方文化的影响，缅甸人认为"13"这一数字不吉利。因此，忌讳买有编号"13"的房子和车子。缅甸人也忌讳"9"人共同远行，认为"9"人同行必有灾祸，若是9人同行则需带1块石头，以破9的数位。

缅甸是宗教意识很浓的国家，到缅甸旅游或商务活动时，要尊重当地的文化习俗，避免引起不必要的麻烦。

传统节日

缅甸节日可分为两类，即法定节日和民间节日，在缅甸民众生活中占有重要地位。法定节日包括：

- 独立节为1月4日，纪念缅甸1948年1月4日独立。
- 联邦节为2月12日，1947年2月12日昂山签署《彬龙协议》，决定成立缅甸联邦。
- 农民节为3月2日，纪念农民为国家发展所做的贡献。
- 建军节为3月27日，初为抗日节，1955年改为建军节。
- 工人节为5月1日，即国际劳动节。
- 烈士节为7月19日，纪念1947年7月19日昂山将军等人遇难。
- 民族节为12月1日，纪念1920年12月1日仰光大学学生抗英罢课。

民间节日包括：泼水节通常为4月中旬（缅历1月底2月初），一般持续4天，第5天为缅历新年首日。浴榕节通常在4月下旬，缅历2月月圆日举行；缅人将菩提树（榕树）视为佛的化身，在最炎热干旱的季节给榕树淋水，有希望佛教弘扬光大之意。点灯节在10月。传说佛祖在雨季时到天庭守戒诵经3个月，到缅历7月月圆日重返人间，人们张灯结彩迎接佛祖归来。敬老节在10月，传说众僧侣在雨季守戒3个月期满后跪请佛祖训示，后人效法，在此期间举行敬老活动。献袈裟节通常为10月中下旬至11月中下旬（缅历7月月圆至8月月圆期间），善男信女要向僧侣敬献袈裟。

缅甸的历史发展轨迹

缅甸是一个历史悠久的文明古国，旧称洪沙瓦底。同时，佛教传入缅甸已有2500多年的历史。5000年前，缅甸的伊洛瓦底江边的村庄已有人类居住。

1044年形成统一国家后，经历了蒲甘、东吁和贡榜三个封建王朝。1824年至1885年间，英国先后发动了三次侵缅战争并占领了缅甸，1886年英国将缅甸划为英属印度的一个省。

1948年1月4日，缅甸脱离英联邦宣布独立，成立缅甸联邦。1974年1月改称缅甸联邦社会主义共和国。1988年7月，因经济形势恶化，缅甸全国爆发游行示威。同年9月18日，以国防部部长苏貌将军为首的军人接管政权，成立"国家恢复法律和秩序委员会"（1997年改名为"缅甸国家和平与发展委员会"），宣布废除宪法，解散人民议会和国家权力机构。1988年9月23日，国名由"缅甸联邦社会主义共和国"改名为"缅甸联邦"。2011年1月31日，缅甸联邦议会召开首次会议，正式将国名改为"缅甸联邦共和国"，并启用新的国旗和国徽。

蒲甘王朝（1044—1287年）

蒲甘王朝由阿奴律陀国王（1044—1077年在位）于1044年建立，为缅甸第一个统一的帝国，以小乘佛教为国教。阿奴律陀国王相继征服掸族和孟族，也不断扩展领土。阿朗西都国王（1111—1167年）在位时，小乘佛教逐渐成为主流，并在13世纪初期达到鼎盛。当时建造的3000余座寺庙尚有100座保存至今。元朝建立后，忽必烈多次遣使到蒲甘国招降，蒲甘国王不理会。1279年，元灭南宋，国力大增。1287年，元兵自云南地区进攻蒲甘国，蒲甘城破，自此蒲甘国成为元朝的藩属。蒲甘王朝时期形成的政治、经济、文化和宗教，奠定了缅甸封建社会政治、经济和宗教文化发展的制度基础，对缅甸历史的发展有着深远的影响。

缅中行省（1286—1290年）

1286年，中国元朝设置"缅中行省"。1290年，缅中行省撤销，但之后的蒲甘国王几乎都是元朝的傀儡。

后来缅甸分裂，掸族和孟族分别在缅甸东部和南部建立势力。

列国时代及封建王朝时期的缅甸

蒲甘王朝灭亡后，缅甸陷入了四分五裂的局面。此时，缅甸分为北、中、南、西南四个区域，这四个区域相互征战，形成了历史上的"战国时期"。

1485年至1885年先后经历了东吁王朝和贡榜王朝。东吁王朝是缅甸历史上最强盛的封建王朝，而贡榜王朝是缅甸最后一个封建王朝。1885年英国发动第三次英缅战争，占领缅甸首都曼德勒，国王锡袍被俘，贡榜王朝灭亡。

1886年1月1日，缅甸被宣布为英国领地，作为英属印度的一个独立省。

殖民时期

1886年，英国赢得第三次英缅战争，中国被迫与英国签订《中英缅甸条约》，规定中国承认英国对缅甸有支配权，但缅甸对中国仍照往例，每十年一贡。至于中缅边境未定界，应由两国会商勘定。此时，英国将缅甸纳为印度的一省，并将政府设于仰光。

在英国的殖民统治时期，推行"以印治缅"的殖民政策，对缅甸进行政治奴役和经济掠夺。

1937年，英国创建一套独特的缅甸宪法，同意缅人自治。缅甸脱离英属印度，成为大英帝国的缅甸本部（英属缅甸）。

1942年，昂山率军与日军一起参加了对英军及中国远征军的战斗，然后，在日军支持下宣布缅甸从英国独立。

1945年，全缅抗日胜利，战后的缅甸仍受英国控制。

民主化历程

缅甸独立以后，国内政坛一直动荡不安，经历了资本主义、社会主义再到军政府统治的不同制度模式。先后经历"自由同盟"执政时期（1948—1958年）、看守政府与缅甸式社会主义时期（1958—1988年）、军人政府统治时期（1988—2011年）、民主政府（2011年至今）时期。

2011年，缅甸国家和平与发展委员会宣布将权力移交新政府。2011年2月4日，缅甸国会选出吴登盛为缅甸第一任总统，为缅甸国家元首兼政府首脑。

2011年3月30日，缅甸军人政府最高领导人丹瑞和副主席貌埃退位，下令解散缅甸国家和平与发展委员会（军人政府），将政权移交新政府。2011年10月27日，宣布正式解除对Facebook、Twitter、BBC、Youtube等网站的封锁，象征缅甸进入网络自由时代。

2015年11月8日，缅甸举行25年来首次公开竞争的全国性民主选举，3000多万民众积极投票。昂山素季领导缅甸全国民主联盟在1150个议席中斩获886席，取得压倒性胜利。2020年11月，缅甸举行新一轮全国大选。2021年2月1日，缅甸国防军接管政权。2月2日，成立国家管理委员会。8月1日，成立看守政府。

中缅关系

中缅有着2200多千米共同边界线，是山水相连的友好邻邦，两国人民的"胞波"情谊源远流长。自古以来，两国人民就以"胞波"（兄弟）相称，两国是休戚与共的友好邻邦和命运共同体。早在唐宋以前，中国人民就与缅甸少数民族有交往。古代的"丝绸之路"，就是从现今的腾冲、梁河、陇川一带进入八莫等地，再从缅北克钦邦通往印度的。

中缅两国于1950年6月8日正式建交。20世纪50年代，中缅共同倡导了和平共处五项原则。60年代，两国本着友好协商、互谅互让精神，通过友好协商圆满解决历史遗留的边界问题，为国与国解决边界问题树立典范。建交以来，中国一直本着"与邻为善，以邻为伴"的周边外交方针和"睦邻、安邻、富邻"的周边外交政策，发展与缅甸的传统友好关系。双边关系平稳向前发展。

2013年4月5日至7日，缅甸总统吴登盛赴海南三亚出席博鳌亚洲论坛并对华进行国事访问。习近平主席与吴登盛举行会谈，就发展中缅全面战略合作伙伴关系深入交换意见，双方并发表联合声明。中缅两国优势互补，经贸关系紧密、互联互通推进、务实合作前景可期。中国是缅甸最大的贸易伙伴、出口市场和进口来源国，也是缅甸最重要的投资来源国之一。中缅合作领域从原来单纯的贸易和经济援助扩展到工程承包、投资和多边合作，双边贸易额逐年递增。中国对缅主要出口成套设备和机电产品、纺织品、摩托车配件和化工产品等；中国从缅主要进口原木、锯材、农产品和矿产品等。为扩大从缅甸的进口，中国先后两次宣布单方面向缅甸共计220个对华出口产品提供特惠关税待遇。

中缅两国山水相连，文化交流源远流长。据史料记载，中缅两国的友好交往始于汉代。盛唐时期，缅甸骠国王子率领乐工曾访问中国古都长安。著名诗人白居易为之写下了"骠国乐"。中华人民共和国成立后，中缅两国友好关系不断发展，文化交流日益频繁。建交60多年来，两国文化交流稳定发展，部长级文化代表团互访不断。1996年1月，两国在北京签署了《中华人民共和国文化部和缅甸联邦文化部文化合作议定书》。两国在文学、艺术、电影、新闻、教育、宗教、考古、图书等领域进行了广泛的合作与交流。中国国宝级文物佛牙舍利曾于1955年、1994年和1996年三次应邀赴缅巡礼，受到缅政府和社会各界的热烈欢迎。2011年，缅甸总统吴登盛访华时提出再次迎请佛牙舍利赴缅供奉的请求。2011年11月6日至12月24日，中国佛牙舍利第四次赴缅甸巡礼，赴缅甸内比都、仰光、曼德勒等地接受供奉。2014年，缅方捐建的缅式佛塔在洛阳白马寺落成。中方正协助缅方修复蒲甘地区因地震受损佛塔。

2020年1月17日至18日，习近平主席对缅甸进行国事访问。双方一致同意构建中缅命运共同体，并就推进高质量共建"一带一路"达成新的重要共识。

缅甸名胜

缅甸素以"万塔之国"著称，到处可见大大小小、金光灿灿、风格各异的佛塔。在世人眼里，缅甸是一个有着灿烂的古代文化，无数的佛教寺庙，湍急的河流和茂密的山林的国家。

缅甸最大的城市——仰光

位于缅甸南部伊洛瓦底江下游的三角洲上的仰光，是缅甸最大的城市。它混合着传统与现代的交错之美、东方与西方的融合之味，也流露出俗世的勃勃生机和一如千年传承着的佛国气象。

仰光世界和平塔的全称为"至尊吉祥大千世界安宁宝塔"。缅甸政府为了迎接世界第六次佛教大会在仰光召开，从1950年开始花费了三年的时间建造了世界和平塔。世界和平塔矗立在秀美的仰光茵雅湖东北11千米的斯里孟加罗山岗上。

无论是殖民时代的大屋还是现代化的楼宇，都比不上仰光大金塔的气势。大金塔是仰光最高的建筑物。

卡拉威宫是一艘鸟型的大船，漂浮在景色秀丽的皇家湖水上。它是仰光的标志性建筑之一。外观金碧辉煌，里面装饰十分豪华。它曾经作为国王御用的水上餐厅，如今游客可以上船去品味美味的自助餐和观赏缅甸民族歌舞表演。

茵雅湖是仰光著名的自然景观，位于市区北部。湖水清澈明净，湖畔大树环绕，让人心旷神怡、流连忘返。茵雅湖面向瑞大光塔，有一艘巨大的天鸟状王室游船复制品，湖的四周是树林茂盛的公园。北边有缅甸独立领袖昂山的陵墓。

▲ 缅甸仰光大金塔朝拜的人群

世俗旧都曼德勒

比起仰光，缅甸第二大城市曼德勒显得更为鲜活。闹市里到处是商铺、地摊；满街跑着古董般的老爷车、摩托车；印度人、华人、缅甸人混杂相处；伊斯兰教、佛教、基督教、印度教的寺庙教堂散落在各处。多种文化并存，最直接的反映是在缅甸菜上，印度咖喱、泰国冬阴功汤、中国的炒菜融合在一起，却比预料的好吃。缅甸旧都城区并不太大，以旧皇宫为中心，四四方方一座城，在高大城墙外修有护城河。旧皇宫的背面是曼德勒城海拔最高的地方——曼德勒山，这里是曼德勒的佛教圣地。游览整座山需要赤脚进行，对于不习惯赤脚的城市人来说，这是一个考验。

曼德勒古城建于1857年，由贡榜王朝

的敏东王主持建造。整个古城面积为4平方千米，呈正方形。古城四周被护城河环绕，古城墙保存得很完整，城墙上还有缅甸风格的城楼。虽然建筑比较简单，但依然可以看出历史留下的印迹。城中心就是著名的曼德勒皇宫。

"伊瓦玛"；二是有罕见独特的浮岛村落和浮岛种植法；三是有用脚划船的茵莱人。

▲ 茵莱湖上的捕鱼人

▲ 缅甸曼德勒皇宫

▲ 缅甸曼德勒地标建筑钟楼

静享天籁——缅甸茵莱湖

茵莱湖在缅甸掸邦首府东枝的南面，离东枝30多千米，是缅甸的高原湖泊。这里海拔高度在1300米左右。茵莱湖三面环山，处于盆地中间，湖四周热带植物茂盛、风光旖旎，是度假休闲的好去处。

茵莱湖原是由四个小湖泊汇成的大湖，它位于多雾的群山环抱中，是座天然高山湖泊，面积158平方千米。

茵莱湖也有人称它梦湖、奇幻湖，传说此湖是湖之仙子茵撒斯的家。茵莱湖有三大奇观：一是有缅甸最大的水上集市——

华美、苍凉的万塔之城——蒲甘

很多游客到缅甸的理由，是蒲甘古迹。蒲甘位于缅甸中部，历史上曾是缅甸蒲甘王朝的首都。蒲甘王朝以小乘佛教为国教，在依洛瓦底江边，不断建造佛塔及寺庙，铺叠成信仰的种种姿势，华美和伟大就这样日渐形成。时光在悄悄流逝，如今蒲甘的王城早已被岁月的风尘淹没，只剩下那2000多座宝塔和寺庙，向世人透露着当年蒲甘王朝的辉煌。

自公元11世纪到13世纪，蒲甘先后建造的佛塔有万余座，被称为"万塔之城"。建筑精巧、风格各异的佛塔遍布城内城外，有的洁白素雅、朴素大方，有的金光闪闪、雍容华贵。

▲ 缅甸蒲甘热气球

建于 1057 年的瑞西光塔是蒲甘最著名的佛塔之一，站在 60 多米高的佛塔顶端，饱览"万塔之城"的壮观景象：红土、荒野、古塔、马车……华美古典而苍凉。

"一寨两国"——有趣的瑞丽中缅街

提起缅甸，人们首先会想到翡翠，然而真正把缅甸风情介绍给中国的却是云南省边陲的国家级口岸瑞丽。如果有机会漫步瑞丽中缅街的话，你就更能体会这一点。

瑞丽中缅街位于中缅两国国境线 81 号附 1 号、附 2 号和 82 号至 83 号界碑两侧，全长约 1500 米。中缅街在中国境内一段称"中缅友谊街"，在缅甸境内一段称为"白象街"。中缅街是商业特区，双方游客均可自由往来于中缅两侧街市，用人民币、缅币或美元购物，中国游客还可在中缅街办理简易登记手续，在导游带领下到缅甸木姐市、南坎市领略异国情调。

如果说瑞丽中缅街是沿着边境线发展起来的商业街，那么距离瑞丽市 11 千米的银井寨则是一个被边境线一分为二的自然村落。银井寨在瑞丽到弄岛的公路旁，一个傣族村寨被公路分成两部分，公路边上就是中缅边境 71 号界碑，中方一侧叫银井，缅方一侧叫芒秀。

寨中的国境线以竹棚、村道、水沟、土埂为界，寨子里的居民每月数十次地穿越国境线而不觉，中国的瓜藤爬到缅甸的竹篱上去结瓜，缅甸的母鸡跑到中国居民家里生蛋更是常有的事。寨子里的百姓语言相通、习俗相同，他们同赶一场集，共饮一井水。

缅甸国家湖植物园

缅甸国家湖植物园原名国家植物园，总面积 177 公顷，海拔 1000 米，距离曼德勒仅 69 千米，是到缅甸的游客最喜欢的地方之一。

缅甸国家湖植物园始建于 1915 年，当时只有 30 公顷，整体按照英国皇家植物园风格构建，1917 年正式被官方承认，1924 年成为政府植物保护区，1942 年 12 月 1 日，缅甸林业部认定其为"森林保护区"。2000 年 12 月 1 日，正式更名为"国家湖植物园"。

园内种植了 514 种本土林木和 74 种国外品种林木，其中共有 75 种竹子，75 种巴豆；300 种花卉中有 25 种玫瑰、6 种百合花，园内还种有一些药材。此外，还有许多诸如麋鹿、缅甸星龟、羚牛等野生动物，临近水的地方也有许多水鸟。缅甸国家湖植物园内还有化石馆、硅化木馆和蝴蝶馆三个博物馆，化石馆内收藏了哺乳动物、爬行动物和无脊椎动物的古化石；硅化木馆展示五彩石、棕榈树根和其他一些植物的化石；蝴蝶馆内有来自尼泊尔、南美、日本和东南亚的各个品种的蝴蝶，翩翩起舞，精彩无限。

骠国古城

骠国古城由三座古城组成，即罕林（实阶省）、毗湿奴（马圭省）和室利差旦罗（勃

▲ 云南瑞丽姐告口岸

固省），坐落于伊洛瓦底江盆地的干旱区域，代表了公元前 200 年至公元 900 年的骠国的辉煌历史，于 2014 年被列为世界文化遗产。

由三座古城组成的文化遗产在一定程度上可以定义为考古遗迹，包括宫殿城堡、墓地、早期工业生产遗址、佛教佛塔、部分城墙、水道等。目前一些水道依然可以用于精耕细作。之所以被列为世界文化遗产是因为古遗址是缅甸最早的城市文化发源地、小乘佛教最早传入地、东南亚地区最早的古城遗址之一，以及奠定了蒲甘王朝的工艺文化基础等。

必勃固

必勃固位于缅甸南部，距离仰光约 80 千米，是勃固省的首府。该城曾是古代缅甸孟族的古都，如今是缅甸重要的城市，2014 年入选世界文化遗产名录。

必勃固是勃固省值得参观的城市，有着悠久的历史、辉煌的佛教文化、重建的金碧辉煌皇宫大殿、巨大的廊柱、气势恢宏的古建筑、展现勃固各阶段王室用品和古代佛教艺术雕刻的博物馆。巨大的瑞达良卧佛是当地尤为突出的景点，建于公元 994 年。卧佛由一整块石头雕刻而成，侧卧姿态，面容祥和，双眼呈半睁状态，头枕宝盒之上，长 54 米，高 15 米，全身镀有金箔，是世界上第二大佛像。高大的金神寺是当地乃至全国最高的佛塔，是当地著名的标志性建筑，格外引人注目。每至黄昏，金色的皇宫沐浴在夕阳的余晖中，映衬着远处林立的佛塔，景色极具异域风情，非常迷人。

印多吉湖

印多吉湖位于缅甸北部克钦邦莫罕镇境内，东西长 18 千米，南北长 24 千米，是缅甸同时也是东南亚最大的内陆湖。在湖泊周围有 36 个小村庄，最主要的为掸族和克钦人，在此从事农业。

印多吉湖野生动物保护区位于缅甸北部克钦邦莫罕镇境内，成立于 1999 年，围绕着印多吉湖而建。它对这一地区野生动物和鸟类的保护起到了巨大作用，是缅甸最知名的野生动物保护区之一。

野生动物保护区内生活的或为罕见动物，或为濒危鸟类，保护区的建立为它们在生存和繁衍提供了良好的环境。这里生活有本地栖息的水鸟、迁徙候鸟和居住在森林中的鸟类，种类可达几百种。因而成为缅甸远近闻名的观鸟胜地，深受鸟类爱好者和摄影者的喜爱。

生活在保护区内的野生动物种类繁多，有美洲豹、金猫、软壳龟、马来熊、印度野牛、鬣羚、喜马拉雅斑羚、秃鹰等。

宁静的印多吉湖成为众多游客赏鸟的最佳去处，10 种濒危鸟类在此栖息繁衍，得到了良好的保护。此外，还有多种野生动物在此出没。

旅游攻略

缅甸旅游攻略

签证指南

所有到访者均必须持带有签证的有效护照。旅游签证允许逗留 28 天，并且可以延期 14 天。商务签证允许逗留 10 周，最长可以延期至 12 个月。过境签证事先由酒店及旅游部予以安排。即便是与父母一同旅行，6 岁以上的儿童也必须持有单独的签证团体旅行签证根据旅游公司的邀请函颁发。

通过缅甸驻华使领馆申请

中国公民可前往缅甸驻华使馆或驻昆明、南宁、香港总领馆申办签证。基本材料包括护照（有效期6个月以上）、签证申请表（需粘贴一张3.8cm×5.4cm白底彩色证件照片）、机票预订单、身份证复印件，附加材料详见缅驻华使馆网站。

通过网络申请电子签证（E-Visa）

中国公民可通过缅甸劳工、移民与人口部网站（https://evisa.moip.gov.mm/）申请电子签证（E-Visa）。目前，仅限旅游、商务两类，审批时间为3个工作日。电子签证有效期为90天。其中旅游签停留期28天；商务签停留期70天，费用70美元。

申请落地签证

中国公民可在仰光、曼德勒、内比都国际机场办理落地签证，但目前仅限旅游、商务、学术、过境、乘务五类。申请落地签证须提供有效期6个月以上的护照、6个月内拍摄的4cm×6cm彩色证件照片2张，并如实、完整填写申请表格。自2018年10月1日起，持普通护照短期赴缅旅游的中国公民可在国际机场办理旅游落地签，停留期30天，不能延期，办理时请出示往返机票，并交50美元签证费。

出入境须知

缅甸规定外国人出入缅甸须遵循"空中来空中返、陆路来陆路返"的原则，乘机赴缅的中国公民是不允许从中缅边境陆路回国的。由边境口岸入境，出境必须是同一口岸。从陆路进入必须参加旅行社，不允许外国人单独进入。

（1）因中缅边境缅方一侧口岸尚未升级为国际口岸。目前，中国公民无法持护照通过上述缅方口岸入出境。

（2）从仰光、曼德勒、内比都国际机场入境后，须从上述机场之一离境，不可通过陆路口岸离开。

（3）入境后应注意查看护照中入境章所注明的离境日期，避免逾期滞留。

（4）缅甸境内禁区较多，如若开邦、克钦邦、掸邦等部分地区（包括玉石、宝石产地帕敢、抹谷等地），外国公民获批准后方可进入。

（5）2017年以来，中缅边境地区发生了以网络借贷、免费中缅边境游、高收入工作等为诱饵，向当事人提供免费机票，再协助当事人通过中缅边境小道进入缅境后将其非法拘禁，向家属索要赎金的案件。提醒中国公民提高安全防范意识，谨防上当受骗。

海关防疫

入境时，须向海关提交申报单，如携带黄金、珠宝等贵重物品或2000美元以上现金，须如实申报。按照缅甸规定，出境时禁止携带古董、翡翠原石、木化石等物品。购买翡翠、珠宝等物品，必须要求店家开具合法发票，以便海关查验，否则将被以非法物品处理。

在离境时，缅甸边检人员会没收所有的缅币，故请在离境前兑换或者花光。外国旅客可携带1万美元现金入境缅甸，但超过2000美元一般需要报关。携带贵重物品进入缅甸需要报关以便于日后顺利出境。在缅甸境内购买的珠宝玉器、精致佛像必须附有收款凭证，便于查验出境。游客从缅甸入出境时，缅移民部门会提取面部照片。出境时则会查验之前的入境记录。

居留入籍

除旅游、过境、记者签证外，持商务、工作等其他种类签证入境人员，可在居留期到期前向缅甸移民部门申请居留延期。首次延期可居留3个月，第二次6个月，第三次1年。延期居留期间如需离境，可向移民部门申请办理一次或多次"再次入境签证"以便再次入境。

社会治安

缅甸民族众多，政局不稳，社会形势复杂。近年来仰光、曼德勒等大城市盗窃、抢劫、人身伤害案件数量有所上升，特别是缅甸与泰国相邻的边境地区妙瓦底和缅北的一些少数民族地方电信诈骗、人口和人体器官贩卖等犯罪活动猖獗。近年来，克钦邦、掸邦、若开邦等地区不时发生武装冲突，安全风险较高，建议中国公民尽量避免前往此类地区。中缅国情不同，法律差别较大。中国公民赴缅甸之前应尽可能了解当地法律，避免因触犯法律而被起诉甚至被判刑。

食品卫生

缅甸地处热带，属热带病多发地区。因饮食卫生条件较差，肝炎、肠道病较为普遍，疟疾、霍乱、登革热等传染病也较为常见。特别是每年雨、旱季交替的10月前后，蚊虫滋生，成为流行病多发季。建议中国公民赴缅前注射肝炎、黄热病疫苗，携带防蚊虫的物品，治疟疾、肠道病的药品。在缅期间要特别注意饮食卫生，尽量选择卫生条件较好的餐厅就餐。缅甸自来水过滤系统不完善，饮用水最好购买瓶装水。

通信电源

近年来，缅甸移动通信服务异军突起，网络制式以GSM为主，已推出4G服务，游客可在机场和市内手机店购买手机卡并充值。目前，中国联通和中国移动均已在缅甸开通手机国际漫游业务。缅甸电源插头以英式为主，酒店通常可以提供电源转换器。标准电压230伏，国内电器可直接使用。

紧急求助

匪警电话：199。
急救电话：192。
火警电话：191。
中国驻缅甸大使馆联系电话：
领事保护救助：0095-1-221280。
客服热线：0095-1-221281。

思考与讨论

1. 缅甸具有哪些文化特色？
2. 缅甸地理文化具有哪些特征？
3. 从历史的角度如何理解中缅两国人民的"胞波"情谊？
4. 缅甸经济在哪些领域具有发展潜力？
5. 缅甸旅游风情具有哪些特色？

第 6 章 奇迹吴哥——柬埔寨

•••• 初识柬埔寨 ••••

柬埔寨是东南亚地区历史悠久的文明古国，拥有过辉煌，也一度被人们所遗忘。这里有举世闻名的吴哥窟，有迷人别致的东南亚风情，有最原始淳朴的农耕图景，也有孩子们天真无邪的笑脸。

地理位置

柬埔寨全名柬埔寨王国，通称柬埔寨，旧称高棉，位于中南半岛，西部及西北部与泰国接壤，东北部与老挝交界，东部及东南部与越南毗邻，南部则面向暹罗湾。柬埔寨领土为碟状盆地，三面被丘陵与山脉环绕，中部为广阔而富庶的平原，占全国面积四分之三以上。境内有湄公河和东南亚最大的淡水湖——洞里萨湖（又称金边湖），首都金边。国土面积约18万平方千米，海岸线长约460千米。

湄公河自北向南横贯全境，湄公河在境内长约500千米。洞里萨湖是中南半岛的最大天然湖泊，素有"鱼湖"之称，低水位时面积2500多平方千米，雨季湖面达1万平方千米。

柬埔寨属热带季风气候，年平均气温为29～30℃，5月至10月为雨季，11月至次年4月为旱季。

行政区划与民族

柬埔寨全国共分为24个省和1个直辖市（金边市）。据统计，2022年柬埔寨人口约1600万，65岁以上人口仅占3.8%，是一个年轻化的国家。柬埔寨有20多个民族，其中高棉族为主体民族，占总人口的80%，还有占族、普农族、老族、泰族和斯丁族等少数民族。华人、华侨约110万人。柬埔寨的货币是瑞尔。

首都为金边，面积692.46平方千米，是全国的政治、经济、文化、教育中心和交通枢纽。

国家象征

国旗、国徽和国歌是一个国家的象征。柬埔寨国旗以红、蓝及白色为主色，正中间白色殿堂为吴哥窟，被红及蓝条包围着（线条比例1:2:1），红色代表民族，白色代表佛教，蓝色象征王室，符合柬埔寨的国家铭言"民族、宗教、国王"，在1993年柬埔寨竞选回到君主立宪制后被重新使用。柬埔寨国徽的图案是黄色的吴哥窟，上方有一个八角风车。以王剑为中心线两边对称的图案。菱形图案中的王剑由托盘托举，意为王权至高无上；两侧为狮子守护着五层华盖，"5"在柬埔寨风俗里象征完美、吉祥；两边的棕榈树叶象征胜利。底部的饰带上写着"柬埔寨王国之国王"。整个图案象征柬埔寨王国在国王的领导下，是一

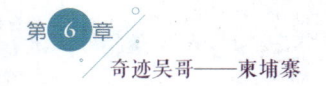

个统一、完整、团结、幸福的国家。《吴哥王国》是柬埔寨王国的国歌。它的曲调由柬埔寨民歌改编而成，作词人是尊纳僧王。

政治制度

1993年起，柬埔寨恢复君主立宪制度。宪法规定，柬埔寨的国体是君主立宪制，实行多党制和自由市场经济，立法、行政、司法三权分立。国王是终身制国家元首、武装力量最高统帅、国家统一和永存的象征，有权宣布大赦，在首相建议并征得国会主席同意后有权解散国会。国王因故不能理政或不在国内期间由参议院主席代理国家元首职务。国王去世后由首相、佛教两派僧王、参议院和国会正副主席共9人组成的王位委员会在7日内从安东、诺罗敦和西索瓦三支王族后裔中遴选产生新国王。

国会是国家最高权力机构和立法机构，由125名议员组成，每届任期5年。首届国会成立于1993年。国会议员均由普选产生。宪法赋予国会的职权主要有立法权、财政控制权、监督权和议会自治权。参议院是国家立法机关，每届任期6年。下设10个专门委员会。首届成立于1999年3月25日。议员一部分由国王任命，一部分以非普选的形式选出。宪法赋予参议院的主要职权有立法权和议会自治权。

政府是最高行政机构，领导军队、警察、其他武装力量和行政机构。其任务是根据宪法制定的基本原则，保证法律执行、国家政策实施及领导全国的行政工作。政府设首相、副首相、国务大臣、大臣、国务秘书等，需由国会举行信任投票通过后，由国王颁发委任令。首相是政府首脑，带领全体政府成员，就全面政策和政府的活动对国会负责。

2023年8月7日，柬埔寨国王西哈莫尼发布皇家法令，正式任命洪玛奈为新任首相。洪玛奈为柬埔寨原首相洪森的长子，作为新一代领导者，正站在柬埔寨的重要历史节点上，在国家的政治、经济和社会环境中，将推动柬埔寨向前进展。

经济概况

柬埔寨是传统农业国，柬政府实行对外开放的自由市场经济，推行经济私有化和贸易自由化，把发展经济、消除贫困作为首要任务。把农业、加工业、旅游业、基础设施建设及人才培训作为优先发展领域，推进行政、财经、军队和司法等改革，提高政府工作效率，改善投资环境，取得一定成效。旅游业是柬埔寨的第二大支柱产业。其占GDP的比例超过10%，由旅游业带动的相关产业的GDP贡献率接近40%，是亚洲地区旅游业占GDP百分比最高的国家之一。

有分析认为，近年来，柬埔寨政府经济取得显著成绩，主要得益于该国政府学习中国，积极开展对外开放，并把发展经济、消除贫困作为首要任务，同时，对制约经济发展的一系列体制机制进行改革，提高了政府工作效率，改善了投资环境，最终取得上述成效。

2020年以来，柬埔寨旅游、工业、建筑和投资等领域发展因新冠肺炎疫情受到严重影响。柬埔寨政府积极采取各项应对措施，保持稳定的政治局面，持续推出纾困措施，努力降低环境变化对人民生活和经济社会的影响，推动经济尽快复苏。2023年，柬政府积极采取有效的政策措施，加大改革力度，扩大对外合作，以克服和应对任何挑战和风险，确保整体经济稳定发展。

柬埔寨三大产业占GDP的比重分别为：农业占24.4%，工业占34.7%，服务业占36.2%。农业在柬埔寨国民经济中具有举足轻重的地位。柬埔寨政府高度重视稻谷生产和大米、橡胶和香蕉等农产品出口。柬埔寨旅游资源丰富，旅游产业在国民经济中占有较高的比重。柬埔寨政府正在制订"暹粒吴哥和金边至西南沿海地区和东北生态旅游地区"的旅游产品多样化战略，积极开发自身独具优势的旅游资源，促进当地经济发展。

据柬政府统计，2023年国内生产总值约321.7亿美元，同比增长5.6%，人均1917美元，通胀率2.5%。在东盟国家中，柬埔寨人均GDP位居靠后。

旅游业

2000年来，柬政府大力推行"开放天空"政策，支持、鼓励外国航空公司开辟直飞金边和吴哥游览区的航线。2002年，柬政府加大对旅游业的资金投入，修复古迹，开发新景点，改善旅游环境。近年来，在赴柬游客来源国中，中国游客排名第一，超过排名第二位到第八位国家的游客总和。

不过，柬埔寨快速增长的旅游市场也有隐忧。位于暹粒省的世界文化遗产、柬埔寨著名旅游景点吴哥古迹，一直是国际游客赴柬旅游必去的景点。柬埔寨当地旅行社以远低于成本的团费甚至"零团费"吸引游客，但通过诱导游客购买高价旅游产品抽取回扣的方式获利。"零团费"模式导致游客旅游体验下降，致使柬埔寨旅游业的形象和声誉受损。为此，柬埔寨旅游部采取整治措施，改善旅游市场秩序。

近年来，赴柬埔寨海滨城市西哈努克市的游客数量持续猛增。这个以国父之名命名的城市，是柬埔寨的传统旅游目的地，以海水和沙滩洁净闻名，还拥有数量众多的海岛，自然风景优美。但是，游客和外来务工人员的数量迅速增加，造成当地酒店客房紧张，物价上涨。

为了满足持续攀升的中国游客赴柬旅游需求，中柬两国航空公司都在不断增加往返两国的航班，两国航企和航空管理部门还在洽谈开通更多航线和增加航班。

柬旅游部与中国国旅合作，推出柬埔寨旅游中文网站及中文旅游宣传册。随着旅游业的复苏，柬埔寨计划进一步便利签证措施，并在旅游业内试行人民币结算，不断优化中国游客赴柬旅行环境。

语言文化

柬埔寨旧称高棉，是东南亚地区的文明古国，柬埔寨的人文风俗因长期与外界隔离，特色保持完整，游客在这里甚至可以体会到与800年前相去不远的原始文明。柬埔寨皇家芭蕾舞，或称仙女舞，以及斯贝克托姆柬埔寨皮影戏，分别于2003年和2005年被联合国教科文组织列为世界非物质文化遗产。

柬埔寨语（又称高棉语）为官方语言，英语在政府部门较通用。华语、越南语是普通市民中使用较多的外语。佛教为柬埔寨国教，90%以上的居民信奉佛教。柬埔寨语又称高棉语，属南亚语系。古高棉文深受印度南部文字影响，是在古印度文明传播到中南半岛之后出现的。自6世纪以来，高棉文化进行了10次文字改革，不断发展演变，并受到梵语、巴利语和法语等外来语影响。因此，古高棉文和现在使用的柬埔寨文有很大差异。现代柬埔寨语以金边方言为标准语。1863—1953 年，法属殖民地期间，法殖民主义者强行推行法语为官方语言。1953 年，柬埔寨独立后，柬文重新成为全国通用文字，柬语成为官方语言。

柬埔寨文学分为五种：石碑文学、佛教文学、民间故事、小说与戏剧、诗歌。吴哥王朝建立后，柬文学得到进一步发展，留存下来的成千块石碑上，刻录了许多诗歌，内容多为歌颂神灵、赞美国王和预测未来的。12 世纪中叶，宗教文学出现，内容主要是婆罗门教和大乘佛教中的宗教神话。其中，许多故事被编成戏剧和舞蹈，列为传统剧目。吴哥王朝后，宣扬小乘佛教，主张行善，以因果报应为题材的民间文学占了优势。故事主人公多为敢于反抗封建压迫的普通农民。同时，出现了一些著名的宫廷作家，他们的作品有的颂扬国王，有的反映人民生活。在沦为法国殖民地期间，柬民族文学遭到摧残。随着西方文化的渗入，柬文学发生了新的变化，出现了使用白话文和反映现实生活的现代小说。1953 年柬埔寨独立后，文学得到迅速发展。小说、诗歌数量增多，而且戏剧、报告文学、文艺理论等作品不断涌现。较有影响的作家和作品有海索帕的《蒙面大盗》、奥波的《金箭》、林根的《望月》、罗韦特的《海韦城》等。20 世纪 70 年代，一批反映人民抗美救国的作品涌现，如小说《妈妈的牺牲》《达姆彭的红心》等。

音乐在柬埔寨文化中占有重要地位，不管是各种庆典和宴会，还是娱乐场所，都离不开演唱和音乐。民族音乐主要有三种形式：交响乐是轻音乐，一般为戏剧伴奏；宾柏乐节奏较快，一般为舞蹈伴奏；高棉乐是一种非常欢快的音乐，一般在庆典或婚礼等喜庆的日子里演奏。

柬舞蹈分古典舞和民间舞两类。前者是通过舞蹈动作和歌唱来表演古典剧；民间舞蹈自由轻松，如南旺舞，深受人民喜爱。

柬埔寨宗教

佛教（属小乘佛教）是国教，信仰佛教的人占全国人口的 90% 以上。此外，还有信奉天主教和伊斯兰教。吴哥窟就是婆罗门教和佛教对高棉文化影响的具体表现。从古至今，寺院不但是宗教活动中心，也是地方教育和藏书中心，宗教在社会生活中起着重要作用。柬男子一生都要剃度一次，随时可以还俗，也可终身为僧。剃发为僧，一为报父母之恩，二为借此提高自己的社会地位，还俗后求婚、就业都比较容易。柬佛教分成两派：摩河尼迦耶派和达摩育特派，两派各有僧王，由国王分别任命。高僧和寺院主持生活丰裕，普通僧侣则靠化斋度日。

▲人山人海的柬埔寨吴哥窟

•••• 柬埔寨的历史
发展轨迹 ••••

柬埔寨的历史发展轨迹

柬埔寨是一个历史悠久的文明古国，

远在三四千年以前，高棉人已居住在湄公河下游和洞里萨湖地区。在柬埔寨的历史发展进程中，曾创造了举世闻名的吴哥文明。从柬埔寨的历史脉络来看，柬埔寨经历了几个时期：

古代时期

据史料记载，柬埔寨是东南亚历史最长的国家，从公元1世纪下半叶开始立国，历经扶南、真腊、吴哥等时期。

扶南王朝

扶南王朝开始时便具有国家的初步规模，有国王、城郭和官司室，并实行王位继承制。在扶南国早期，扶南就与中国有使节往来，自公元84年至251年，双方相互派遣使者出访。其中，孙权派遣朱应和康泰于公元244至251年作为专使访问扶南，回国后著有《扶南异物志》和《吴时外国传》，从此以后两国关系保持密切。

公元514年至627年，扶南国因内乱，逐渐衰落。公元7世纪中叶，扶南国为北方崛起的真腊所灭，扶南王子流亡爪哇，建立山帝王朝。

真腊王朝

真腊是在湄公河中游兴起的另一个高棉人的王国，也被称为高棉帝国。版图包括今日柬埔寨全境以及泰国、老挝、越南三国之部分地区。真腊王朝共存在9个多世纪，其中9到15世纪初的吴哥王朝国力强盛，文化灿烂，在柬埔寨的历史长河中留下了光辉的一页，创造了举世闻名的吴哥文明。明宣德五年（1430年）暹罗（今泰国）入侵柬埔寨，包围吴哥城7个月，最后于1431年攻破吴哥。因为吴哥太靠近暹罗边境，柬埔寨放弃吴哥，迁都金边。16世纪末开始，真腊走向衰落。

柬埔寨王国时期

据中国的《明史》《东西洋考》等史籍记载，大约在16世纪末，真腊王朝的统治者被迫迁都金边，真腊改称柬埔寨。16世纪末至19世纪中期，为争夺柬，越南同暹罗进行了激烈的争夺，使得柬埔寨始终处于越南和暹罗双重奴役的地位，成为两国共同的附庸。这一状况一直维持到法国占领柬埔寨。

近代柬埔寨

1863年，法国入侵柬埔寨，签订了《法柬条约》，并宣布柬埔寨为法国保护国。第二次世界大战时期，柬埔寨又被日本占领。1945年，日本投降后，柬埔寨再次被法国殖民者占领。经过8年多的民族独立斗争，柬埔寨人民获得了民族独立。1953年11月9日，西哈努克国王在王宫前举行了隆重的权力移交仪式，法国对柬埔寨延续了长达90年的殖民统治正式宣告结束，柬埔寨宣布完全独立。这一天后来被定为柬埔寨独立日和国庆日。

现代柬埔寨

柬埔寨获得独立后，西哈努克任国王，柬埔寨由此进入独立发展时期。但是，1970年3月18日的朗诺政变，再次把柬埔寨拖入了战乱，一直持续到1991年，柬埔寨对立四方签订《巴黎协定》后才逐步迈上和平发展的轨道。

柬埔寨在现代发展时期，曾经历了一段艰难发展的过程。1979年1月7日，越南出兵柬埔寨，从此，越南对柬埔寨进行了长达12年的占领。在以西哈努克亲王为主席的民柬联合政府带领下，对越南的侵略进行了艰苦的斗争。1991年10月23日，柬埔寨问题国际会议在巴黎召开，签署了《柬埔寨冲突全面政治解决协定》（通称《巴黎协定》）。《巴黎协定》签订后，柬埔寨建立了君主立宪制，逐步走上真正意义上的和平发展道路，进入了和平开发新时期。

2004年10月6日，西哈努克国王宣布退位。14日，柬王位委员会9名成员一致推选西哈莫尼为新国王。29日，西哈莫尼在王宫登基即位。

中柬关系源远流长，1955年4月，周恩来总理和柬埔寨国家元首西哈努克亲王在万隆亚非会议上结识，揭开中柬友好关系的新开端。

中柬关系

中柬两国有着悠久的传统友谊。元朝周达观出使柬埔寨（古称真腊）后著书《真腊风土记》，成为后人研究柬埔寨历史人文的重要著作。1958年7月19日，中柬两国正式建交。中国与柬埔寨作为铁杆朋友，在双方共同努力下，双边关系历经考验，愈加牢不可破。长期以来，中国几代领导人与柬国家元首西哈努克建立了深厚的友谊，为两国关系的长期稳定发展奠定了坚实基础。2010年12月，两国建立全面战略合作伙伴关系，双边关系进入新的发展阶段。

近年来，两国高层互访频繁，在政治、经贸、文化、教育、军事等领域的友好交流合作日益深化，在国际和地区事务中保持密切协调和合作。2023年9月14日至16日，洪玛奈首相就任后选择中国作为第一个进行双边访问的国家，充分体现了柬埔寨新一届政府对巩固和发展中柬友好的高度重视。

中柬双边经贸合作不断深化，中国已连续多年是柬埔寨最大贸易伙伴和最大外资来源国，以及柬最大的外来援助国。据中国海关总署统计，2022年中柬双边贸易额160.2亿美元，同比增长17.5%。其中，中国对柬出口141.8亿美元，自柬进口18.4亿美元。中柬双方迄今已签署《中柬引渡条约》《中柬文化合作协定》《中柬互免持外交、公务护照人员签证协定》以及文物保护、旅游、警务、体育、农业、水利、建设、国土资源管理等领域的合作谅解备忘录。柬已在广州、上海、香港、昆明、重庆、南宁和西安市设立总领馆。中国在柬埔寨暹粒省设有驻柬使馆领事办公室。

中柬双方在地区和国际地区事务中相互理解、相互尊重，在涉及彼此核心利益和重大关切问题上相互支持，共同维护地区和平稳定。建交以来，双方始终高度互信、平等相待、互利双赢，始终坚定支持对方维护国家主权、安全、发展利益，这是中柬命运共同体的核心要义。

柬埔寨人文风情

柬埔寨人文风情

今天到柬埔寨的人，几乎都是被吴哥吸引而来。柬埔寨人民多信奉佛教及印度教，这里的建筑融会了各国风格，宗教色彩十分浓厚。

多彩的民俗文化

公元前2世纪，印度人不仅带来了耕

种技术、宗教礼仪，文化艺术方面也得到积淀，丰富多彩的民俗文化延续至今，别具特色。柬埔寨是一个多民族的国家，作为主体民族，高棉族的民俗文化自然而然地成为柬埔寨民俗文化的主体。高棉农历新年、御耕节和送水节三大节庆活动成为柬埔寨民俗文化的亮点。

流走。在节日期间，在湄公河和洞里萨湖进行龙舟比赛，晚上举行灯船游行和拜月仪式。

▲ 柬埔寨人文习俗

▲ 柬埔寨吴哥窟佛光普照

此外，柬埔寨还有独立节（11月9日）。1953年11月9日，柬埔寨王国摆脱法国殖民统治宣告独立，这天被定为柬埔寨国庆日，也是建军日。

高棉农历新年为公历每年4月14—16日。新年第一天为守岁，第二天为辞岁，第三天为新岁。新年期间，全国各地的寺院都要挂起佛教的五色旗和鳄鱼旗。

御耕节（公历5月11日）依然是柬埔寨的一个隆重的传统节日，是纪念国王耕田种地的日子。仪式由政府农业部门主持，在特定的圣田举行，四周设有五个亭子，每个亭子里供一尊佛像。仪式十分隆重，模拟一年劳作的过程，国王和王后亲自驾临观看，文武官员和外国使节也身穿礼服参加。政府机关放假1天。

感谢水神的节日——送水节为公历10月31日—11月2日，在湄公河、洞里萨河两岸举行祭拜河水落潮的节日活动，历时3天。湄公河水在雨季上涨，灌溉农田并带来肥沃的淤泥，而到旱季水位下降，留下的是等待收获的稻米和鱼虾。人们就以送水节对带来恩惠的河水表示感谢和依依送别，并希望病魔和灾难随湄公河水一起

柬埔寨的建筑文化

柬埔寨的建筑成为柬埔寨文化的重要载体，既有宗教风格的建筑，又有传统建筑。其传统住房多竹木结构的高脚式房屋，离地2米左右，上面住人，下面存放农具和停放车辆，房屋多坐西向东，四周种植各类热带奇花异草。首都金边的建筑物具有多种风格，城中的寺庙全是古老的吴哥式建筑，较为现代的住宅和办公楼则多是法式的。

▲ 洞里萨湖水上人家码头

▲ 吴哥的微笑

服饰文化

由于地处热带，柬埔寨人民的衣着单薄、较朴素。男子便服为直领多扣上衣，天气热时则不穿上衣，只穿"纱笼"或"山朴"。"纱笼"是由数尺印有各种美丽图案的布两边缝合，围系腰间，状似裙子。"山朴"是用长条布，不加缝合，从腰中往下缠绕至小腿，再从胯下穿过，在背后紧束于腰部，剩余部分伸出如鱼尾。妇女的便服上衣多为丝质圆领对襟短袖衫，下衣也穿"纱笼"或"山朴"，通常她们还要在腰间缠一条图案优美的长布巾。

高棉美食

柬埔寨人以大米为主食，他们因多信奉佛教，忌杀生，所以不大食动物肉，以鱼虾为主要副食，喜吃富有刺激性味道的蔬菜，如生辣椒、葱、姜等，还喜食生菜、生肉和腌鱼酱。现代的饮食方式有很大变化，喜爱中国菜、越南菜和西式菜。主要特色美食有：

阿莫克鱼

阿莫克鱼是柬埔寨的知名食物之一，制作时放入当地香料"slok ngor"的阿莫克鱼略带苦味，因而风味独特。阿莫克鱼是用洞里萨湖里的去骨鱼肉，加上椰汁、椰奶、柠檬叶以及其他各种香料调和而成。高级饭馆会把阿莫克鱼放在香蕉叶上蒸，而街边小吃摊则将其煮熟制成浓汤咖喱鱼。

酸橙高棉牛肉色拉

酸橙高棉牛肉色拉里的牛肉会被切成薄片。因此，它很容易吸收酸橙汁。整道菜里有柠檬、香草、大葱、大蒜、鱼露、九层塔、薄荷、绿豆和青椒。当然，也因为放了很多新鲜红辣椒而辣味十足。此外，还有烤猪肉饭、法棍三明治、炒螃蟹、高棉红咖喱等。光是这些美食，就能让游客感受到浓郁的异国风情。

社交礼仪

柬埔寨人注意礼节礼貌，最常见的行礼方式是合十礼，即双手合掌于胸前，稍微俯首，指尖的高度视对方身份而定，对国王、王室成员、僧侣还行下蹲或跪拜礼。柬埔寨人认为左手是不洁的，用左手拿东西或食物是不礼貌的表现。他们还认为头是人的神圣部位，因此别人不能触摸他们的头部，更不能随意抚摸小孩的头。在柬埔寨的一些舞蹈中，常用手势来表达特定的意思，如五指并拢伸直表示"胜利"；五指攥成拳头表示"不满"和"愤怒"；四指并拢，拇指弯向掌心，表示"惊奇""忧伤"。

合十礼是柬埔寨最常见的一种相见礼仪。行礼时，要根据对象把握好掌尖的高度，如女子向父母，孙儿向祖父母，学生向教师，应将合十的掌尖举到眼眉；政府官员下级向上级行礼时，应举到口部；地位相等者行礼时，应举到鼻尖。在农村，人们只行合十礼；在城市，现在也有行握手礼的。

平辈朋友相见，左右合掌，十指并拢，置于胸前，表示相互亲切友好地问候；晚辈见到长辈，双手合十举至下颔，表示尊敬；

百姓见到高僧，合十后举至眉宇，表示敬意；身份低的人见到地位显赫的官员，先伏身跪地，再双手合十高举过头，表示崇高的敬意；见到客人，弯腰鞠躬，双手合十，举在胸前，热情问候。

柬埔寨人在外界的影响下，握手礼也开始时兴起来，但男女间仍以行合十礼为宜。

称呼礼仪

柬埔寨人姓在前，名在后。贵族与平民的姓名有所不同：贵族一般承继父姓，平民一般以父名为姓；贵族起名很有讲究，往往寓意深刻。

柬埔寨人通常不称呼姓，只称呼名，并在名字前加一个冠词，以示性别、长幼、尊卑之别。

拜访礼仪

在柬埔寨朋友家做客，要注意宗教方面的风俗习惯和民族礼仪，给予尊重。

拜访柬埔寨朋友，要事先约定时间，并按时赴约，届时主人会在家中恭候。

宾主见面，主人双手合十行礼，客人应双手合十还礼。举止要稳重大方，表情要自然诚恳，态度要和蔼可亲，主人讲话时要全神贯注地听，自己讲话时不要放声大笑，最好不要做手势。吸烟的客人，可先询问主人，征得主人许可后吸烟，如果主人吸烟，可先向主人敬烟，再自己吸。

同主人讲话时，要避免涉及疾病、死亡等不愉快的内容，不要打听对方的工资收入、家庭财产等私人的事情，不对主人国家的内政做评论，不论述宗教方面的问题，不询问女主人的年龄，不夸奖女主人的长相、身材等。

柬埔寨音乐艺术

柬埔寨以拥有各种各样的乐器而闻名（如铜鼓），甚至在有文字记载的历史以前就发展了相当复杂的音乐文化。随后从公元1世纪前后开始，又吸收了印度的音乐艺术，如竹键琴和口弦。9世纪初，在阇耶跋摩二世（公元802—850年在位）领导下，柬埔寨重新统一，开始了吴哥时代（吴哥位于柬埔寨西北部，为古高棉王朝之首府，以"吴哥窟"著称于世），高棉文化的基础就是在这个时代奠定的。从9世纪吴哥城的建设到12世纪末吴哥窟的建设，伴随着高棉王朝的国势日盛，以吴哥为中心的高棉文化繁荣兴盛起来。高棉音乐文化在这一时期也发展到了一个高峰，从产生于当时的许多寺庙建筑上的浮雕可以窥见吴哥时代高棉文化的灿烂光辉。

在泰国宫廷发展起来的音乐和舞蹈回流输入柬埔寨，在1975年前的半个多世纪中，对柬埔寨的艺术音乐和传统表演艺术产生了相当大的影响。在吴哥窟东部的平台上有一幅覆盖面达50平方米的大型浮雕"大海的搅动"（《罗摩衍那》中的一个场景），海水泡沫变成的水神"阿菩萨拉"翩翩起舞，升入天空，那轻柔的身姿、神秘的微笑在吴哥窟随处可见。这个舞蹈表现天堂的"阿菩萨拉"少女们在花园游玩的情景，常常在一个节目的开头进行表演。

吴哥之谜

大多数人对柬埔寨的印象，来自世界七大奇景之一的吴哥窟。吴哥窟已成为柬埔寨的一张国家名片。

1858年，一个追逐蝴蝶的男人——亨利·穆奥（法国生物学家）在原始森林中无意间发现宏伟的古庙遗迹，从此开启了通向吴哥文明的大门。他说："此地庙宇之宏伟,远胜古希腊、罗马遗留给我们的一切,走出森森吴哥庙宇,重返人间,刹那间犹如从灿烂的文明堕入蛮荒。"古老的城市在热带雨林中若隐若现。那是辉煌的吴哥文明的遗迹。其中千年的高棉微笑吸引了来自世界各地好奇的目光。雨林吞噬着城垣断壁,青苔在石雕上漫步,人们雕刻时光的决心被自然无情的征服,一切淹没在神秘的雨林中。《古墓丽影》选择了吴哥,传达神秘信息。《花样年华》中梁朝伟选择吴哥的树洞,掩埋心中的秘密。我们选择吴哥,窥看那尘封的古老文明。

丰富的人文景观。暹粒市别具特色的菜肴和高棉皮影戏深受游客的喜爱。光影剧《吴哥的微笑》是近年来为适应旅游事业发展需要而创作的,是由中国云南省和柬埔寨的艺术家们合作的硕果之一。《吴哥的微笑》以巴容寺的四面佛为背景,演出一幕幕美轮美奂的舞蹈,加上使用现代化的光影手段,使演出扣人心弦。《吴哥的微笑》为游客更进一步了解灿烂辉煌的吴哥文化打开了一扇窗,将人们带回那个辉煌的时代,令人震撼。

▲柬埔寨吴哥窟石雕

▲吴哥窟爱的天梯

旷世奇迹话吴哥

吴哥古迹位于暹粒省境内,距首都金边约240千米,是柬埔寨民族的象征,被誉为东方四大奇迹之一。现存吴哥古迹主要包括吴哥王城(大吴哥)和吴哥窟(小吴哥)。吴哥古迹现存600多处,分布在面积45平方千米的森林里。大吴哥和小吴哥是它的主要组成部分,其中有许多精美的佛塔以及众多的石刻浮雕,蔚为壮观。1992年,联合国教科文组织世界遗产委员会把整个吴哥古迹列为世界文化遗产。

暹粒市不仅有世界七大奇迹之一的吴哥古迹遗址,而且还有众多的美丽风光和

▲夕阳下的吴哥窟景观

美丽的首都金边

金边是柬埔寨的首都,柬埔寨最大城市,也是一座古老的城市,这里拥有众多的古老建筑和寺庙,以及规模宏大的王宫,还有湄公河畔的落日余晖。

塔仔山是金边的象征之一。塔仔山南边的山脚下建有一座大钟，日夜不停地转动，周而复始，似乎向人们讲述着昔日的屈辱和今天的辉煌。

▲ 柬埔寨金边塔山寺

▲ 柬埔寨国家博物馆

金边大王宫坐落在四臂湾的西岸，是诺罗敦国王在位时于1866—1870年建造的。大王宫的建筑规模宏大，具有高棉传统的建筑风格并呈现浓厚的宗教色彩。主要建筑包括金銮殿、波佳尼阁、月光楼、凯玛琳宫，还有一座拿破仑三世铁塔。大王宫是国王举行重大庆典和宴请国宾的场所，也是接待外国领袖和使节之地。

独立纪念碑是国家独立的标志性建筑，纪念碑于1958年3月建成，高37米，碑身上雕刻着100条那伽神蛇。在柬埔寨，那伽神蛇是守护神的化身，它能保护国泰民安，繁荣昌盛。每年独立纪念日，国王都要到独立纪念碑来，主持庄严隆重的升旗、降旗仪式和点燃、熄灭圣火仪式。

国家博物馆建于1913年，目前，馆内收藏有4—10世纪、吴哥王朝等时期的手工艺品及雕刻艺术品，以及很多吴哥窟雕像的真品。博物馆整体掩映在树林中，廊柱、房瓦呈棉红色，十分美观。中间有座小亭，供奉了一尊佛像，周围有人造荷花池，以草圃及长凳相间，有如隔音墙，阻隔了馆外闹市的喧嚣。

金边虽然城市面积不大，但主要的街道却都是用柬埔寨和世界伟人名字命名，这些街道成为记载柬埔寨历史和世界各国发展友好关系的象征。以柬埔寨本国伟人的名字命名的街道有诺罗敦大道、莫尼旺大道、苏拉玛利特大道、西哈努克大道以及洪森花园等。以外国或外国伟人名字命名的有俄罗斯大道、金日成大道、尼赫鲁大道、戴高乐大道和毛泽东大道。

▲ 柬埔寨英雄雕像

▲ 柬埔寨金边大皇宫

多姿多彩的海滨城市西哈努克市

西哈努克市坐落在柬埔寨西南边磅逊湾岸边，这里的海湾美景吸引着众多游客。距西哈努克市约3小时船程的戈公岛是柬埔寨有名的旅游休闲区，这里的椰林、木屋和白沙滩成为亮丽的风景线。

▲ 柬埔寨西哈努克港 - 静谧海海滩

柬埔寨淳朴的景象之中，存留着"波布红色高棉政权"时代所遗留下来的景象，同时保留着法国殖民地的法式风味。这样充满着强烈对比的人文风情，以及柬埔寨特有的风土景致，再加上吴哥窟无与伦比的历史遗迹，为游客留下了视觉与心理上的巨大震撼，正因这种融合了神秘、历史、淳朴的感动，使得柬埔寨深受广大旅客的喜爱。

旅游攻略

柬埔寨旅游攻略

签证指南

根据两国协议，中柬两国持外交和公务护照人员免签证入境，停留期为30天。持中国普通护照和公务普通护照须申办签证后入境。申办签证方式如下：

申办签证

（1）落地签证。在机场和陆路口岸可申办一次入境或1年、2年、3年多次入境，每次入境停留期30天的旅游签证（T签证）和普通签证（E签证）。签证费用以柬方在口岸公布为准。

（2）柬埔寨驻华使领馆申办签证。中国公民持普通护照和公务普通护照赴柬，也可事先到柬驻华使领馆申办1次入境、3个月有效、停留期30天的旅游签证和普通签证。

（3）电子旅游签证。中国公民须登录 www.evisa.gov.kh 按网站说明申请，自申请批准日起90天有效，入境后可以停留30天。

如赴柬埔寨前已在柬驻华使馆申办签证或上述电子旅游签证，在柬埔寨入境时，持护照、签证及事先填好的移民卡办理入境手续，无须在口岸办理落地签证。

签证延期

持一次入境旅游签证（T签证），入境后只能延长一次30天的停留期，须在入境后15天内向柬移民总局申请，且不能更改签证种类。持一次入境商务签证（E签证）入境后可自行或通过当地旅行社向柬埔寨移民总署申办3个月、半年、1年多次入境商务签证。该签证停留期与签证有效期相同。

签证种类

柬埔寨签证代码：

- 外交签证（A签证）：发给外国驻柬埔寨外交代表机构外交官及其配偶和未成年子女。
- 公务签证（B签证）：发给在柬埔寨执行公务的外国公民。
- 商务签证（E签证）：发给来柬埔寨短期或长期投资、经商、劳务等外国公民。
- 礼遇签证（C签证）：发给柬埔寨官

— 113 —

方邀请来柬埔寨访问的外国公民。
- 旅游签证（T签证）：发给来柬埔寨旅游的外国公民。
- 长期居留签证（K签证）：发给持外国护照的柬埔寨裔公民。
- 免费签证（G签证）：发给12周岁以下的儿童。

落地签

适用于从第三国出发前往柬埔寨，而未提前申请电子签证（e-Visa）的中国护照持有人。旅行者必须从指定口岸入境，方可获得落地签证。落地签证的签发口岸包括金边国际机场、暹粒机场和柬泰边境。

签证延期手续办理

旅行者如需要延长在柬埔寨的停留时间，要向位于金边的柬埔寨移民局总部递交签证延期申请。

出入境

入境柬埔寨时须事先完整填写移民卡。2019年6月1日起，柬埔寨在其所有出入境口岸启用新版移民卡，将原来的落地签证申请表、入境卡和出境卡合并为一，并对原来三卡中须填写内容进行了优化，取消了提交证件照片等要求，同时保留了中文译文，极大地简化了柬出入境通关手续。来柬中国公民如需办理落地签证，按要求用大写英文字母逐项填写该卡后即可在入境口岸办理，之后，再持该卡办理入境手续，出境时无须另填其他表格。

特别提醒

护照遗失后须补办旅行证件和当地出境签证，除了承担一定的费用外，还会耽误时间和行程。请妥善保管好自己的护照。

将护照资料页和有效签证页各复印1份，与护照分开存放，万一护照遗失后能尽快向中国驻当地使领馆提供相关资料。

外出旅行注意不要将护照随意放在车内或手提包内，应将护照贴身携带。公众场所需要使用护照时，要注意减少护照使用次数。离开时，应确认护照已放置妥当。

海关防疫

前往柬埔寨入境时须填写海关申报单并交给海关官员，携带美元或其他外币入境无数额限制，但若等于或超过10000美元则必须报关，否则再带出境时需要缴税。

柬埔寨海关规定，不可以携带文物或木材原材料出境。如遇爆发全球性或地区性传染病时，柬卫生官员会在口岸设仪器检查，到柬旅客则需填写卫生防疫单。

居留入籍

签证停留期

持商务签证（E签证）入境后可通过当地旅行社向柬移民局申请半年或1年的长期居留签证。持旅游签证（T签证）入境后只能再延期1个月，且不能改变签证种类，期满必须出境。

申请入籍

柬埔寨新版《国籍法》于2018年6月21日由国王签发。根据该法，外国公民获得柬国籍的一般做法有：

（1）由出生而取得柬埔寨国籍

如父母一方为柬埔寨国籍，其子女可获柬国籍；在柬境内出生的新生儿可获柬国籍。

（2）通过婚姻而取得柬埔寨国籍

与柬籍配偶在领取结婚证后，共同生活3年，在柬埔寨居住1年以上，可申请加入柬国籍。与柬埔寨人通婚的外国人，其未成年子女（18岁以下）也可一同申请加入柬埔寨国籍。

（3）通过投资取得柬埔寨国籍

在柬已实际投资符合王国政府标准的外国人，可申请加入柬埔寨国籍。

（4）通过捐资取得柬埔寨国籍

为柬埔寨的社会经济发展提供资金援助，或是参与柬埔寨慈善活动，对柬埔寨有特殊贡献的外国人均可申请加入柬埔寨国籍。

（5）入柬埔寨籍审批手续

向柬王国政府提出申请，由政府报国王审批。批准加入柬埔寨籍后，须在柬埔寨参加宣誓。

工作居留

根据柬埔寨《劳工法》和《移民法》规定，所有在柬埔寨工作的外国人均要向柬劳工与职业培训部或各省劳工和职业培训局申办《外国人工作许可证》和《外国人就业证》。

劳务纠纷

柬埔寨涉中国公民劳资纠纷事件较多，有关当事人来柬务工大多未签订相应劳动合同，有的随意听信朋友、熟人或同乡的口头承诺，有的在国内轻易向他人缴纳数千元中介费到柬后被层层转包，极易产生纠纷并导致个人权益难以得到有效保障。

柬埔寨网络博彩公司常以高薪招聘"打字员""网络技术员""网络客服""网络推广"等名义招工。中国公民应保持警惕，不要轻信网络广告或熟人介绍，应聘前要全面深入了解招聘单位经营资质、业务性质以及负责人等具体信息。

社会治安

柬埔寨国家政局总体稳定，社会治安逐步好转，但偷窃、抢劫、诈骗和人口贩卖等案件时有发生（特别是骑摩托车抢劫事件频发）。外出办事、旅游，最好乘出租车，在路边行走要远离骑摩托车的人，等车或乘摩托车时，要注意保管好自己的钱、物、护照等，以免被偷或被抢。夜间如外出，应结伴而行。

柬埔寨赌博业属合法产业，但根据中国法律规定，中国公民参与、从事赌博行业及为赌博行为提供便利均为违反中国法律行为。近年来，国内一些不法分子在柬埔寨西哈努克港特区与当地犯罪分子相互勾结，从事电信诈骗、人口贩卖和赌博等违法活动，请来柬埔寨的中国公民提高警惕，谨防以旅游、经商和高薪就业为名，被骗入参与电信诈骗和赌博等违法犯罪活动。

天气贴士

柬埔寨每年5月至10月为柬雨季，天气变化大，参加涉水活动前应提前查询天气预报及官方预警。柬埔寨地处低纬度地区，属热带气候，5月至10月是夏季，因受西南季风的影响，气温徘徊在33℃左右，加上雨量充沛，相对湿度高达90%。11月至次年4月是柬埔寨的旱季，吹较干凉的东北季风，平均气温为25℃～32℃。由于长年光照强烈，建议涂抹大量防晒霜，戴好墨镜和遮阳帽，以免晒伤。

风俗禁忌

柬埔寨人喜爱红色、蓝色，认为红色象征吉祥和喜庆，蓝色象征光明和自由。他们不喜欢白色，认为白色象征着死亡，所以，人们忌讳穿白色的裤子和纱笼。

柬埔寨人忌讳用左手传递东西，认为

左手是极不洁净的。同样他们也认为，头是人的神圣部位，不容随意触摸，否则是对他们的极大不敬。

柬埔寨人认为孔雀是一种不祥之鸟，不愿见到孔雀及其图案。

女孩子不能用脚踢赶猫，否则人们会认为这个女孩会找不到婆家；几个人同住一间卧室，年轻者睡觉的地方不得高于年长者的床铺。脱下的鞋子，不能悬挂于他人的头上方。

在探望柬埔寨僧侣时，忌把鞋子带入门内，若违犯此规矩，就被认为犯了罪孽，柬埔寨人称为"拍蒲"。

柬埔寨的僧侣守"十戒"，即不杀生，不偷盗，不淫，不妄语，不饮酒，不非时食，不歌舞视听，不涂饰香鬘，不坐高广大床，不蓄金、银、财宝。

柬埔寨人社交礼仪和禁忌总的可以用这样几句话来概括：

"过午不食""忌杀生"，厌弃"白色和孔雀"；

僧侣不准鞋入屋，不然就如犯罪孽；

星期六为不吉利，忌用左手莫超越；

国民诚挚讲友善，礼貌热情特亲切。

通信电源

柬埔寨电压为220伏，多为两孔插头或三孔插头，规格不一。

国内拨打柬埔寨当地座机电话，拨：00855+去掉"0"后的区号+电话号码。

柬埔寨当地手机都以0开头，从国外拨打柬埔寨手机时，拨00855+去掉首位"0"后的手机号码。

紧急求助

在柬外国人求助热线：031-2012345/031-60112345。

匪警：117、118。

医疗急救：119。

金边市警察局救援：012-923923。

金边市警察局值班室：012-999999。

暹粒旅游警察热线：012-402424。

驻柬使馆领事保护与协助电话：023-210206。

思考与讨论

1. 柬埔寨具有哪些文化特色？
2. 如何理解柬埔寨的吴哥文明？
3. 如何理解中柬关系堪称国与国之间友好相处、互利合作的典范？
4. 柬埔寨旅游风情具有哪些特色？
5. 柬埔寨经济发展具有哪些潜在的优势？

第 7 章　万象之邦——老挝

初识老挝

老挝，现国名全称为老挝人民民主共和国，于 1975 年 12 月 2 日开始使用。老挝是以民族名称命名的国家，因其大多数居民是佬族人。又因为老挝的动物中以大象为多，故老挝有"万象之邦"的美称。老挝古代称澜沧，"澜"在老挝语中指百万，"沧"指大象。澜沧王国意为拥有百万头大象的国家。

老挝是一个历史悠久、文化古老、民风淳朴的多民族国家。老挝是东盟国家中唯一的一个内陆国家，这里不仅有千年古迹，浓郁的佛教文化，也有古朴自然的民俗风情，以及热带雨林。

老挝地理位置

老挝是中南半岛北部唯一的内陆国家，北邻中国，南接柬埔寨，东接越南，西北达缅甸，西南毗连泰国。湄公河在老挝境内干流长度为 777.4 千米，流经首都万象，作为老挝与缅甸界河段长 234 千米，老挝与泰国界河段长 976.3 千米。老挝全国面积约 23.68 万平方千米。境内 80% 为山地和高原，且多被森林覆盖。地势北高南低，北部与中国云南省的滇西高原接壤，东部老、越边境为长山山脉构成的高原，西部是湄公河谷地和湄公河及其支流沿岸的盆地和小块平原。

老挝属热带、亚热带季风气候，分为雨季和旱季。依山傍水是老挝的地理特点。面积的五分之一为平原，五分之四为山地、高原，其北部平均海拔 1500 多米，最高的山比亚主峰位于川圹省，海拔高达 2820 米。其他山峰多超过 2000 米。

老挝境内最主要的河流是湄公河。它发源于中国西藏高原，从中国流入老挝。

首都万象市属于东 7 时区，比北京时间晚 1 个小时。

国家标志

老挝国旗以红色、蓝色及白色为主色，国旗旗面中间平行长方形为蓝色，占旗地一半，上下为红色长方形，各占旗地的四分之一。蓝色展开一片富饶美丽的国土，表示人民热爱和平安宁的生活。红色象征革命，表明人民不惜以鲜血为代价捍卫国家尊严。蓝色部分中间为白色圆轮，轮的直径为蓝色部分宽度的五分之四。长宽比为 3:2。

白色圆轮象征老挝人民在党的领导下团结一致以及国家光明的未来。白色圆轮也代表满月，置于蓝条之上，象征皎洁明月高悬于湄公河的上空。此旗原为老挝爱国战线旗帜。

老挝国徽呈圆形，由两束稻穗环饰的圆面上具有象征意义的图案：塔銮是著名古迹，它是老挝的象征；齿轮、拦河坝、森林、田野等分别象征工业、水力、林业；稻穗象征农业。两侧的饰带上写着"和平、独立、民主、统一、繁荣昌盛",底部的饰带上写着"老挝人民民主共和国"。

国花

老挝的国花为鸡蛋花,又称缅栀子、蛋黄花。

行政区划与人口民族

老挝全国自北往南分为上寮、中寮、下寮三部分。全国共有17个省,1个直辖市(首都万象),首都万象是全国的政治、经济、文化和科研中心,其他主要经济中心城市包括老挝北部的古都琅勃拉邦市、中部的沙湾拿吉市以及南部占巴塞省的巴色市。

老挝是中南半岛国家中人口最少的国家,截至2023年1月,老挝人口约758万,共分为50个民族,分属老—泰语族系、孟—高棉语族系、苗—瑶语族系、汉—藏语族系,统称为老挝民族。其中,佬族占总人口的50.3%,其他各民族占49.7%。居民多信奉佛教。老挝是东南亚地区华人人口较少的国家,有华侨华人7万多人,主要集中在中、南部地区的万象、巴色等城市。

官方语言为老挝语,英语正逐步普及,部分人会法语。资格较老的政府官员大多会说俄语或越南语,近年来随着中老两国经贸合作不断加强,老挝国内出现了学习汉语的热潮。

政治制度

1975年12月,老挝宣布废除君主制,成立老挝人民民主共和国。老挝实行社会主义制度,老挝人民革命党是老挝唯一政党。1991年,老挝党"五大"确定"有原则的全面革新路线",提出坚持党的领导和社会主义方向等六项基本原则,老挝对外关系奉行和平、独立和与各国友好的外交方针,主张在和平共处五项原则基础上同世界各国发展友好关系,重视发展同周边邻国关系,改善和发展同西方国家关系,为国内建设营造良好外部环境。

2021年1月13—15日,老挝人民革命党召开第十一次全国代表大会。大会总结了落实十大决议精神的"八项成就",提出了坚持革新开放的"四条经验";提出了新时期完善人民民主制度的基本理念,确定未来几年需要把握好的"五大紧急任务";明确新时期九五规划"六大奋斗目标",到2025年人均年收入达到2887美元。提出将要重点解决的"七大问题"。

经济概况

老挝是东南亚国家联盟成员,也是世界低度开发国家之一。

老挝历史上苦难深重,加上地理位置比较封闭,属世界上最不发达的国家之一。1986年起推行革新开放,调整经济结构,即农林业、工业和服务业相结合,优先发展农林业;取消高度集中的经济管理体制,转入经营核算制,实行多种所有制形式并存的经济政策,逐步完善市场经济机制,努力把自然和半自然经济转为商品经济;对外实行开放,颁布外资法,改善投资环境;扩大对外经济关系,争取引进更多的资金、先进技术和管理方式。

老挝虽然基础设施落后,经济发展水平较低,但仍具有一定的投资吸引力,主要体现在老挝自然资源丰富:

(1)矿产资源多未开发。属中国三江成矿带延伸部分,主要矿藏有金、银、铜铁、钾盐、铝土、铅及锌等。

（2）水电资源丰富。老挝是东南亚地区水能蕴藏量最丰富国家之一。湄公河水能蕴藏量60%以上在老挝境内，全国流程200千米以上的河流20余条。

（3）农业资源条件良好。老挝土地资源丰富，人口密度为每平方千米28人，农业开发条件较好。

为加快融入国际社会，老挝重视与世界各国发展贸易。老挝同50多个国家和地区有贸易关系，与约20个国家签署了贸易协定，中国、日本、韩国、俄罗斯、澳大利亚、新西兰、欧盟、瑞士、加拿大等30多个国家或地区向老挝提供优惠关税待遇。主要外贸对象为泰国、越南、中国、日本、欧盟、美国、加拿大和其他东盟国家。

老挝政府制定了2021年至2025年的第九个五年经济发展规划，国民社会经济发展将关注六大目标，包括维持经济高质量、稳定和可持续增长，培训适应发展需要的人才，提高人民生活水平，满足环保要求、减少自然灾害，加强基础设施建设并高效利用、发挥优势增进区域和国际合作，提高行政管理、国家治理效率。老挝在2022年实现了经济复苏，国内生产总值（GDP）增长4.4%，增加值达到1654750亿基普，人均国内生产总值达到2726美元，略高于柬埔寨，GDP总量达204.44亿美元，位居世界排名第109位。

2020年12月，中老合作建设的万象—万荣高速公路正式建成通车，全长111千米，标志着老挝结束没有高速公路的历史。2021年12月3日，中老铁路全线通车。中老铁路的建成有助于实现两国在贸易、投资、物流运输等领域更高程度的便利化，不仅将造福当地百姓，促进减贫脱贫，还将实现老挝与中国西南地区经济的深度融合，形成现代农业、旅游、能源、物流、加工制造协同发展的格局。与此同时，有力提升老挝与其他域内国家的交通联通水平，助力老挝实现"变陆锁国为陆联国"的战略目标。

文化与旅游

老挝是一个民族众多、宗教类型多样的国家，其国民信仰的宗教以南传上座部佛教为主，婆罗门教、天主教、基督教等宗教在老挝也有一定的影响。

老挝在文化及艺术方面自古受中国和泰国的影响，文学大多取材于佛经或印度神话。而老挝的许多艺术都来自寺院，一些壁画、壁雕也都是关于佛教的故事。

老挝自然景观类型多样，人文景观多姿多彩，民俗风情五彩斑斓，旅游资源开发潜力非常大。琅勃拉邦市、巴色市瓦普寺已被列入世界文化遗产名录，著名景点还有万象塔銮、玉佛寺，占巴塞的孔帕萍瀑布，琅勃拉邦的光西瀑布等。2013年5月，老挝被欧盟理事会评为"全球最佳旅游目的地"。

近年来，老挝与超过500家国外旅游公司签署合作协议，开放15个国际旅游口岸，同时，采取加大旅游基础设施投入、减少签证费、简化边境旅游手续等措施发展旅游业。旅游业被视为该国经济复苏政策中的拳头经济产业。自2021年12月3日中老铁路开通以来，截至2023年4月18日，累计发送旅客1443万人次。2023年4月13日起，中老铁路开行国际旅客列车，昆明至万象间可实现乘火车当日通达，两国民众往来更加便利，跨境旅客实现稳步增长。

▲ 老挝手工艺品伞

▲ 琅勃拉邦普西山

·····老挝的人文风情·····

老挝的人文风情

在长期的社会发展过程中，老挝各民族形成了各自独特的宗教文化习俗和社会生活方式。佬族占全国人口的70%，佬族的风俗习惯在很大程度上代表了老挝的人文习俗。

宗教文化习俗

老挝全国有寺庙2000多座，过去佛寺不仅是宗教活动中心，也是传播文化教育的主要场所。特别是在农村和边远地区，广大农民主要通过寺庙接受知识。老挝的寺庙大多集中在万象和琅勃拉邦。琅勃拉邦过去是老挝国王和僧王所在地，即老挝的王都和佛教中心，那里的寺庙古老、精致，

其中最著名的是香通寺，已有500年历史。

大多老挝人信奉南传上座部佛教。每天拂晓，僧人穿着橘黄色的袈裟，排队离开寺院到街上或到村庄化斋。信佛的人都跪下，并把米饭、饼、水果、鸡肉等食物送给这些僧人。他们相信这种施舍对自己未来前途至关重要。化斋后，僧人回到寺院进餐。从中午到夜晚，他们不能再吃东西。

在老挝，每个村庄和城市里的每个街区都建有寺院。就是很贫穷的农村，也要建一个木房作为拜佛的场所。佛教是6世纪传入老挝的，在14世纪澜沧王国法昂国王统治时期得到迅速发展。17世纪已生根于湄公河流域的民间。国王在万象建造了许多塔和寺，以教佛经。如那个时期建造的塔銮寺和云佛寺。目前，老挝大约有2万名僧侣。

在老挝，除佛教外，还有人信奉基督教、伊斯兰教等。老挝的基督教徒不太多，主要集中在万象佬族和北方的苗族中。他们是在20世纪中期，由法国传教士发展起来的。

▲ 老挝僧侣布施活动

社交礼仪

老挝人温和、善良，注意礼貌。认识的人，见面和分别时要打招呼，双手放在

胸前，行合十礼，也有行握手礼的，男士一般不主动同女士握手。绝大多数妇女习惯采用合十礼。老挝妇女在社交场所大都表现得极其恭顺。一般情况下，她们不会在来宾面前横穿穿行。向客人递送物品时，她们通常采用蹲姿。

为表示亲密，熟悉或不熟悉的人都可称长辈为大爷、大娘，称年纪比自己大的为大哥、大姐，称年纪比自己小的为弟弟、妹妹，在国家机关或军队中一般称同志。

一般情况下，老挝人相互之间以亲戚相称，或在对方姓名之前加上某些表示亲切或尊重的称呼。例如，意为"先生"的"探"，意为"大爷"的"竜"，意为"大妈"的"把"，意为"大叔"的"吞"，意为"大婶"的"那"，意为"大哥"的"艾"等。

到老挝人家做客，应备礼品，礼品要包装美观，常用礼品有花篮、工艺品、烟酒等。在参加婚宴或喜庆日子时，习惯送现金。客人进门应走前门，进屋要脱鞋，一般都席地而坐，注意不能用脚替代手指向人或物，男的盘膝，女的并膝把脚侧放一边。不要摸他人（包括小孩）的头，客人禁止进入主人内房参观。

到老挝人家做客，喝团结酒较流行。主人拿来一瓶酒和一只酒杯，主人先喝，后依次请客人喝。坛酒也是老挝人待客的一种传统礼仪，酒坛上插上许多竹管，宾主围坛而坐，边谈边喝。

老挝民间有一种传统的祝福礼仪——拴线。拴线仪式是佬族的一种礼仪风俗，是一种祝福仪式。老挝人拴线的范围甚广，迎宾送客、婚嫁喜庆、逢年过节、出门远行等皆在其列。拴线的主要作用，是系住灵魂，祛祸除邪，聚福集祉。拴线之后，最好任其自行脱落，至少把它戴上三天，

才认为有成效。当老挝人给予自己拴线的礼遇后，勿忘当场向其行合十礼致意。

禁忌

老挝人大多居住在濒临河溪的地方，对村旁河水的使用有着严格的区分：上段是取饮用水的地方，不能洗澡或洗衣物；中段是男人洗澡的地方，下段才是妇女洗澡的地方。取水时，只要水源处有公共用具如竹筒之类，就不能使用自己的器具直接舀水。室内的用水也有区分，一般来说，小竹筒或葫芦里的水多作饮用水，不能用来洗东西。

进入佬族的房屋要脱鞋，外人不得进入内室。在室内，不能随便吐痰和在火塘边烘烤鞋袜，不能在供神处坐卧或放置物品。进屋后一般席地而坐，坐时不能将脚对着他人，男子多为盘膝，女性则并膝后将双脚放在侧边。谈话时，不能从人们中间穿过，女性尤其如此。如果必须这样做，要低头说声"对不起"。对老人要尊敬并注意礼节。

此外，老挝还有其他许多生活中的禁忌，例如，头顶是最尊贵之处，不能摸他人尤其是小孩的头顶，这一点和中国有些民族的习惯差别很大。进入佛殿要脱鞋，不要随便触摸佛像，更不要在佛寺或其附近杀生，砍伐菩提树、椿树之类。不得把佛寺中的东西带出寺外，更不得把僧侣禁吃的东西如狗肉、马肉、蛇肉及酒等带入佛寺。外人不能同僧侣一起进餐，佛寺中的池塘、水缸或锅中的水，外人可以饮用，但不能喝僧侣水壶里的水，除非是他给你喝才行。靠近村寨的茅草、竹子等是建筑必需的材料，大多已有主人，不能随便砍伐。

服饰与饮食文化

在农村和偏远山区，老挝各民族多穿自己缝制的衣服，在城市和经济较发达地区的着装已较商品化和国际化。佬族的民族服装与中国云南西双版纳的傣族服装相似，男着无领对襟上衣，下穿沙笼式裤子，或穿长筒宽腿裤，女穿无领斜襟上衣，下穿筒裙。每当过年过节或有重大活动时，女的要穿起民族服装，盘起发髻，男的则多穿西装，穿民族服装已较少。

老挝人喜食糯米，老挝菜特点是酸、辣、生，具有民族特色的菜肴有鱼酱、烤鱼、烤鸡、炒肉末加香菜、凉拌木瓜丝、酸辣汤等，蔬菜多生食。

传统思想

传统教育在人们日常生活中起着重要作用，学生必须学习老挝传统舞蹈。每个青年在进入社会之前都要到寺院里过几周僧侣生活。传统教育在家庭中也起着重要作用，如对青年人灌输敬老思想等。

在老挝，不流行给小费，但在一些涉外宾馆，也可给服务员一点小费，10%～15%。到商店购物，商品大都有固定价格，不要讨价还价。如果在个体摊位上，可以还价，当你所还的价格被对方接受后，就必须买下。

传统节日

老挝是佛教国家，民间节日较多，月月有节，老挝官方规定的节假日有：1月1日新年，4月中旬老挝新年泼水节，5月1日国际劳动节，12月2日国庆节。在老挝较隆重的节日主要有：

泼水节，也称宋干节，是老挝传统的新年，在每年4月13—15日，但人们通常都庆祝一个星期。节日期间，老挝人在寺院拜佛、浴佛、泼水、拴线、布施、堆沙、放生等，同时在家里、大街上相互泼水、祝福，让纯洁的水洗刷掉过去的疾病、灾祸，祈求来年雨水充沛、五谷丰登，迎接美好的新的一年。

送水节，每年10月中旬左右，节后僧侣可外出，老百姓可以开始婚配，主要庆祝活动有点灯笼、放船灯、赛龙舟等。

塔銮节，因塔銮而得名，塔銮意为"大塔"或"皇塔"，位于万象市东边塔銮广场上。在每年11月，时间为半个月左右。节日期间，全国各地的僧侣和佛教徒络绎不绝地前往塔銮朝拜，民众也携带各种食物、香烛、鲜花等向塔銮朝拜及向僧侣布施。

老挝的历史发展轨迹

老挝的历史发展轨迹

老挝是一个传承千年的礼佛国度，按照史料所记载的老挝历史发展演变的脉络，老挝经历了从奴隶制国家出现至封建王朝衰落的过程。学术界对14世纪前的老挝历史有较多争议，通常认为在现今老挝疆域相继出现过堂明国、南掌国（澜沧国）等国家。1353年，法昂王建立澜沧王国（1353—1707年），定都琅勃拉邦，老挝出现历史上第一个统一的多民族国家。澜沧王国是老挝历史的鼎盛时期。1560年，澜沧王国国王塞塔提腊迁都至万象。1893年老挝沦为法国保护国，1940年9月被日本占领，1945年10月12日宣布独立。

从奴隶制国家到封建王朝的衰落

在老挝这片土地上，自古以来就有许

多不同的民族和部落居住，他们共同创造了老挝丰富多彩的历史文化。公元前2000年在中南半岛东部（今越南、柬埔寨和老挝）出现了马来人祖先，他们是羌人近亲，已经开始使用青铜器。公元前5世纪到公元1世纪，越来越多黄种人迁入中南半岛，包括藏缅语系和侗泰语系的部落，这里面就包括了如今老族人祖先哀牢人（老族）。有关古代老挝的文献记载，中国在公元1世纪时，称它"兰仓"，意为百万象或多象，是属于由中国南部傣族所移居进去的哀牢人，亦即老族。从公元3世纪到9世纪，在中国的史书记载中，老挝出现过如"狼脱""昆仑国""陆真腊""南昌国"等不同的国名。1353年，法昂王在琅勃拉邦建立了第一个佬族国家——澜沧王国。14世纪，老挝发展到鼎盛时期。

1707—1713年，澜沧王国先后分裂为北部琅勃拉邦、中部万象和南部占巴塞三个王国。1778—1893年三国沦为暹罗（今泰国）属国。虽然各王国保留原有的统治制度，但王位继承与高级官员任命由暹罗一手决定，暹罗还派了行政专员控制老挝。1825年，万象国王起兵反抗暹罗统治，后被镇压下去，万象王国也随着灭亡。

法国殖民统治时期

19世纪下半叶，法国在完成对柬埔寨与越南的占领之后，就不断向暹罗施加压力，企图把老挝夺过来，但未得逞。从1893年4月，法国军队侵入老挝，后又入侵暹罗。暹罗王被迫接受法国的最后通牒，同年10月签订《法暹条约》，将湄公河东岸的老挝领土割让给法国。从此，老挝为法国的保护国，一直到1954年，这段历史称"法属时期"。

法国把老挝并入法属印支联邦后，采取"分而治之""以老制老"的政策。从表面上看，传统的老挝三个王国仍然存在，但实际上，一切大权都掌握在法国最高驻扎官手里。法国的残暴统治，激起老挝人民的强烈反抗，反法斗争持续不断。1940年9月，日本军队侵入老挝，根据日法达成的协定，日本保留了法国在老挝的行政机构，日本委派高级顾问代替法国最高驻扎官，从此，老挝处在日、法两个帝国主义的共同统治下。

1945年3月9日，日军发动政变，逮捕了驻老挝的法国官员，解除了法军武装。8月，日本宣布无条件投降，结束了它对老挝的统治。

1945年10月，万象举行宣布独立的盛典，会上宣布了临时宪法以及组成以坎冒为首相的新政府（伊沙拉政府），苏发努冯亲王为外交大臣兼革命军总司令；从11月起法军向新政府军逼近。1946年4月，法国占领万象；5月，占领琅勃拉邦，新政府只存在半年时间就垮台了；10月，独立运动失败，但它在老挝民族解放运动史上写下了新篇章。

1946年年初，法军以武力重占老挝，恢复旧王朝。1949年7月19日，在巴黎签订的《法老协定》规定老挝为法兰西联邦内的独立国。与此同时，老挝各阶层人民展开了抗法斗争。1950年，各地爱国力量举行全国代表大会，建立新的"伊沙拉"组织（即老挝民族统一战线，简称巴特寮），成立以苏发努冯亲王为总理的民族解放政府。到1953年，巴特寮已解放桑怒、川圹及琅勃拉邦部分地区。1954年1月12日，法国被迫承认老挝为独立国家。

老挝人民民主共和国建立

1954年,在日内瓦召开了解决印支问题的十四国会议,老挝独立得到了国际承认,法国撤出印度支那。但美国乘机插足老挝,扶植亲美势力,随后老挝进行了长达20年的抗美救国战争。1975年12月1日至2日,老挝爱国阵线中央在万象召开了全国人民代表大会,会议宣布废除君主制,成立老挝人民民主共和国,组成以苏发努冯为主席的最高人民议会和以凯山·丰威汉为总理的政府。实行社会主义制度,老挝历史上600余年君主制终结。自此,老挝抗美救国战争结束,从此进入新的历史发展阶段。

1979年2月20日,老挝全国民族统一战线大会通过决议,把老挝爱国阵线更名为老挝建国阵线。

自1986年起,老挝开始推行革新路线,从而实现了社会稳定和经济发展。经过几十年的发展,老挝已逐步融入国际社会,走向国家革新开放的新时期。

中老关系

中老两国是山水相连的友好邻邦,两国人民自古以来和睦相处。1961年4月25日,中国和老挝正式建立外交关系。六十多年同舟共济,相亲相知。自1962年至1978年,应老挝人民党和老挝王国政府的请求,中国军民积极支援老挝民族独立和解放事业,中方派出了13万余人的工程兵、防空部队支援老挝抗美事业,用鲜血和生命书写了中老友谊历史光辉的一页。

纪录片《光阴的故事》(*The Story of Time*)再现了半个世纪前老挝青少年在中国学习的历史情景,再现了中国与老挝这两个一衣带水的国家建交以来的风雨历程,展现了中老传统友谊经历代代相传,开创崭新局面的故事。

20世纪70年代末至80年代中,双方关系曾出现曲折。1989年,中老关系正常化,双边关系得到全面恢复和发展,在政治、经济、军事、文化、卫生等领域的友好交流与合作不断深化,双方在国际和地区事务中保持密切协调与合作。两国共同边界508千米,两国政府通过友好协商,在较短时间内圆满解决边界问题。1991年10月,两国在北京签署了《中老边界条约》,中老边界成为一条和平、友好与稳定的边界。

进入21世纪以来,两国关系在"长期稳定、睦邻友好、彼此信赖、全面合作"的方针指导下一直保持着健康稳定的发展。2009年9月,两国关系提升为全面战略合作伙伴关系。2017年11月13日至14日,中共中央总书记、国家主席习近平应邀对老挝进行国事访问。

近年来,老挝积极参与"一带一路"建设。"一带一路"建设在老挝取得了"惊天动地"的成果。"惊天"——老挝有史以来的第一颗卫星"老挝一号"通信卫星项目于2012年年底正式启动,由中国航天科技集团公司下属的中国亚太移动通信卫星有限责任公司总承包。"动地"——北起中老边境磨憨—磨丁口岸、南至万象的中老铁路,全长400多千米,设计时速160千米,总投资近400亿元人民币,全线采用中国技术标准,使用中国设备。中老铁路于2021年12月3日开通运营,深刻改变了老挝交通运输格局,为构建中国与南亚、东南亚黄金大通道、中老命运共同体发挥了积极作用。2023年4月13日，中老铁路开通了双向国际旅客列车，从昆明到万象实现了朝发夕至，进一步便利了两国民众的往来，也极大地推动了旅游和经贸合作。中老铁路的开通，助力老挝实现"陆锁国变陆联国"的战略目标。

中国"一带一路"建设的推进契合了老挝变"陆锁国"为"陆联国"的战略。近年来，两国间公路更宽阔，运输更可靠；澜沧江－湄公河水运更安全、更频繁；两国间的空中航线一年比一年多，现在每周约70个航班往返；中资公司越来越多地参与到老挝公路、机场和码头等设施的建设中，中国已成为老挝最大的外资投资国家。

走遍万象之邦

深处东南亚大陆的老挝宛如一个失落的天堂，茂密的原始森林、古色古香的庙宇，还有友善的人民，一切都是那么质朴而又动情。老挝有"万象之邦"的美称，自然风光与独特的风情，迷醉了来自世界各地的旅游者。

月牙城——万象

万象，老挝首都和历史名城，位于位于湄公河中游北岸，湄公河从西向南，再向东流过，隔河与泰国相望。城市沿湄公河而建，呈月牙形，故有"月牙城"之称。该城始建于公元574年，曾名赛丰，后又名万坎，意为"金城"。也有人将"万象"解释为"檀香木之城"，因万象地区曾生长着众多珍贵的檀香木，可惜这些珍贵的木材已因上世纪常年无尽的战火难觅踪迹。城四周有护城河和城墙，现护城河大部尚存，城墙原址已建成坤布隆路，并成为城市主要干线之一。市内多寺庙、古塔，塔銮位于市郊东北5千米处，由群塔组成，在建筑艺术及风格上享有盛誉。这座城市集合了老挝佛教建筑的精华。尤其是塔銮寺，堪称一颗璀璨的明珠。在这里存放着老挝历代国王和高僧的骨灰，1566年竣工。西门外有赛塔提腊国王的铜塑坐像。每年的11月间都要举行塔銮节盛会，这是老挝民间规模最大的庙会，也是最隆重的宗教节日。

在万象城的中心，有一座仿巴黎凯旋门而建的凯旋门。凯旋门的建造是为了庆祝老挝解放成功，纪念老挝人民顽强抵抗外国殖民者的入侵。凯旋门高45米，宽24米，远观和法国巴黎的凯旋门十分相像。凯旋门是典型的老挝风格，拱门基座上的雕刻很精美，表现出传统的老挝文化。而凯旋门檐壁上的装饰反映了老挝民俗中的精华，站在它的顶部能够一览整个城市的风貌。入夜后广场的音乐喷泉响起，行人驻足歌舞，充满了安逸与满足。

一个法国摄影师在老挝拍摄了一年后，留下了这么一句话："老挝仿佛生活在过去和将来之间，生活在时间的缝隙里，那么多年过去了，都不会改变什么。"

▲万象凯旋门

塔銮寺

塔銮寺位于老挝首都万象市区东北约

3千米处的塔銮广场，是老挝佛教徒和民众顶礼膜拜的中心。塔銮寺已成为老挝人民生活中不可缺少的一部分，无论从它的地理位置、社会地位和建筑艺术均是老挝人民值得骄傲的名胜古迹。

建于1556年的塔銮寺是老挝寺塔中最为宏伟的一座，佛塔全身用真金覆盖，即使是阴天也可以远远地看见这座金塔。整座佛塔共三层，高45米，宽54米；主塔的底部也是方形，每个朝向都有一座膜拜亭，第二层有30座配塔，第三层则是覆满金箔的塔体。佛塔85米长，而且供奉着各种佛像。

▲ 老挝万象标志性宗教建筑

塔銮寺在历史上几经沉浮，寺内宝物也曾被洗劫一空。20世纪30年代，塔銮寺重建后，成为老挝人民心中最重要的佛塔。寺庙每年公历11月初举行塔銮节，节日期间，来自全国各地的僧侣和信徒络绎不绝，还会在广场上举行文艺、体育表演。

古都圣城琅勃拉邦

圣城琅勃拉邦寺庙众多，民风淳朴，湄公河一带的风光极其优美。主要景点有皇宫博物馆和香通寺。市内还有其他为数众多且无须门票的寺庙可供参观及朝拜。琅勃拉邦海拔290米。城市面积9平方千米，人口近8万。琅勃拉邦是一个精致的、古色古香的小山城，位于湄公河畔群山环抱的谷地，是老挝现存的最古老的一个城镇，距今已有1000多年的历史。琅勃拉邦寺庙、佛塔众多，其中较大的佛寺50多座，很多已列为东南亚名寺。1995年12月，琅勃拉邦被联合国教科文组织列入世界历史遗产名录。琅勃拉邦民风淳朴，自然生态保护完好，没有过分商业化的人际关系，被公认为东南亚传统与殖民风格保存最为完好的城市，成为游客追求的"世外桃源"。

在老挝的琅勃拉邦，500多年来，一直沿袭着一个传统习俗，就是每天早晨六七点，当地的一些妇女会拿着清早做好的米饭等食物来到大街边，虔诚地跪在街边，等待着当地的僧人们前来化缘。这也成为前来琅勃拉邦浏览的游客们最感兴趣的一道风景。

香通寺，是琅勃拉邦最负盛名的寺庙，后殿外墙上大名鼎鼎的"生命之树"吸引了众多游客。在殿内，装饰华美的木柱支撑着覆有法轮的房顶。在建筑群的东门附近还有一幢王室的葬仪礼堂。里面陈列着一辆豪华的12米高的出殡仪仗马车和王室成员的骨灰坛。礼堂外立面的嵌板上雕刻着史诗《罗摩衍那》中的场面。

▲ 琅勃拉邦香通寺

第 7 章
万象之邦——老挝

琅勃拉邦皇宫博物馆

皇宫博物馆，这座由王宫改建而成的博物馆，在高大的入口大厅里展示着各种各样的王室宗教器具，还有从印度、柬埔寨和老挝收集到的稀有佛像。王宫右前角的房间对外开放，里面陈列了博物馆最有价值的艺术品，其中包括 PhaBang，这是一座站立的金佛，城镇的名字就是因他而命名的。国王接待厅墙壁上的壁画是由法国画家 Alixde Fautereau 于 1930 年绘制的，描绘了老挝传统的生活景象。

▲琅勃拉邦街头

▲琅勃拉邦皇宫博物馆

小桂林——万荣

万荣，是老挝一个著名的休闲旅游胜地，位于万象和琅勃拉邦两个城市之间，坐落在南松河边，属喀斯特石灰岩地貌。这里山清水秀，民风淳朴。万荣的山都很俊秀，山体形态都很丰富，因此得了"小桂林"的美誉。在某种程度上确实也可以这么说，类似的喀斯特峰林地貌、清溪、稻田、溶洞，连旅游的项目也不无相似之处，诸如在乡间骑自行车或徒步、溶洞探险、划船、漂流和热气球。对中国人来说，这两者的主要差异是文化上的：桂林山水在中国文化中有某种超出休闲度假的特殊意涵和文化想象，而提到万荣，游客来到这里，感觉跟我们国家的桂林很像，都是喀斯特地貌，也都是青山绿水，不同的是，我们的桂林有漓江，老挝的万荣则有南松河。

游客在这里看风景享受慢时光，享受着纯粹的大自然，清风与白浪，阳光与山峦，使人的心灵得到完全释放。万荣，这里的山水多有岩洞，是业余探险者的天堂。在这里，既可以休闲、探奇，也可以深入当地人家体验不同的生活方式。

▲万荣坦普坎溶洞

占巴塞省西潘敦——"四千美岛"

从北至南流经老挝的湄公河，在接近老柬边境的地方，有约 50 千米长的比较宽的河道。雨季到来时，最宽的地方达 14 千米，是湄公河在老挝境内最宽的一段"腰"。旱季河水退落，这段"宽腰"会出现数以百计的小岛。如果把小渚、沙洲都算上，数量过千，当地人略加夸张就把这个区域称为"四千美岛"。在"四千美岛"的河汊中乘"游艇"穿梭，可以在河风吹拂中观

- 127 -

赏湄公河畔棕榈婆娑、房屋疏落的景色。

　　这里最大的一个岛——东孔岛上有两个大的村庄，即东岸的孟孔与西岸的孟塞，中间有一条8千米的土路相连。旅馆大多集中在孟孔村。占巴塞省省会巴色每天有两班客运卡车到孟孔村。

老挝的"小吴哥"——占巴塞瓦普

▲ 老挝占巴塞瓦普

　　位于占巴塞县城东南8千米处，是老挝小有名气的印度教神庙遗址，与柬埔寨的吴哥窟并称为印度支那的两大古迹，是一个很有感觉与氛围的圣地。遗址在占巴塞省省会巴色以南约50千米的普高山脚，规模较大，长约800米，分三个区域。最前的一个区域是水塘旁的老挝王朝的行宫遗址。每年一度的瓦普寺庙会（通常在2月份），来自老挝、泰国的朝拜者蜂拥而至。过了行宫遗址，有300多米的大路通向中间的第二区域。这里有两座印度教祭祀用的方形庙廊遗址。建于公元6世纪的庙廊用大石块砌建，虽已倾圮，但门柱、门楣及墙角上的雕饰仍然清晰可辨，看起来很像柬埔寨吴哥窟的神庙建筑。过了祭祀庙廊，有300多米的石砌大道和石阶通向山腰上的最后一个区域——神庙的主庙。古老的石阶两旁，开满鲜艳花朵的苍劲大树

倾斜向天空伸展着，线条简洁但极为有形的枝干，蜿蜒粗大的根系与同样老朽的巨石融为一体，人仿佛是在时间与空间的隧道中来回穿梭。

旅游攻略

老挝旅游攻略

签证指南

　　作为东南亚唯一的内陆国家，老挝自古以来就深受越南和高棉文化的影响，其文化和语言方面与泰国有着最紧密的联系。许多游客都喜欢浓郁的佛教文化，老挝并没有让旅行者感到丝毫的拘束。相反，悠闲而轻松地在这个国家的南北纵贯线上穿越旅行，是为众多背包客们所津津乐道的旅行体验。

老挝签证类型

　　老挝签证共分为过境签证、旅游签证、劳务签证、探亲访友签证、商务签证。老挝旅游签证发给到老挝以旅游为目的的游客，签证种类为T-B3，持有旅游签证不能在老挝从事工作，进行商务活动，或是从事其他与旅游无关的事情。每种签证都有对应的功能，要出行，首先要选对种类。

　　中国公民持有效期6个月以上的因私护照从本国前往老挝旅行或从第三国入境老挝，可就近到老挝驻中国大使馆、老挝驻昆明总领事馆及其景洪领事办公室、老挝驻上海、广州、南宁、长沙和香港总领事馆提前申请签证，也可在抵达老挝国家口岸时申请落地签证。

　　2019年7月9日，老挝正式启动电子签证服务，可在 https://laoevisa.gov.la/index 上申请电子签证（电子签证目前仅适用于万象瓦岱国际机场和万象老泰友谊大

桥两个国际口岸)。

出入境

老挝入出境流程：入境时在口岸接受警察、检疫、海关人员对护照、人员和物品的检查验放；出境时在口岸接受海关人员和警察对人员、物品和护照的查验放行。要求入出境前填写入出境卡。

海关防疫

老挝《刑法》第 46 条规定：制造、交易、销售、拥有毒品，或入出境运输、携带毒品过境老挝者，最高将被判处死刑。携带超过 2000 万基普现金（约 2500 美元）或等值外汇及价值 1 亿基普以上的贵重物品入境老挝者，须经老挝银行批准并如实申报。携带药品、印刷品、磁带、光碟、化学品、宠物、野生动物及植物等入境，须事先得到有关部门许可。

居留入籍

对已到老挝的外国人，凡具备符合老挝各项法规的规定，拥有不低于 10 亿基普（约 12.5 万美元）的资金，有固定的批发、零售、加工店铺，或有种植、养殖场地等生产经营者，须向县级政府申请证明书，然后向工贸部门申请商业注册，向税务部门申请税务登记，向外交部申请签证，向劳动社会福利部门申请工作许可证，最后向公安部门申请居留许可证。同时，缴纳与老挝公民一样的税费。

外国劳务人员在老挝工作期限为 2 年，可延期 2 年，最长不得超过 4 年。4 年期满，停止办理工作。获准引进劳务的单位，未经劳动管理机关许可无权转移外国劳务人员供其他单位使用。劳务人员合同期满，用工单位须负责在 15 日内送劳务人员回国。

旅游禁忌

僧侣在老挝非常受尊敬，与僧侣合照时请先征得同意并注意保持距离。女士千万不能靠近或者触碰到僧侣，也不能隔物接触，即女性要递东西给僧侣时，须将东西放在桌上，再让僧侣拿。

进入寺庙时请注意着装整齐，上身不露肩膀和肚脐，下身不露膝盖以上部位。进入主殿要脱鞋。

当地人认为头部很神圣，不要触碰他人的头部，不要用脚指人指物，坐着时也不要讲脚搭在高处，这些被视为是非常无礼的行为。

在当地市场会出售各种油炸昆虫，以及各种野生动物，请不要购买。

在旅游地不要随便给小孩礼物，不要助长当地的乞讨风。如果想要贡献爱心，可以将小礼物交给其大人，再由大人分发给小孩。

基普面额非常大，货币上"0"很多，刚开始很容易混淆，建议不同面值用不同信封分开，方便付账。

虽然老挝可以落地签，但是从国内机场出境时，没有国外签证，机场边检人员不会放行，从磨憨口岸出境也是同样的情况。

社会治安

老挝治安情况总体较好，但近年来，抢劫、贩毒、偷盗等刑事犯罪数量有所上升，交通事故发生较多。应尽量避免单独走夜路、山路和水路，避免携带大量现金和贵重物品。

食品卫生

在老挝市售的家畜等肉类产品大多未经过检验检疫，蔬菜、水果等食品较健康。因老挝的生活条件所限，餐馆卫生状况普遍较差，外出就餐应注意避免吃生食。

通信电源

老挝互联网普及率不高，主要分布在县城以上的城市。老挝手机基本普及，多为3G、4G信号。电源接口为国际两插，标准电压为220伏。

紧急求助

警察：1191。

火警：1190。

医疗急救：1195。

交通事故：1623。

外交部领事保护热线：0086-10-12308。

中国大使馆领保电话：021-315105。

中国驻琅勃拉邦总领馆领保电话：071-212989。

思考与讨论

1. 老挝具有哪些文化特色？

2. 如何理解老挝由"陆锁国"成为"陆联国"的重要意义？

3. 如何理解推动中老全面战略合作伙伴关系的重要性？

4. 老挝旅游具有哪些特色？

5. 老挝经济发展的潜力有哪些？

第 8 章　天堂秘境——文莱

•••• 初识文莱 ••••

文莱，宁静神圣的国度，位于世界第三大岛婆罗洲岛北部沿海中心。这个宁静小国富足的生活、浓郁的民族风情、独特的旅游资源和保护完好的生态环境，让世人瞩目，被誉为热带雨林的天堂。

文莱，全名文莱达鲁萨兰国，文莱伊斯兰教君主国，是一个君主专制国家。其在马来语、阿拉伯语以及英语中的译意有所不同，如果把"文莱达鲁萨兰国"全名译为"生活在和平之邦的海上贸易者"当算贴切。

文莱位于亚洲东南部，加里曼丹岛西北部，北濒中国南海，东南西三面与马来西亚的沙捞越州接壤，并被沙捞越州的林梦分隔为不相连的东西两部分。海岸线长约 162 千米，有 33 个岛屿，国土面积为 5765 平方千米。四大河流为文莱河、都东河、马来奕河和淡布隆河，其中文莱河、淡布隆河汇入文莱湾，与南海汇成一体。文莱属热带雨林气候。终年炎热多雨，年平均气温为 28℃。文莱有 11 个森林保护区，面积为 2277 平方千米，占国土面积的 39%，86% 的森林保护区为原始森林。

文莱属于东 8 时区，没有夏令时，与北京没有时差。

当今复杂多变的世界，文莱既发达辉煌，又独自安详，是令人难以想象的。在外人看来，文莱俨然是一个"世外桃源"，称得上名副其实的"热带雨林"的天堂。

富甲一方的国度

文莱这个国家给人们的印象是既不像农村，也不像城市。在这里，天空总是碧蓝中点缀白云朵朵，空气清新。文莱人汽车拥有率极高，平均每家至少拥有两辆汽车。大街上只能看到一些行人，出租车在这里是"稀有动物"，全国只有不到 50 辆。文莱全民免税，国内教育、医疗服务全部免费。此外，政府对个人建房也是十分优待。居民一般都是住在带有花园庭院的两层别墅式小楼或宽敞的平房里。

"和平之邦"文莱国

认识文莱的政治，可以从国家的标志来看。文莱国旗呈横长方形，长与宽之比为 2:1。由黄、白、黑、红四色组成。黄色的旗地上横斜着黑、白宽条，中央绘有红色的国徽。1906 年，当文莱还是英国的保护国时，就制作了文莱第一面国旗——呈长方形的黄色旗帜。旗帜上的黄色代表苏丹至高无上。后来，为了纪念两位有功的亲王，文莱决定在国旗上加上黑、白两条斜条。1984 年 1 月 1 日，文莱宣布完全独立，国旗沿用至今。

文莱国徽中心图案为一轮上弯的新月，象征文莱是信奉伊斯兰教的国家。新月中心，一根棕榈树干伸展枝叶，与月牙尖连接起来象征和平。双翼上端一顶华盖和一面三角旗则代表苏丹至高无上的权威。新月两侧有两只支撑着的手臂，表示文莱臣民对苏丹的拥戴。国徽底部一条红色饰带上书写着"和平之城——文莱"。

文莱国花为康定杜鹃，源自黄帝之时，有杜鹃啼血之说。后来传到文莱，传说传到的第一天，文莱上空出现紫霞，国王定为文莱国花。

政治制度

文莱属于伊斯兰教君主制国家，苏丹为国家元首、政府首脑和宗教领袖，拥有崇高威望，深受民众爱戴。文莱自1984年1月1日独立之日起即正式宣布"马来伊斯兰君主制"（MIB）为国家纲领。其内涵为：国家维护马来语言、文化和风俗主体地位，在全国推行伊斯兰法律和价值观，王室地位至高无上。该纲领将伊斯兰教确认为文莱国教，反对政教分离。文莱法律制度健全、规范，社会和谐，民风淳朴，政局长期保持稳定。文莱于1959年9月29日颁布第一部宪法。1971年和1984年曾二度修宪。宪法规定，苏丹为国家元首和宗教领袖，拥有立法、行政和司法等全部国家权力。国家设有五个委员会，即内阁委员会、宗教委员会、枢密委员会、世袭委员会和立法委员会，协助苏丹理政。2004年第三次修宪，内容涉及政体、司法、宗教、民俗等多个方面，共13项内容，包括赋予苏丹无须经立法会同意而自行颁布紧急法令等法令的权利；制定选举法令，让人民参选从政；伊斯兰教为国教，但人民有宗教信仰自由；以马来语作为官方语言，英语可作为法庭办案语言等。苏丹在文莱独立时宣告文莱是一个享有主权、民主和独立的马来伊斯兰君主制国家。

穿行文莱话方圆

文莱全国分区、乡和村3级，划分为4个区：文莱－摩拉区、马来奕区、都东区、淡布隆区。各区设区长负责区内日常行政事务，由内政部办公室统筹管理。区下面设乡，乡长由政府任命；乡下面设村，村长由村民民主选举产生。

文莱－摩拉区：面积100.36平方千米，人口约24万。从17世纪起成为文莱首都，原称"文莱城"，1970年10月4日改为现名。此区由文莱首都斯里巴加湾市和摩拉区组成。该区是文莱人口最多的行政区，也是文莱政治、文化和商业中心。

文莱总人口为45万（2023年），其中马来人占73.5%，华人占9.5%，其他种族占17%。马来语为国语，通用英语，华语使用较广泛。伊斯兰教为国教，其他还有佛教、基督教等。

自1984年从英国独立出来后，文莱大力推行马来伊斯兰君主制政策。这个政策受马来西亚文化影响，强调伊斯兰教在日常生活和政府部门中所起的重要作用，尊重苏丹王权所代表的王室。同时，这也是一个宽容的政策，它允许独特传统下所跟随的文化的存在，以及国民对其他宗教的信奉。

经济概况

文莱经济以石油、天然气产业为支柱，非油气产业均不发达，主要有制造业、建筑业、金融业及农、林、渔业等。最近几年，文经济增长逐步恢复。2022年文莱国内生产总值（GDP）以不变价格计算为187.0亿文莱元（约合140.1亿美元），同比减少

1.6%。为摆脱单一经济束缚，近年来文莱政府大力发展油气下游产业、伊斯兰金融及清真产业、物流与通信科技产业、旅游业等，加大对农、林、渔业以及基础设施建设投入，积极吸引外资，推动经济向多元化方向发展。为推动经济多元发展，文莱政府于2007年发布并推动文莱中长期发展规划"2035"宏愿，以增强经济发展的可持续性。近年陆续制定并发布了《国家发展规划》（RKN11，2018—2023）、《数字经济规划2025》和《国家经济发展蓝图》等配套规划，确定了油气下游产业、食品、旅游、信息通信技术、服务等五大重点发展领域。

文莱积极参与多双边国际贸易体制，拥有良好的国际经济环境。文莱是世界贸易组织（WTO）、亚太经济合作组织（APEC）、国际货币基金组织（IMF）、《区域全面经济伙伴关系协定》（RCEP）、《全面与进步跨太平洋伙伴关系协定》（CPTPP）等多个国际经济组织或协定的成员，是亚洲基础设施投资银行（简称"亚投行"）的创始成员，支持以规则为基础、以WTO为核心的多边贸易体制，与中国在WTO、APEC、中国—东盟合作、东盟—中日韩合作、中国—东盟东部增长区（简称"东增区"）框架下开展了广泛深入的合作，为区域及全球经济发展作出积极贡献。文莱重视发展数字经济，致力于建设智慧国家。文莱政府于2020年6月推出《数字经济总体规划2025》，其愿景是通过数字化转型，在2025年将文莱建成一个智慧国家，优先在物流和运输、能源、商业服务、旅游、金融服务、健康、农业食品、教育和清真产业等九个领域实施数字化转型。

文莱2022年人均GDP仍达37667美元，位居世界第26位。文莱丰富的经济资源（石油和天然气）确保了国内人民的高生活水平和积极的各项社会指数，如高等教育程度、长寿指数，以及低失业率和犯罪率等。政府提供所有的医疗服务、粮食补贴和住房补贴。

文莱是东南亚主要产油国和世界主要液化天然气生产国。截至2022年年底，文莱已探明石油储量约为14亿桶，天然气储量为3900亿立方米。石油和天然气的生产和出口是国民经济的支柱，约占GDP的67%和出口总收入的96%。文莱通过重油气下游产品开发和港口扩建等基础设施建设，积极吸引外资，促进经济向多元化方向发展。

▲ 文莱十亿桶石油纪念碑

旅游

旅游业是文莱除油气业外大力发展的又一产业。文莱政府采取多项鼓励措施吸引海外游客赴文莱旅游，主要旅游景点有独具民族特色的水村、王室陈列馆、赛福鼎清真寺、杰鲁东公园等。2022年，入境文莱的旅客约30万人次。

文莱的旅游基础设施如宾馆、六星级帝国酒店、乡村俱乐部及一些活动的旅游组织等共计30个，拥有2500多个房间。

它们建设完善，正吸引着越来越多来自地区和国际的游客。

2016年，文莱给予中国公民落地签待遇，中国赴文莱游客数随后快速增加。此外，文莱皇家航空等航空公司扩大对中国城市的航线覆盖也带动了中国游客数量的增长。

文莱前五大国际游客来源地包括中国、马来西亚、印度尼西亚、菲律宾和新加坡。五大国际游客来源地共为文莱带来了近七成国际游客。虽然来自远方市场的游客（主要来自英国和德国）也占了一定比例，但是绝大部分的国际游客还是来自周边国家。文莱旅游局将他们的目标定为国际游客年平均增长率7%，对游客的游览时间和花费也做了相应的调整。前些年，中国成为文莱最大外国游客来源地。但近几年，受环境影响，文莱的旅游业遇到困难。

在当今面临百年未有之大变局的时代，文莱能够发达辉煌，又独自安详，是令人难以想象的。

文化与艺术

文莱的文化主要起源于位于马来群岛的古代室利佛逝王国和马六甲王国。这反映在国家的语言、建筑、典礼仪式和日常生活的习俗上。虽然各种外国文化对文莱丰富的历史也存在着一定影响，但是也无法磨灭这两个古代王国给现代文莱带来的深厚印记。

文莱的主要人口为马来人，此外，还有华人、印度人、婆罗洲土著。文莱的文化、习俗、信仰都与马来西亚人很相似。官方语言为马来语，大部分人使用英语，国家的多数标牌上用的是英语和马来语双语标注。文莱普遍使用马来语、英语和汉语。在公共场所基本上可以比较便利地用汉语交流。

如果马来传统是文莱文化的根基，那么，伊斯兰教就是它的灵魂。文莱的马来伊斯兰君主制是它所特有的制度，它结合了马来文化和伊斯兰教义，以及君臣之间相互尊重的礼仪。它的目的在于形成国民对国家统一和稳定的高度认识理念，同时，它是文莱文化身份的支柱。

文莱的国语是马来语，属马来-波利尼西亚语系。英语亦广泛通用。文莱华人除讲本民族语言外，还讲英文和马来语。主要报纸用英文、马来文和中文出版。

文莱的节日主要有独立日、国庆日、现任苏丹生日和开斋节。文莱为伊斯兰国家，开斋节是其最盛大的节日，每年的日期根据日历均有变化。

文莱的政府部门和国民都在不遗余力地维护国家所拥有的丰富文化遗产。比如，国家工艺中心——它见证了文莱曾经闻名于世的各种工艺品的存在，如造船、银器制作、青铜加工、篮筐编织等。在这里，你可以看见马来西亚武器、木雕、传统游戏、传统乐器、马来拳（传统武术）及妇女的饰品。这些都是文莱文化中所特有的东西。

伊斯兰教的引入改变了文莱的文化发展方向，为文莱加入了它所特有的艺术形式，如文莱的清真寺及其他一些重要的伊斯兰场所。此外，一些伊斯兰艺术作品在这个阿拉伯世界外的国度也可以找到。例如，镀金的可兰经、仪式用品及四个地区纪念碑上难以理解的雕刻图案等。

遗产

王宫是文莱宏伟皇家遗址中的一个亮点。它是苏丹位于首都的豪华宫殿，同时，它也是世界上最大的居住宫殿。宫殿位于山顶，可以俯瞰整个城市，是文莱君主政权的神秘象征及国家政府所在。

首都还有很多记载着国家600年君主政体和上百年历史的博物馆。最有名的当属皇家王权博物馆了，在那里游客可以看到苏丹的全套王室物品。如皇冠、王室战车及一大批珍藏的财宝。文莱博物馆展出的古炮、精美的短剑、一部私人珍藏的镀金古兰经、婆罗洲人种志的展览、文莱海岸遇难船只残骸上打捞出来的珍宝等，都非常有意义。同时，文莱历史中心还保留了王室家族宗谱以及对国家来说非常重要的历史文献。

虽然伊斯兰教及它的艺术、建筑、文化已深深地影响着文莱社会的方方面面，但是到今天我们仍可以清晰地看到殖民时代残留下的印记。12顶屋就是一个很好的例子。这座奇特英式建筑，现在已经变成了一座博物馆，并用来接待外国高官，金色圆顶的建筑令人目眩。

•••• 文莱的人文风情 ••••

文莱的人文风情

文莱是一个富甲一方的小国，因其与马来西亚特殊的地缘关系和历史情结，宗教色彩和马来民族传统比较浓厚，其基本特征为：重视社会、族群、人际关系的和谐，不采用过激行动；关注弱势群体；重视礼节和传统，循规蹈矩，礼节繁多。文莱人通常都很善解人意，这也和其文化有着密切关系。

文莱的宗教风俗

文莱人认为左手是不洁净的，因此接送物品应使用右手。不少马来人不愿与异性握手。所以，除非他（她）们先伸出手来，不要主动与他（她）们握手。

文莱女子衣着要庄重大方，衣服要穿长袖，裤、裙要掩过膝盖。进出清真寺要脱鞋，女性要包头巾、穿长裤。男士不可穿浴袍、短裤或宽松的T恤，在公共场所不能大声喧哗。

文莱大多数国民信奉伊斯兰教，所以在国内不卖酒。对于非伊斯兰教徒的游客，在入境时是可以携带一些酒品的，不过不可在公共场合饮用。总体来说，文莱的文化和习俗与他们的宗教信仰有着密切关系。因此，在到文莱旅游时，还是应该尽可能多地了解当地的风土人情，尽量做到入乡随俗。

也正是因为这个国度绝大多数是伊斯兰教徒，他们的生活方式也遵循教义和法律，因而变得更为纯粹。

要感受这分纯粹，最快捷的方式就是在清真寺内逛一圈，里面没有神像，但空旷的大殿依然能让人感受其无穷而神圣的力量。

文莱的社交礼仪

文莱人衣着保守，与人见面时一般以握手为礼，不过这种握手仅是轻轻触碰，然后，将手抬至胸前。一些人不与异性握手。切忌用手指作指示，而应该使用右手的大拇指，握住其余手指。

他们对老年人很尊敬，晚辈见到长辈时，要恭恭敬敬地将双手抱于胸前，身体朝前弯下如鞠躬。实际上，这是把合十礼与作揖礼融合在一起的一种礼仪形式。文莱人心地善良，不论是什么样的人，只要对方有问候，必须给予恭敬的回答。如果家里来了客人，就把家里好吃好喝的拿出来招待客人。如果长辈要召见晚辈，晚辈必须仪容端庄、举止谨慎地立刻应召，不能吸烟，坐时要双腿并拢，如坐席地，男子要盘腿，女子要跪坐。传递物品必须用双手。

文莱的服饰文化

文莱人很注重衣着干净整齐。男女老少着装都忌穿黄色，和中国古代一样，在文莱，黄色是帝王的象征。

文莱传统服装以热带人经常喜欢穿的长宽大的上衣和沙笼为主。一般穿一种上下花色图案相同，叫作"巴朱古隆"和"巴朱格巴雅"的长衫套裙。在公共场合，多数女士包着头巾。由于现在的年轻人比较喜欢出国、旅游，接触外界事物多，所以他们的服装以西装为主，特别是在公共场合，女士以裙装为主，当然她们的裙子是很宽长的；男士多穿西服，与其他国家的西服没有什么区别。有时上身着"巴迪克"长衫，下面穿西裤。

文莱的饮食风俗

文莱人的牛、羊肉消耗很多，也常吃鸡肉。主食以大米、白面最多。他们常吃的蔬菜与中国相似，如西红柿、黄瓜、茄子、马铃薯之类。他们做菜喜用调料，咖喱、虾酱、辣椒是必不可少的。他们所做的菜肴以质取胜，讲究香、酥、脆。饮料主要是咖啡、红茶、可可，也喝葡萄酒。如果是和客人一起吃饭，不能问"你想吃什么"，吃过饭后，也不能问"你爱不爱吃，可不可口"之类的话。

美食小吃

鸡屁股：这是文莱人最爱的小吃。五六个鸡屁股串串儿，刷上浓油和厚厚的蜜糖以大火烘烤。烤好的鸡屁股透着油嫩的光亮，大口咬下去，有嚼劲又很弹牙。来文莱，一定不可错过这道小吃。

▲ 文莱小吃烤鸡屁股

马来糕点：软糯的棕糖糕、清爽的薄荷饼、香脆的椰丝卷，文莱的糕点总能带给人别样的味觉惊喜。他们喜爱色泽艳丽的食物，似乎这样才衬得上热带风情，于是将每一块西米糕都做得五彩斑斓。这里的榴梿和马来西亚出产的是同一种类，个头较小，味道浓郁。因为产量有限，没有像泰国榴梿那样出口到中国，所以来文莱一定不要错过。沙爹是用很多特殊香料制作的酱料，马来人喜欢把羊肉、牛肉、鱼肉涂上厚厚的沙爹酱拿去烤着吃。黑胡椒肉蟹，蟹肉的味道辣辣的。到文莱旅游，体验舌尖上的美食不容错过。

风俗禁忌

主要节日：元旦（1月1日）、国庆节（2月23日）、农历新年、文莱皇家武装部队纪念日（5月31日）、苏丹华诞日（7月15日）以及伊斯兰教节日，包括开斋节、宰牲节、圣纪节等。

文莱人大多信奉伊斯兰教，并于2019年4月起全面实施《伊斯兰刑法》。外国人在文莱应注意以下几点：

（1）在指人或指物时，不能用食指，而要把四指并拢轻握成拳，大拇指紧贴在食指上；在正式场合，不能跷二郎腿或两脚交叉。左手被认为是不洁的，在接送物品时要用右手。

（2）赠送给马来人的礼物和纪念品应避免人物和动物图案。

（3）除王室人员外，普通文莱人忌穿黄色（王室象征）。女士穿着保守，正式活动或公共场合不能穿低胸、露背、透明、袄高、紧身衣服，一般穿长衣、长裙。男士以干净整洁为主，正式场合穿西服或巴迪衫（民族服装）、长袖衫和西裤，最正规时穿马来礼服。

（4）在公共场所（包括餐厅）不可饮酒。文莱境内所有封闭公共及工作场所全面禁烟。

走进文莱历史隧道

文莱的历史发展轨迹

文莱古称浡泥，是一个古老的国家，有几千年的历史。尼亚比洞窟考古发现的 3500 年前的人类头骨印证了这一点。从文莱的历史发展来看，文莱经历了下述几个时期。

古代文莱

根据考古发掘，早在1万多年前这里已有人类定居，其文化经历过石器、铜器和铁器时代，其社会存在过长时期的原始公社制度。随着生产力的发展和阶级的分化，公元4世纪左右出现摩拉拔摩王国，自此由土著人酋长统治。9世纪中叶，被苏门答腊的室利佛逝国征服。10世纪末恢复独立。在其后400余年中，国力强盛，版图辽阔，生产发展，商业繁荣，与中国和阿拉伯地区来往甚密。中国的《诸蕃志》《岛夷志略》和阿拉伯的《快乐的书》等著作中对这一时期的文莱记述颇详。14世纪末，文莱又被爪哇的麻喏巴歇国占领，成为其附属国。15世纪初，马六甲王国兴起，文莱曾依附该王国，不久，又恢复独立。该国国王皈依伊斯兰教，改制苏丹国。

16世纪初期文莱国力鼎盛，成为东南亚地区商贸和伊斯兰教中心。从16世纪中叶起，葡萄牙、西班牙、荷兰、英国等西方殖民主义国家相继入侵，文莱国势逐渐衰微，只剩目前的领土，最后在1888年沦为英国的保护国。

保护国时期

根据1888年9月17日签订的《英国文莱条约》，英国握有苏丹王位继承决定权和外交权，并规定未经英国同意，文莱不得将国土割让给他国。1906年，又签订补充协定，英国派驻扎官掌管文莱的一切政务。从此，文莱的一切内政、外交和国防大权都落入英国人手中。名义上文莱仍是一个苏丹国，但实质上已成为英国的殖民地。

英国殖民者大肆掠夺经济资源，夺取土地种植橡胶，操纵森林资源开发，文莱民族经济受到极大摧残，国家财政拮据，靠借贷维持开支。20世纪20年代，在诗里亚地区石油的发现和开采，不但给英国殖民者带来巨额利润，也为文莱各项事业发展提供了财政基础。

第二次世界大战期间，文莱被日本侵略者占领，并与近邻沙捞越和沙巴合并为一个行政区。在日本占领期间，文莱各项事业，尤其是石油业，遭到严重破坏。

1945年9月，日本战败，英国人卷土重来，文莱又被置于英国的军事管制之下。1971年，文莱与英国签订新条约，文莱获得"完全内部独立"，但外交事务仍由英国掌管，国防事务由双方共同负责。1978年

6月，双方达成协议。1983年年底，文莱获得完全独立。

独立时期

1984年1月1日苏丹宣布文莱已成为一个完全独立国家，并宣布新内阁组成名单。1月7日文莱正式加入东南亚国家联盟，9月加入联合国，为第159个会员国。

文莱实行君主立宪制，苏丹为国家元首。现任苏丹哈桑纳尔·博尔基亚，1967年10月继位，为第29世苏丹，兼任首相、财政大臣、内政大臣。

独立以后，苏丹政府大力推行"马来伊斯兰君主制"（MIB），巩固王室统治，重点扶持马来族经济，在进行现代化建设的同时严格维护伊斯兰教义。文莱奉行不结盟及同各国友好的外交政策。主张国家无论大小、强弱，都应相互尊重。1984年1月7日成为东盟第六个成员国，与东盟各国关系密切。文莱视东盟为外交基石，主张通过东盟实现地区稳定、繁荣与团结。主张各国实行贸易、投资自由化和开展经济技术合作。重视同中国、美国、日本等大国关系。积极发展同伊斯兰国家间的关系，是伊斯兰会议组织成员国。同时，它也是系英联邦和不结盟运动等国际组织成员国。

中国与文莱关系

话说中国与文莱关系

中国和文莱的友谊源远流长，历久弥新。自1991年建交以来，中文两国关系发展良好，高层交往频繁，政治互信不断深化，经贸、教育、人文等领域合作不断拓展，在国际和地区事务中保持着良好的协调与配合。

文莱自古与中国相交甚好，中国与文莱交往始于南北朝时期，交往到达顶峰是明永乐年间，古渤泥国（即文莱）国王麻那惹加那乃率王室及陪臣150余人访问中国，受到明成祖朱棣的盛情接待，但其在南京期间不幸染病，于10月在南京病逝，年仅28岁。文莱的国王要求埋葬在中国，想要"灵魂降于中华"。目前，南京市浡泥国王墓是全国重点文物保护单位，成为中国与文莱传统友谊的历史见证。中国和文莱既是隔海相望的近邻，也是相互信赖的朋友和伙伴。在历史上，两国政府和人民交往甚密，结成深厚友谊。不少华侨定居文莱，为当地各项事业的发展做出重要贡献。

文莱独立时，中国领导人致电文莱苏丹祝贺独立，申明承认文莱政府，并希望今后两国间能建立友好合作关系。

中国文莱经贸合作越来越深入，经济发展行稳致远。共建"一带一路"倡议的提出，为深化中国—文莱经贸合作注入了前所未有的强劲动力。中国现在是文莱最大进口来源国，越来越多的中资企业到文莱投资兴业。两国经贸合作必将乘势而上，经贸合作越来越深入，促进经济的发展行稳致远，经济贸易向着更加稳定、持续的方向发展。

中国文莱民众心与心的距离越来越贴近，人文交往持续升温。华人是文莱第二大族群，仅华校就有8所之多，中国与文莱早已"相互交融"，密切往来。两国间的旅游联系更是日益密切，中国成为文莱最大的游客来源国。两国通航城市近年不断增加。文莱航空已开通前往上海、杭州、南宁等城市的航线。

中国—文莱的合作空间越来越广阔。

第 8 章 天堂秘境——文莱

2018年11月，中国国家主席习近平对文莱的国事访问为中国文莱友好关系掀开了新的篇章。文莱政府早就推出"2035宏愿"，目的就是要推动和改变由以依靠油气为主的单一经济向多元经济转型，推动经济向多元化发展。适逢共建"一带一路"倡议和加强国际产能合作的提出，正好与文莱"2035宏愿"发展目标"不谋而合"。文莱基础设施优越，投资环境良好，也是中国同东盟及其他各方共建"21世纪海上丝绸之路"的重要伙伴。

中国—文莱的关系步入历史最好时期，已成为大小国家平等相待、互利共赢、共同发展的典范。中国正在建设社会主义现代化强国，文莱正在努力实现"2035宏愿"。站在新的历史起点上，双方唯有继续深化合作，拓展共建"一带一路"合作新机遇，做政治互信、经济互利、人文互通、多边互助的好伙伴，才能让合作成果更好惠及两国人民，共同为地区繁荣稳定做出新贡献，谱写出一曲中国—文莱睦邻友好关系的动人篇章。

走进天堂秘境

文莱美丽风光

文莱，一个宁静和神圣的国度，路边栅栏边悠闲的猴子，让人更加羡慕这里的生态与祥和，加上和谐的社会和安乐的生活，有如现实中的仙境。以金色宫殿著称的文莱，是东南亚一道耀眼的"金线"。珠光宝气的首都清真寺、水晶公园、"东方威尼斯"等展现着文莱富有与美丽的风情。

文化、遗产、自然风景、当代亚洲——这是文莱旅游产品的四大支柱。这些元素为眼光独到的旅行者提供了精巧时尚、富有魅力的风景。

文莱，丰富的石油资源使这个人口仅45万的小国人均年收入达到3万多美元，从而赢得东方"科威特"的美称。在这里，最多的建筑是清真寺。金碧辉煌的大清真寺与红瓦尖顶的小祷告堂交相辉映。

珠光宝气的首都

首都的象征奥玛尔·阿里·赛福鼎清真寺，亦称"国王的清真寺"。巨大的圆形金顶围在四根镂空的乳白色尖塔之中，淡蓝色的柱子高耸入云，几柱金色圆顶在阳光下熠熠生辉，尽显富丽堂皇、雍容华贵之气。建于1958年的宏伟、壮观的清真寺是城里最美丽的风景，它是文莱首都的地标，更是伊斯兰教的标志。"水晶公园"，也称遮鲁东公园，园内的建筑大多"披金戴银"，奢华无比。园内的标志性建筑是一颗重达6.8吨的巨型水晶。

▲ 文莱赛福鼎清真寺夜景

走进文莱首都斯里巴加湾市，最大的感受是美丽和宁静。斯里巴加湾市坐落在文莱湾西北岸，是文莱最大的城市，人口仅6万。这里风景优美，树木繁盛，绿草如茵。市区面积不大，主要的政府部门和商业区都在这里，步行一个小时就能围着市中心转一圈。由于各种建筑不能超过清真寺的高度，因此在市区任何角度都可以清楚地

— 139 —

看到金碧辉煌的清真寺。街道整齐而干净，柏油路面上只见一道道清晰的指示标线，却很难发现一张丢弃的废纸。

无论是清晨还是夜晚，漫步在这个城市里，可以随时感受到这里清新的空气、触目可及的绿树，还有歌唱的小鸟和飞奔而过的小猴。在这里，处处洋溢着愉快轻松甚至慵懒的气氛。走进世界上最大的水上人家，正在欢度开斋节的当地市民，会热情地将客人迎入家中，捧出最好的点心与饮料。

▲ 文莱斯里巴加湾清真寺

富裕好客的水上人家

由文莱河上矗立着的高脚屋所构成的水上村落，在500多年前就被意大利史学家安东尼誉为"东方威尼斯"。这里有一种被称为"水上的士"的小快艇，乘坐其中，穿梭于水道间，可以自由地体味富有文化色彩及历史性的水上人家生活方式。

文莱河从斯里巴加湾市市区旁边流过时，形成一个水面宽阔的河湾，在这片宽阔的水面上，有一个面积达2.6平方千米的水上村寨，是世界上最大的传统水上村落之一。曾随麦哲伦远航的意大利旅行家安东尼·帕加塔把这里称为"东方威尼斯"。历经几个世纪的水上城市可以乘坐水上出租车过河，在全世界最大的水上村庄看看摇摇欲坠的木屋，在这里可以了解一下当地人的生活。文莱河两岸分布有30座高脚屋村落，充满乡野气息，被称为艾尔水村。走过长长的栈道，就到了水上村落，这个应该是这里最漂亮的水上建筑了。

▲ 文莱水上村落

游客可随导游进入当地人家，品尝地道的文莱下午茶、色彩各异的糕点、榴梿甜品和味道醇厚的茶，观赏考究的瓷器。墙上的挂毯很有当地的特色。水村的居民大多为中低收入的居民，相当友善。村中除了住家，还有学校、清真寺、邮局、消防队、诊所、村委会等公共机构，形成一个相当独特的水上社区，游人可进入水村居民家中感受他们的日常生活。

淡布隆国家公园

沿着淡布隆河一路北上即可抵达淡布隆国家公园。乘坐长舟前往公园，一路上的风景很是美丽、自然，仿佛置身世外桃源。

▲ 文莱淡布隆国家公园

文莱博物馆

文莱博物馆是文莱的国立博物馆,也是文莱最大的博物馆,距首都斯里巴加湾市约4千米。博物馆整体采用伊斯兰教风格建造,其雕刻和设计都取自文莱和马来样式,这些设计在博尔基亚墓室亦有发现。

文莱博物馆内收藏极为丰富,可以作为一个全方位了解文莱的非常重要的场地。其展示的物品从各种历史资料到包括陶器、玻璃饰品、银器、铜器等在内的精美手工作品,再到一些展示文莱石油开采业发展的油田、钻油台模型等,应有尽有。博物馆致力于保存并发扬文莱的传统风俗习惯、某些行业技术等。

杰米清真寺

杰米清真寺又名"蓝色清真寺"。从外面看,淡蓝色的柱子高耸入云,几个金色圆顶在阳光下熠熠生辉。金色圆顶,包括清真寺外面长长的围墙上无数的小圆顶,都是纯金打造——行人随时可以摸到。清真寺很大,男女两个朝拜室分别能容纳3500人和1000人,里面的设施全部电子化,包括最基本的自动感应的水龙头。水龙头是装在朝拜室外面宽敞的前厅里的,洗手与洗脚,分得清清楚楚——伊斯兰教徒要全身沐浴,洗净手脚和脸才能进朝拜室。

清真寺外的水池,造型是八角形状的。每到黄昏,在夕阳的照耀下,金光闪闪的塔尖掩映在绿树和傍晚的云彩之间,诵经声悠扬而深远,一直回响在人们的耳边。每到星期五,苏丹要是没有特别的事,也在这里和百姓一起礼拜。

土豪帝国酒店,帝王套房

文莱六星级帝国酒店,全球唯一的六星级酒店。帝国酒店位于距离机场40分钟车程的海岸边。驱车前往,先穿越路上的保安岗亭,然后便是一座座现代风格的平房式建筑物,接待处位于建筑物中央,建筑主楼又在山丘中的最高处。帝国酒店的室内装潢用"金碧辉煌"来形容最恰当,而且它的规模宏大,实在超出了一般酒店的标准。酒店内有保龄球场、羽毛球场、高尔夫球场、健身与水疗美容中心,甚至还有影院,每天播放当下最热门的大片。

帝国酒店从一进大堂就可感受辉煌的气势,楼高15层高的大堂、高耸的大理石柱镶着金箔、镀金的座椅,加上水晶灯的反射光,充满金碧辉煌的气派。帝国酒店是豪华避世胜地,亦是世界上规模最大的度假村之一,拥有一个由著名高尔夫球场设计师Jack Nicklaus设计的高尔夫球锦标赛场地。

▲ 文莱蓝色清真寺

▲ 文莱帝国酒店海滩

努洛伊曼皇宫——世界最大的皇宫

努洛伊曼皇宫是世界最大的皇宫,是文莱苏丹的住所。据说,在努洛伊曼皇宫里,有 1700 多个房间。如果想参观皇宫要在文莱的国庆日(2 月 23 日)或在斋月要结束后的开斋节前往,此时开放 3 天。每当傍晚时刻,金黄色的宫顶和皇宫河畔都是游客取景拍摄的好地点。

▲文莱皇宫大门

文莱王室陈列馆

文莱王室陈列馆位于斯里巴加湾市中心,展示苏丹登基时的御用物品和苏丹收到的来自各地的礼物。

▲文莱王室陈列馆

探险活动

从山地骑车、清水漂流、攀登岩石、运动捕鱼、潜水,到在丛林小路上远足,各种旅游和探险活动在文莱不胜枚举。

驾驶当地长舟可前往散布在全国四个不同地区的国家公园。学习乘筏漂流——无论是在清水激流中,或者是在平静的丛林河里,这项活动适合各个年龄层次的人。游客在黎明或者是日落的时候在森林里散步,可以感受地球最自然的景观。

在文莱海湾的 Selirong 岛,文莱林业部门安装了高架走道,穿过交叉口有很多水道,贯穿整个岛屿的红树林。游客可以近距离地观察婆罗洲上一些著名的野生动植物和自然景观。

▲文莱淡布隆原始森林

海滩

在文莱有许多未受干扰的海滩。穆阿拉海滩离斯里巴加湾市中心不到 27 千米,是一个长长的、安静的悠闲散步的好地方,也是家庭郊游的理想去处。这里有设备齐全的野餐区、儿童游乐场、盥洗室以及周末食品和饮料货摊。

▲文莱海滩少女背影

这里也是水上运动爱好者的天堂。水上运动综合设施均达到国际竞技水平的标准，包括汽艇滑水、划艇运动、风帆冲浪运动、帆船赛舟运动、汽艇比赛、水上运动训练和水橇运动。

雨林

婆罗洲是一个处于自然状态的、未受干扰的岛屿，文莱坐落于它的心脏地带。文莱超过 70% 的陆地面积由原始热带雨林覆盖。文莱政府通过法案决定保留大约 32000 公顷的雨林作为森林保护区，国家公园预留 50000 公顷。红树林——海洋生物天然的孵卵地，富饶且未受干扰，其中生活着大量独特的婆罗洲野生动植物。文莱最显著的优势，就是其所有的自然景点都离豪华的首都很近，让人们能近距离体会大自然的美丽。

大自然爱好者可以在文莱尽情地享受生活。原始热带雨林、保护完好的珊瑚礁、覆盖着红树林的岛屿、白色的沙滩和近便的自然保护区，为游客们提供了一系列生态旅游项目。在文莱，游客们有机会到热带雨林中散步。那里生活着大量的鸟类、微型动物群和哺乳动物。例如，稀有的婆罗洲长鼻猴。这里有世界上最丰富、最具多样性的生态系统。

▲ 文莱河风光

文莱有亚洲最好的自然保护区和湿地研究中心，例如，世界著名的乌鲁淡布隆国家公园和 Kuala Belalong 湿地研究中心，它们提供了一些激动人心的生态旅游和探险活动。事实上，坐着长舟从曲折蜿蜒的丛林河中顺流而下，周围环绕着原始热带雨林，旅行更像是一次冒险活动。

旅游攻略

文莱旅游攻略

签证指南

外交、公务护照

持外交、公务护照的中国公民可免签证进入文莱，停留不超过 14 天。持外交、公务护照的中国公民如拟在文莱停留超过 14 天，赴文莱前需到文莱驻华大使馆办妥签证。

普通护照

持普通护照的中国公民赴文莱前需办妥签证，建议事先向文莱驻华大使馆咨询有关具体签证要求与手续。

持普通护照赴文旅游的中国公民也可在入境口岸申请落地签证进入文莱，停留不超过 14 天，需提供返程机票或联程机票、酒店订单等。文莱落地签证仅签发给持普通护照入境旅游的中国公民。

注意事项

1. 确保护照有效期在 6 个月以上。

2. 护照的页面应保持干净整洁，不要在护照上记事或涂鸦，以免影响护照的法律效力，或给行程带来不必要的麻烦。

如果计划从文莱前往马来西亚，可在沙捞越美里国际机场、沙捞越古晋国际机场、沙巴亚庇国际机场、纳闽渡轮码头等规定的入境口岸申请落地签证。请注意，马来西亚驻文莱大使馆不受理短期来文

— 143 —

的中国游客赴马来西亚签证申请。

特别提示

文莱不接受个人申请，只能报旅行社办理。

关于落地签证：现文莱对中国旅游团组实行72小时落地签证，由当地旅行社与国内旅行社联手办理并事前1周得到文移民局批准。

出入境

入境时，须填写入境登记卡及海关申报卡，持有效护照和签证经移民局和海关查验放行。文莱海关可能对行李进行抽查。

海关防疫

文莱限制出入境物品除国际上通行的规定外，还包括与伊斯兰教义相违背的任何其他物品。17岁及以上的非伊斯兰教徒入境时可携带不超过200支香烟、60克以下雪茄；2升烈酒（每瓶1升）及12罐啤酒（每罐330毫升）、60毫升香水、250毫升香露。上述物品入境时，必须向海关申报，声明仅供个人消费使用。

居留入籍

文莱实行严格的移民管制。对于在文莱工作的外国人，需要获得移民部门的居留许可和劳工部门的工作准证。除特殊需要外，年龄要求一般不超过55周岁。非工作签证持有者不得在文莱从事任何工作。入境后，如需延长逗留期限，可向文莱移民局申请签证延期。逾期居留通常会受到罚款、服刑及驱逐出境等处罚。

社会治安

文莱有"和平之邦"的美誉，社会治安状况总体较好，是东南亚地区犯罪率较低的国家。

赴文莱旅游人员须注意自身安全，妥善保管护照等重要身份证件。建议出国前给家人或朋友留下一份出行日程计划，约定好联络方式。请在护照"应急资料"页内详细写明家人或朋友的地址、电话号码，以备紧急情况下有关部门能够及时与他们取得联系。

通信电源

文莱国际区号为673，从国内往文莱打电话应拨"00673+固定电话号码"或"00673+手机号码"。

文莱通信5G网络覆盖率较高，电压为220伏，电源插座为英式三方腿插座，请注意携带转换插头。

货币信息

在文莱，新加坡元是通用的，可以在出行前去银行预约换好货币。

紧急求助

中国公民在文莱期间，如有紧急情况，请向当地警察或消防部门求助，并可与中国驻文莱大使馆联系。

文莱地区号：673。

急救电话：991。

报警电话：993。

搜救电话：998。

移民局电话：2383106。

中国驻文莱大使馆领保电话：+673-8960711。

旅游注意事项

文莱是伊斯兰教国家，女性的衣着不宜太过暴露。参观清真寺或到马来人家里做客时，进门前要脱鞋以示尊重和清洁，不要从正在做祷告的伊斯兰教徒前走过，非伊斯兰教徒不能踩踏清真寺内做祷告用的地毯。

不要在公共场合饮酒，不要在外吃非清真食品。

文莱的行车方向与中国相反，请遵守交通法规，注意安全。

文莱禁止随地乱吐痰、抽烟，违者罚款50～500文莱元。

在指人或物时，不能用食指，而要把四指并拢轻握成拳，大拇指紧贴在食指上；在正式场合下，不要跷二郎腿或两脚交叉。

斋月期间，伊斯兰教徒从日出后到日落前不吃食物，非伊斯兰教徒不宜在他们面前吃任何食物。

文莱人不喝酒，文莱全国没有一间酒吧，也没有卖酒的地方。非伊斯兰教徒游客每次入境可携带两瓶酒（或葡萄酒、碳酸饮料等）和12罐啤酒，在酒店和一些餐馆饮酒时需要保持低调。

在文莱中国公民和赴文莱游客，应尊重伊斯兰教徒习俗，严格遵守文莱法律法规，妥善安排好行程和作息时间，确保在文工作、生活和旅行愉快。

●●●●● 思考与讨论 ●●●●●

1. 文莱的政治制度具有什么特色？
2. 文莱的旅游具有哪些特色？
3. 如何理解中国和文莱的友谊源远流长？
4. 如何理解文莱的社会福利制度？
5. 文莱经济发展的优势体现在哪些领域？

第9章 橡胶之国——马来西亚

初识马来西亚

马来西亚对于大多数中国人来说,并不陌生。

早在600多年前,郑和七下西洋,五次到访马六甲,推动了中马间的经贸和人文交流,在中马的交往历史中留下了美好的一页,为中国人更多地了解马来西亚打开了一扇窗。

马来西亚给人的感觉就像一个万花筒,凸显出多元文化的绚烂迷人。在这里,马来人、华人、印度人等族群和谐共处,各种宗教信仰得到很好的保护和尊重。

马来西亚阳光充足,气候宜人,拥有美丽的海滩、奇特的海岛、原始的热带丛林、珍贵的动植物、千姿百态的洞穴、古老的民俗民风、悠久的历史文化遗迹以及现代化的都市,因其盛产橡胶而被称为"橡胶之国"。

国家象征

马来西亚国旗呈横长方形,主体部分由14道红白相间、宽度相等的横条组成。左上方有一深蓝色的长方形,上有一弯黄色新月和一颗14个尖角的黄色星。14道红白横条和14角星象征马来西亚的13个州和政府。蓝色象征人民的团结及马来西亚与英联邦的关系——英国国旗以蓝色为旗底,黄色象征国家元首,红色象征勇敢,白色象征纯净,新月象征马来西亚的国教伊斯兰教。

马来西亚国徽中间为盾形徽,盾徽上面绘有一弯黄色新月和一颗14个尖角的黄色星,盾面上的图案和颜色象征马来西亚的组成及其行政区域。盾徽两侧各站着一头红舌马来亚虎,两虎后肢踩着金色饰带,饰带上书写着格言"团结就是力量"。

地理位置

马来西亚看似两叶扁舟漂浮于太平洋与印度洋两洋之间。马来西亚全称马来西亚联邦。位于东南亚,国土被南海分隔成东、西两部分。西马位于马来半岛南部,北与泰国接壤,南与新加坡隔柔佛海峡相望,东临南海,西濒马六甲海峡。东马位于加里曼丹岛北部,与印度尼西亚、菲律宾、文莱相邻。马来西亚地处东南亚中心位置,扼守马六甲海峡,是连接太平洋与印度洋的重要海上通道,区位优势明显。

马来西亚面积330257平方千米,海岸线长4192千米。属热带雨林气候。内地山区年均气温为22℃~28℃,沿海平原为25℃~30℃。

马来西亚的行政区域

马来西亚行政区域分为13个州,另有3个联邦直辖区。13个州是西马的柔佛、吉打、吉兰丹、马六甲、森美兰、彭亨、槟城、霹雳、玻璃市、雪兰莪、登嘉楼以及东马的沙巴、沙捞越。另有首都吉隆坡、布特拉再也（布城）和纳闽3个联邦直辖区。首都吉隆坡人口约204万，面积达243平方千米。马来西亚统计局2023年数据显示，总人口3370万。以族群来看，马来人及原住民占70%、华裔22.7%、印度裔占6.6%，其他人口占0.7%，非国民约占10.28%。马来语为国语，通用英语，汉语使用较广泛。

马来西亚其他主要的经济中心城市包括：乔治市（槟城州首府）、新山（柔佛州首府）、关丹（彭亨州首府）和古晋（沙捞越州首府）。

国花是朱槿（又称大红花、扶桑），国鸟是爱情鸟。

马来西亚的政治制度

马来西亚实行君主立宪联邦制。因历史原因，沙捞越州和沙巴州拥有较大自治权。国家最高法律是马来西亚联邦宪法。联邦宪法将国家的最高权力分成了立法权、行政权和司法权三个部分。三权分立既出现在联邦层面，也出现在州的层面，各州都在联邦宪法之下拥有自己的州宪法。

马来西亚宪法规定：最高元首为国家首脑、伊斯兰教领袖兼武装部队统帅，由统治者会议选举产生，任期5年。最高元首拥有立法、司法和行政的最高权力，以及任命总理、拒绝解散国会等权力。形式上拥有国家最高权力，但实权在马来西亚内阁。最高元首由9个州的世袭苏丹轮流担任，任期5年，不得连任。最高元首委任下议院多数党领袖为总理，并根据总理提名任命内阁部长、联邦法院院长、总检察长、武装部队总参谋长、选举委员会主席及委员、国家审计长等国家重要管理人员。最高元首在行使其各项权力时，也需要考虑内阁总理的建议和决定。2019年1月31日，马来西亚彭亨州苏丹阿卜杜拉·艾哈迈德·沙阿在吉隆坡国家王宫宣誓就任马来西亚第16任国家元首。

马来西亚内阁是马来西亚政府的行政部门，由马来西亚总理所领；国会是最高立法机构，由上议院和下议院组成。下议院共设议席222个，任期5年，可连任。联邦法院是司法系统里最高的机构及最后的上诉法院。设有马来亚高级法院（负责西马）和婆罗洲高级法院（负责东马），各州设有地方法院和推事庭。另外还有特别军事法庭和伊斯兰教法庭。联邦法院首席大法官麦润，2019年5月就任，系马来西亚首位女性首席大法官。总检察长依德鲁斯哈伦，2020年3月就任。2022年11月24日，安瓦尔·易卜拉欣就任马来西亚第10任总理。

马来西亚的经济

马来西亚是相对开放的、以国家利益为导向的新兴工业化经济体。国家宏观经济计划在指引经济活动中发挥了重要作用。旅游业是国家第三大经济支柱，第二大外汇收入来源。马来西亚已发展成伊斯兰银行的一处中心，而且该国在伊斯兰银行拥有最多的女性劳工，知识经济服务也正在扩张。

1991年，马来西亚提出"2020宏愿"发展战略，旨在2020年建成发达国家。重视发展高科技，启动了"多媒体超级走廊""生物谷"等项目。

2021年9月，马来西亚政府向国会提交《第十二个马来西亚计划》（*Twelfth Malaysian Plan*，2021—2025），主要聚焦重振受影响的经济，增进社会福祉、安全和包容性以及推动环境可持续发展，以期实现建设"繁荣、包容、可持续的马来西亚"的目标。计划规划的主要发展目标包括：在 2021—2025 年间，实现国内生产总值年均增长率为 4.5%～5.5%；到 2025 年家庭平均月收入达到 1 万林吉特；缩小马国内不同区域发展差距及节能减排等。

马来西亚构建了一个广泛的自由贸易协定网络，涵盖了其主要贸易伙伴。截至 2022 年 6 月，马来西亚共签署了 17 个自由贸易协定。其中，有 15 个自由贸易协定已正式生效并实施，包括与澳大利亚、智利、印度、日本、新西兰、巴基斯坦、土耳其等 7 个国家签署的双边自由贸易协定，以及作为东盟成员，与中国、韩国、日本、澳大利亚、新西兰、印度、中国香港签署的 8 个区域自由贸易协定。在 2020 年 11 月 15 日正式签署了《区域全面经济伙伴关系协定》（RCEP）。2022 年 3 月，马来西亚正式批准 RCEP 生效。马来西亚是全球第二大棕油及相关制品生产国，全球第三大天然橡胶生产国和出口国，全球第三大液化天然气出口国。这三大产业成为马来西亚的经济支柱。

根据马来西亚统计局发布的信息，2023 年，马来西亚经济平稳增长，实际同比增长 3.7%，GDP 总量为 3992.43 亿美元，人均名义 GDP 折合 11961 美元。马来西亚 2023 年 GDP 总量位居东盟国家第 6 位。

人文习俗

独特的姓名：马来人的姓名十分特别，通常没有固定的姓氏，而只有本人的名字，儿子则以父亲的名字作为姓，父亲的姓则是祖父的名，所以一家几代人的姓都不同。

▲ 马来西亚槟城娘惹博物馆内景

进餐：马来人忌食猪肉、饮酒。在马来餐厅用餐时若看到餐桌上有一个大大的水壶，别以为是装着饮用水的茶壶，其实里面的水是用来洗手的。一般马来人用右手抓饭吃，所以用餐前及用餐后洗手是马来人餐桌上的礼节。

拜访：在马来西亚，除非主人允许，否则不管是到访马来人、华人或印度人的家，都须在入门前先脱鞋子。

见面礼：传统上，马来人在见面时会用双手握住对方的双手互相摩擦，然后将右手往心窝点一点。对不相熟的女士则不可随便伸手要求握手，男子应该向女子点头或稍行鞠躬礼，并且主动致以口头问候。但现在西式的握手问好在马来西亚是最普遍的见面礼，在马来人、华人或印度人中都可通用。

宗教信仰和宗教禁忌

马来西亚人主要由马来裔、华裔和印度裔三大族群组成。他们的宗教、文化和风俗习惯各异。马来裔 90% 以上信仰伊斯兰教，华裔多信仰佛教和道教，印度裔则信仰印度教。马来西亚的伊斯兰教徒多属逊尼派。

伊斯兰教徒每天祈祷5次，到麦加朝圣过的人倍受尊敬。伊斯兰教历9月是斋月，马来人一般情况下均昼禁夜食，只有年老体弱多病、孕妇或外出旅行者可例外。

马来人普遍喜好辣食，忌食猪肉；马来男士一般不主动与女士握手，除非女士主动握手；左手被马来人认为是肮脏的，因此，在接、递物品时应用右手；忌用食指指人或指路，不跷二郎腿，不得用手抚摸小孩的头；马来人禁酒，也忌讳在物品上印动物或人像的图案。清真寺是伊斯兰教徒举行宗教仪式的地方，对外开放时，女士须穿长袍及戴头巾，否则将被拒之门外。

▲ 马来西亚寺庙

节假日

马来西亚是名副其实的节日与庆典之国。多元种族庆祝各自主要的节日。通过大大小小、多姿多彩的节庆，古老的历史传统和风俗被很好地保存下来。全国各地大小节日有上百个，政府规定的全国性节日有10个，即国庆（又称独立日，8月31日）、元旦、开斋节、春节、圣纪节、屠妖节、五一节、圣诞节、卫塞节、现任最高元首诞辰。除少数节日日期固定外，其余节日的具体日期由政府在前一年统一公布。

元旦：马来西亚同世界其他国家和地区一样，在每年公历1月1日庆贺新年。

开斋节：马来人的春节，是全国最重要的节日。每逢伊斯兰教历9月，全国伊斯兰教徒（主要是马来人）都要实行长达一个月的白天禁食（即斋戒月），然后，恢复正常的生活习惯。斋月过后的第一天即为开斋节。节日前夕，伊斯兰教徒都要进行捐赠活动，帮助有困难的人、刚皈依伊斯兰教的人、为了伊斯兰教而欠债的人等。同时，在外地的人都纷纷赶回家乡和亲人团聚。开斋节的早晨，伊斯兰教徒们都前往清真寺，进行隆重的祷告仪式。仪式过后，人们互相热烈祝贺，表示把过去的恩怨全都忘记，一切从头做起。在亲切和睦的气氛中，人们还要相互登门拜访。这一天，家家户户都准备丰富的糕点招待来访的客人。好客的马来人还特别喜欢其他民族人士前来拜访，把他们的来访看作是十分荣幸的事情。

农历新年：华人的春节，是一个热闹非凡的节日。节日的风俗和中国的春节大致相同，到处张灯结彩、敲锣打鼓。人们舞龙舞狮以驱邪逐妖，在除夕的夜晚燃放爆竹烟花，揭开农历新年的序幕。亲朋好友互相登门拜年、茶话叙旧，共享美食佳肴，派发"利是"（红包），祝贺财运亨通。这一天是全国公共假日，华人会举行团拜，国家总理及夫人以及其他政府官员还将亲自前来祝贺，并给舞狮者和儿童发放"利是"。

圣纪节：先知穆罕默德诞辰日，是伊斯兰教的节日。每年伊斯兰教历3月12日，首都数十万伊斯兰教徒在国家元首的率领下，前往清真寺举行隆重的祷告仪式，然后举行盛大的游行庆祝活动。

卫塞节：农历四月十五，是佛历最重

要的日子，象征着佛陀的出生、启蒙及涅槃。佛教信徒们竞相焚香，顶礼膜拜，并聚集在各地寺庙，将鸽子放生并祈求平安。这天也是布施的日子。到夜晚，家家户户食素食，点油灯。因此，卫塞节又叫"灯节"。

最高元首诞辰：这一天，首都举行各种各样的庆祝活动，包括免费看电影和欣赏文艺节目，王宫向公众开放参观。国家元首向对国家和社会做出贡献的人士颁发勋衔和奖章。当天，全国的清真寺还举行特别的祈祷仪式。

国庆节：又名"独立日"。1957年8月31日是马来西亚联邦独立的日子。每年的8月31日，全国人民普天同庆，首都举行盛大的庆祝游行活动和文艺演出。

圣诞节：圣诞节属于马来西亚普天同庆的一个重大节日，所有马来西亚人民都会参与其中。虽然马来西亚没有雪花飘飘的景象，但各大购物广场为迎接佳节来临，纷纷换上浪漫璀璨的圣诞装饰，走到哪儿都能感受到浓浓的圣诞气息。

除了上述全国性重大节日外，各州还有许多自己的节日，如各州现任苏丹的生日，都是本州的节日。

马来西亚旅游特色

马来西亚是一个多民族的国家，在这块风光绮丽、物产丰富的大地上，各族人民汇聚，形成了奇异独特的风土民情。

马来西亚是东南亚扼守马六甲海峡的花园国度，旅游资源十分丰富，阳光充足，气候宜人，拥有很多高质量的海滩、奇特的海岛、原始热带丛林、珍贵的动植物、千姿百态的洞穴、古老的民俗民风、悠久的历史文化遗迹以及现代化的都市。马来西亚已成为举世瞩目的旅游胜地，享有"热带旅游乐园"的美称。

▲槟城槟城酒店天台泳池

当你踏上马来西亚的国土，无论是吉隆坡的新地标——双峰塔、吉隆坡国家清真寺、避暑胜地云顶高原、马六甲博物馆，还是被誉为"东方花园"的槟城八景，以及素有"潜水天堂"美誉的热浪岛，都将给你带来美好的旅游乐趣和难忘的回忆。

为推动中马之间的人员往来，2023年11月24日，中方宣布对马来西亚实行单方面的免签政策后，马来西亚总理安瓦尔11月26日表示，马来西亚将从12月1日开始对中国公民实施入境30天内免签证的便利措施，将为进一步增进两国人员往来注入新动力。

▲马来西亚三角梅

马来西亚的历史发展轨迹

马来西亚不仅是一个花园国度，而且有着较为悠久的历史。早在远古时期，马来西亚地区已经有人类生存栖息。其历史大致可以分为古代文明、封建王朝时期、殖民地时期和独立后的马来西亚这四个阶段。

古代文明

早年的印度文明支配着马来西亚。从印度输入的印度教和佛教文化，主导了早期马来西亚的历史。

在马来半岛、沙巴与沙捞越均有考古遗留出土。人类在这个区域栖息的最古老证据可追溯到距今4000年前，在这里发掘了旧石器时代早期文化——坦彭文化，旧石器时代晚期文化——巴基特·椿平遗址等。这些旧石器时代猎人可能是塞芒人的祖先，这个矮黑人群体在马来半岛具有极深的渊源。据考古和历史研究发现，马来西亚是东南亚地区最早有人类居住的地方之一。公元1世纪至15世纪初这段时期，马来半岛南部境内基本上处于分散割据的局面，先后出现了狼牙修、吉打、赤土、丹丹等邦国及麻喏巴歇王朝，政治上极不统一。

15世纪初，以马六甲为中心的马六甲王国统一了马来半岛的大部分。从7世纪到14世纪，室利佛逝国势力强盛，其影响力延伸至苏门答腊、爪哇、马来半岛和婆罗洲的大部分地区。

伊斯兰教早在10世纪传至马来西亚，但直到14世纪和15世纪，室利佛逝国覆灭后，伊斯兰教才在马来半岛奠定根基。这个地区分裂成众多以伊斯兰教为主的苏丹国，其中，最突出的是马六甲苏丹王朝。伊斯兰文化对于马来人产生了深远影响，但是同时它也受到马来民族的影响。

封建王朝时期——马六甲王国

马六甲王国位于马来半岛的西南岸，是马来西亚历史上的第一个封建王国。

1405年，拜里迷苏剌建立马六甲王国（又称满剌加王国）。马六甲王国是一个封建制国家。国王是最高统治者。土地归国王所有，国王把土地分封给各位大臣。1445年和1456年，马六甲王国两次打败了暹罗军队的入侵，接着进行统一马来半岛的战争，彭亨、柔佛、丁加奴等地先后被征服，从而结束了马来半岛长期分散割据的局面。马六甲立国百余年，共传八世。自建国以来即与中国建立密切的政治和经济关系。

马六甲王国原来信奉印度教，建国后不久改信奉伊斯兰教，与阿拉伯和印度等国也有密切的经济来往。

殖民统治时期

马六甲重要的地理位置和"寓言中的东方香料之岛"的美誉，使得它很快成为西方殖民者垂涎的地方。

16世纪初受葡萄牙的殖民统治，17世纪中叶左右被荷兰统治，19世纪初又沦为英国的殖民地。

1941年12月8日，日本军队侵入马来亚，虽然日本占领的时期相当短，但是它激起了马来亚和其他地区的反殖民民族主义。1945年8月，日本投降后，英国殖民军于1945年9月卷土重来，重新沦为英国的殖民地，马来西亚共产党开始转为进行反英殖民活动，进行罢工、罢课，与英殖民政府关系日益紧张。

1955年，马来亚人民组成华巫印联盟（即马来亚联盟党），参加大选获胜。经过1956年1月和1957年5月两次赴英谈判，1957年8月31日，马来亚联合邦正式独立。1959年6月3日，英属的新加坡被英国殖民政府授予自治地位，英属沙捞越和英属北婆罗洲（沙巴州）也相继在1963年7月22日和8月31日被授予自治地位，三者自治时期，其国防、外交、财政、内政等事务仍由英国政府所掌管，但并未从法律上获得正式独立。经多次争论对抗，马来半岛十一州、沙巴州、沙捞越州及新加坡终于于1963年9月16日组成马来西亚。

随着以华人为主导的新加坡的加盟，整个马来西亚华人人口数量也持续增长，当时，华人约占马来西亚人口的42%，和马来族人口的比率不相上下。后来，"马来人至上"的观念越来越强烈，他们认为，马来族是马来西亚或马来亚的主人或特权者，华人和印度裔被认为是承蒙马来族的恩惠。马来族精英也开始惧怕以华人占多数的新加坡会削弱他们占多数的人口比例，并主宰马来西亚的政治及经济环境。

独立后的马来西亚

1963年7月5日，英国、马来亚联合邦、新加坡、沙捞越和沙巴在伦敦达成成立马来西亚联邦协定。1963年9月16日，马来西亚联邦正式宣告成立（新加坡于1965年8月宣布退出马来西亚联邦，成为独立国家）。

马来西亚宪法规定，政府内阁由议会中占多数的政党组成。马来西亚国民阵线自1974年执政以来，强调发展经济，协调各政党利益，建立和平、稳定、繁荣的公正社会。执政党的核心一直是马来民族统一机构（简称巫统）。此外，马来西亚还有人民公正党、民主行动党、国家诚信党和马华公会等政党。

马来西亚建国以来，为改造旧的经济结构，实行发展农业、轻工业和重工业，面向出口、全面开放的"多元化"方针。

自1970年以来，马来西亚奉行中立和不结盟政策，积极推行东南亚中立化，反对霸权主义。马来西亚长达数千年的历史发展轨迹，形成了"多元种族文化"，且能和谐共存，可称为东西方文明融合的缩影，成为吸引游客旅游的重要因素之一。

中马关系

中马两国是隔海相望的友好邻邦，两国传统友谊跨越千年。郑和七下西洋5次驻节马六甲的故事在马来西亚家喻户晓，成为中马交往史上的一段佳话。两国于1974年5月31日正式建立外交关系，马来西亚成为当时第一个与中国建交的东盟国家。建交后，两国关系总体发展顺利。1999年，两国签署关于未来双边合作框架的联合声明。2004年，两国领导人就发展中马战略性合作达成共识。2013年，两国建立全面战略伙伴关系。

两国高层互访和接触频繁。2017年5月，马来西亚总理纳吉布来华出席"一带一路"国际合作高峰论坛。2018年8月，马来西亚总理马哈蒂尔正式访华。中国在马来西亚古晋、哥打基纳巴卢和槟城设有总领馆，马来西亚在中国上海、广州、昆明、南宁、西安和香港设有总领馆。

两国经贸关系密切，签有《避免双重征税协定》《贸易协定》《投资保护协定》《海运协定》《民用航空运输协定》等10余项经贸合作协议。1988年成立双边经贸联委会。2002年4月成立双边商业理事会。2017年，两国签署《关于通过中方"丝绸之路经济带"和"21世纪海上丝绸之路"倡议推动双方经济发展的谅解备忘录》《中国商务部同马来西亚交通部关于基础设施建设领域合作谅解备忘录》。马来西亚是最早响应"一带一路"倡议的国家之一，更是共建"一带一路"早期收获最丰硕的国家之一。中马"两国双园"是中国—东盟战略合作框架下的标志性项目，是由位于中国广西钦州的"中马钦州产业园"与位于马来西亚彭亨州关丹的"马中关丹产业园"以姊妹工业园形式开展的双边经贸合作项目。截至2023年1月，中国连续13年成为马来西亚最大贸易伙伴国，同时也是其第一大进口来源地及第一大出口目的地。

2023年恰逢中国和马来西亚两国建立全面战略合作伙伴关系10周年，马来西亚总理安瓦尔于2023年3月29日开始就任马总理后的首次中国之旅。2022年，中马双边贸易额达到创历史新高的2036亿美元。2023年11月24日，中方宣布对马来西亚实行单方面的免签政策后，马来西亚总理安瓦尔26日表示，马来西亚将从12月1日开始对中国公民实施入境30天内免签证的便利措施。中马双方推出的签证便利政策，为进一步增进两国人员往来注入新动力。

在世界政治经济格局大变革大调整的今天，中马同为发展中国家，秉持相似的发展理念，坚持独立自主的外交政策，崇尚亚洲价值观，反对强权政治，共同利益更趋广泛。两国在双边和国际地区事务中保持密切协调和配合，始终相互尊重、相互支持，战略互信不断加深。中马自建交以来，历经50春秋，两国关系正处于厚积薄发、继往开来的历史新起点，两国合作恰逢其时、大有可为。

马来西亚华人历史

马来西亚华人主要是明朝、清朝到民国时期数百年来从中国福建、广东、广西、海南等一带迁移而来的中国人后裔。马来西亚华人古代多自称唐人、华人，马来西亚独立后开始改称华人、华裔，成为马来西亚国民，主要分布于吉隆坡、乔治市（槟城州）、怡保（霹雳州）、新山（柔佛州）、古晋（沙捞越州）、亚庇（沙巴州）和马六甲市（马六甲州）等各大城市。

郑和下西洋曾多次在马六甲王国停留，后来将满剌加（今马六甲）、巨港、泗水等营建成其船队的大本营。至今，马六甲仍然留有大量与郑和有关的遗迹。据明史卷三百二十五记载，当年郑和护送拜里迷苏剌和大量明朝人员，人数五百，在满剌加定居下来。

一些唐人因为和当地人通婚，开始在满剌加定居，接受同化，繁衍开来。从此唐人开始在满剌加形成聚落定居，成为组成今马来西亚重要的一个民族。明朝衰弱后，这些通婚唐人的后裔由于交通不便、明朝闭关政策等因素，开始与祖国关系疏远。在与本土文化相互交融的情况下，他们逐渐形成一支新的民族——娘惹峇峇族。娘惹峇峇的母语由方言（主要是明朝时代的方言，即福建话）慢慢转变成夹杂方言以及马来语的娘惹峇峇语，但娘惹峇峇族依然保留了各种明朝的风俗仪式。

清朝时，许多不愿投降的反清义士也

— 153 —

逃到南海一带。而清朝时期大量移民到马来西亚各地则是从鸦片战争后开始的。当时清朝战败，中英签署《南京条约》，清朝承认国民前往海外谋生的权利。由于当时英国需要大量的人力资源以开发马来亚半岛，大量的中国工人（或称为苦力）输入到马来亚半岛成为矿工、种植工人等。在蒸汽船使用后，中国人的数量更是急剧上升。此时，到来的中国移民人数已经大幅度超越早期的娘惹峇峇，所以被早期定居的人称为"新客"。这时期，马来半岛的男女比例严重失衡，这是因为劳工们的侨乡意识浓厚，多不打算扶老携幼来到马来亚定居，而是希望赚够钱回到老家故乡。

到了1929年，全球开始经济大萧条，英国停止输入中国劳工。此时，华族女性人口开始大量移民马来西亚，男女比例结构趋向平衡。1949年，中华人民共和国成立以后，中国移民来马基本上停止。此后，马来西亚华人人口完全依赖自然增长，而非移民。

马来族人是马来西亚土著民族，马来西亚华人可以通过同化的方式获取土著特权身份，这必须要与马来族或马来西亚土著通婚，信仰伊斯兰教和把原有的姓名改为马来伊斯兰名字，同化后的子孙就有马来西亚土著特权。

虽然马来西亚华人生活在异国他乡，但婚姻观和饮食习惯仍保留着传统。随着时代的迈进，很多华人开始和外族人士结婚，但还是属于少数。大部分华人在家中的饮食以中餐为主。马来西亚的中餐比较接近于中国粤菜，马来式的中餐也不会有冷热菜之分，绝大部分是热菜。由于马来西亚是个多元种族的国家，华人饮食习惯受各族影响，因此已经发生了很大变化。

马来西亚华人历来都为国家做出伟大贡献，在各方面都有杰出人才而且人数也不少。由于马来西亚是一个君主立宪制的国家，为国家做出贡献者都有机会荣获马来西亚国家勋衔，华人也有不少荣获国家最高荣誉。

▲ 马来西亚吉隆坡茨厂街

马来西亚的多元文化

马来西亚的多元文化

在地理上，马来西亚位于重要的文化中心之间，在其西部是信仰印度教的印度、信仰伊斯兰教的中东和信仰基督教的欧洲，在其东北则是中国和日本。从印度、中东和欧洲去往中国的船只必须经过马来西亚地区，而最直接的海路就是经过马六甲海峡。因此，马来西亚自古是各个文化交汇的地区，是重要的商路，这个地理位置为马来西亚带来了巨额的财富。

马来西亚是一个多民族的国家，其文化也呈现出多元化的特点，各民族共同生活，相互影响，形成了丰富多彩的文化特色，主要包括伊斯兰教文化、中华文化、印度文化、西方文化以及土著文化。其中，以伊斯兰教文化为主体文化，其他文化则是在历史的发展过程中不断被接纳所得的。

-154

以马来西亚语作为基础语言，并且历史悠久，成为影响马来西亚人的主要文化形式。

宗教多元化

马来西亚有近53%的人信奉伊斯兰教，一般说来，马来人一出生便是伊斯兰教教徒，不允许改宗。

佛教的信奉者多为马来西亚的华人。有代表性的佛教寺院有吉隆坡的观音寺、三宝洞、霹坜洞；马六甲的青云寺；槟榔屿的极乐寺、白云寺等。

住在马来西亚的印度裔多为印度南部的泰米尔族。其代表性的宗教当然是印度教。教众约占马来西亚人口总数的6.6%。

▲ 马来西亚印度教寺庙

马来西亚约有100万的基督教徒，主要为部分华人、欧亚混血儿以及部分土著居民。另外，加里曼丹岛各土著部族信仰万物有神论，锡克教徒信奉锡克教。马来西亚的各种宗教都非常活跃。因此，一年之中的宗教节日应接不暇。

服饰文化多元化

在马来西亚，西方文化与东方文化相互交融，而服饰作为一种特殊的文化，在这里表现得尤为充分，人们的服饰绚丽多彩。

马来人传统的服饰，称礼服。男女传统礼服分别是：男士为无领上衣，下着长裤，腰围短纱笼，头戴"宋谷"无边帽，脚穿皮鞋。女士礼服也为上衣和纱笼，衣宽如袍，头披单色鲜艳纱巾。除皇室成员外，一般不穿黄色衣饰。在各种正式场合，男士着装除民族服装或西服外，可穿长袖巴迪衫。"巴迪"设计优美，图案繁多，款式别致，编织手法相当细腻，"巴迪"为长袖上衣，图案讲究对称，质地薄而凉爽，现已渐渐取代传统的马来礼服，成为马来西亚国服。

土著族群的礼服十分绚丽，身上饰物多，显示他们传统的文化和艺术价值。每逢节日和重大社交场合，他们都穿着民族服饰。

马来西亚华人喜欢穿各种各样的花衣服，穿单一颜色衣服的人很少；而印度裔则喜欢穿本民族的特色服装，他们的服饰在颜色方面更喜欢单一颜色的搭配。

美食文化

马来西亚是美食家的乐园，世界各地的风味菜肴，如中国菜、印度菜和葡萄牙特色菜，随处可以品尝到。马来西亚菜普遍运用咖喱、参拜、阿三、冬炎四大香料调味，以酸辣口味，颜色鲜丽，食材丰富的菜肴为主。菜肴多以牛、羊、鸡、鸭、鱼、虾为主料。椰汁是他们食品中的主料。菜肴独具一格，有名的菜品有阿三鱼头、冬炎花枝、沙爹串烧等。

马来菜是在移民马来西亚的印度人、中国人和中东人的不断影响下发展起来的，主要原料尤其是香辛料，如辣椒、柠檬草、姜、咖喱叶和孜然等，最初是由印度人和阿拉伯人引入的，烹饪方法以蒸、煮和炒为主。但是，这并不等于马来菜就全是浓味菜，马来西亚北部菜系和泰国菜味道比较接近，酸辣为主，多用泰国名为阿三（assam）的香料。南部菜系类似新加坡口味，偏甜偏重。而沙巴主打的，则是清淡浓味兼有的马来华人餐。

马来西亚的多元社会文化在食物等方面同样表露无遗。这里汇集了马来西亚本土民族、中国、印度、西方的食物，使得各种风味的美食琳琅满目。

马来美食

马来人的食物以辣为主，其中较出名的食物有椰浆饭、香喷喷的沙爹（鸡肉、牛肉及羊肉串）、马来糕点、竹筒饭、黄姜饭等。

中式美食

华人食物从街边小摊子到酒店中菜馆，从小食到昂贵的酒席，不一而足，任君选择。小食有酿豆腐、虾面、炒粿条、咖喱面、清汤粉、薄饼、海南鸡饭、瓦煲鸡饭、馄饨面、香港点心、肉骨茶、槟城叻沙等，种类繁多。

印度美食

印度美食也以辣为主，最普遍的莫过于其拉茶及各类煎饼。其他印度食物还有查巴迪、打拜、多屑等。印度美食中的香蕉饭也是有名的。

娘惹美食

娘惹菜结合了传统中国菜的烹饪技法与南洋的特色香料。在食材上，除了一般的鸡鸭、牛羊、海鲜、蔬菜，还应用了很多当地特产配料，例如菠萝、椰浆、香茅、南姜、黄姜、亚参、椰糖等。

在风味上，娘惹菜口味浓重，讲究酱料，层次分明，所用的酱料都由十种以上香料调配而成。

西式美食

在马来西亚也有不少西餐厅及快餐店。年轻人最喜欢去的快餐店有肯德基、麦当劳、披萨屋等。

▲ 马来西亚虾面配着鸡蛋

文化与艺术

马来西亚拥有丰富多彩的文化遗产，许多传统的艺术和文化都被各族群努力地保存下来。其中，传统的舞蹈和音乐在表演艺术中占有特殊的地位；每一个民族在各节日庆典中也有特别的文化表演呈献给观众欣赏。

建筑上，同样受多民族的影响，到处都会看到不一样的建筑风格，从古典到现代，从西方的哥特式到东方的阁楼式，每一种建筑背后，都是一段文明的象征，都体现着不一样的民族文化和历史背景。正是如此多样的文化形式，让马来西亚的旅游业变得更加繁荣，吸引着来自世界各地的游客。

不可不去的旅游天堂

马来西亚——不可不去的旅游天堂

马来西亚的旅游资源十分丰富，古老的民俗民风、悠久的历史文化遗迹以及现

第 9 章
橡胶之国——马来西亚

代化的都市、令人垂涎的美食、精彩的旅游胜地、雪白的沙滩、独特的岛屿、现代化的城市、大型购物中心等，应有尽有。多个民族、多元文化、多宗教信仰在马来西亚和谐共处、水乳交融，显示着马来西亚的独特魅力。

马来西亚拥有永恒的夏天和永恒的阳光。人们称它为旅游天堂，也称它是花园国家。当你踏上马来西亚富饶的土地，从吉隆坡国际机场到市区，只见窗外繁花似锦，绿草如茵，椰树高耸，棕榈硕壮，宛如进入一个热带花园。

▲ 马来西亚热带雨林公园

▲ 马来西亚沙巴水上清真寺

在蔚蓝的天空下，绿树掩映中，现代化的繁华都市，风格各异的城镇，四通八达的高速公路让你赞叹万分；在青山绿水之间坐落着一座座风格各异的房屋。马来族的高脚屋、华人既古老又现代的农舍、土著族的长屋融为一体，构成如诗如画的风景。绵延起伏的橡胶园，层出不穷的油棕园，都是赏心悦目的乡村景色。

马来西亚旅游项目繁多，如森林之旅、高原之旅、探险之旅、洞穴之旅、长屋之旅、潜海之旅、观鸟之旅等。

马来西亚倡导传统与现代旅游项目融合发展，这是旅游业成功发展的重要原因之一。他们崇尚和谐理念，促使旅游项目多元化，使旅游业成为本地的常青树。

吉隆坡

吉隆坡是马来西亚的首都，是全国的政治、经济、文化中心和交通枢纽，位于马来半岛的中西部，面积 244 平方千米，人口约 197 万，是全国最大的城市。吉隆坡在马来话中的意思是"泥泞的河口"，开埠于 19 世纪中叶。当时，华人叶亚来率领一支垦荒队，顺巴生河而上，来开采锡矿，后来这里逐渐形成集市。1880 年，英国接管此地，逐渐发展成大城市。吉隆坡具有现代化城市基础设施，市容美观整洁，高层建筑林立，同时，又有多种风格的古老建筑和高大茂盛的森林，现代化气氛与传统景观并存，使这座马来名城独具风采。

▲ 吉隆坡天际线

157

▲ 吉隆坡茨厂街唐人街

▲ 吉隆坡双峰塔

吉隆坡塔建在马来西亚首都市中心，海拔 94 米的咖啡山顶上。尽管它与双子塔相比显得逊色些，但它却闪耀着伊斯兰文化的光辉，依然吸引着众多的游客一睹其风采。

吉隆坡国家博物馆，馆藏资料和物品丰富，环境优美，馆内分设"历史馆""金属工艺与乐器馆""文化馆""国家动物馆""自然历史馆"，以及资源保护实验室、相片资料室和图书馆。在丰富多彩、琳琅满目的展品中，让人们难忘的是我国明朝航海家郑和访问马六甲的文献和明代青花瓷器，它们陈列在显眼的位置。这些展品见证了中马两国人民的友好往来源远流长。

双峰塔是吉隆坡的新地标。双峰塔也称双子塔、双胞塔，其拥有两座完全相似且高达 452 米的塔楼。双峰塔之所以让马来西亚人骄傲，是因为它是在亚洲金融危机最严重的时候落成的。如今，双峰塔更完美、更诱人，众多的游客到这里来不是为了购物，而是为了与这座全球最高的标志性建筑来一次"零距离"接触，感受这座造型和设计都具有传统文化特色的世界上最现代的摩天大楼的魅力。

马六甲

马六甲简称甲州，位于马来半岛的西南海滨，距吉隆坡约 160 千米，首府马六甲市，是马来西亚最古老的一座城市。甲州濒临马六甲海峡，历史悠久，与中国的文化渊源深厚，明朝郑和七下西洋，曾五次到访马六甲，留下诸多历史佳话。2008 年，马六甲被联合国教科文组织正式列入世界遗产名录。

作为中国人，到马来西亚旅游，马六甲是一个不能不去的地方。这里的历史遗迹不仅留下了这座城市历经殖民统治长达 400 年沧桑岁月的印记，也让我们追寻郑和的历史踪迹，深深地感受中马友谊和经贸、人文交流的源远流长。马六甲的三保山、三保亭、三保井，见证了华裔先辈来到马六甲的拓荒史实以及华巫两族的友好亲密关系，也见证了中马两国人民的传统友谊。

荷兰红屋坐落于马六甲河畔，建于 1641—1660 年间，是东南亚最古老的荷兰建筑物，原为教堂，后改为市政府。马六甲博物馆，藏有马来、葡萄牙、荷兰和英国的历史文物。300 多年来，它一直是政府机关所在地，直至 1980 年，才改为马六甲博物馆。馆内保留了马六甲各个时期的历史遗物，包括荷兰古代兵器，葡萄牙人16世纪以来的服装，马来人婚嫁服饰，金、银、珠宝手工艺品以及在马六甲港口停泊的各类古代船只的图片等。馆内还收藏有稀有的古代钱币和邮票。

▲ 马六甲海峡历史建筑

▲ 马六甲荷兰红屋

槟城

槟城亦称"槟州"，位于马来西亚北部，曾经以槟榔树多而得名。首府乔治市，位于槟榔屿的东北端。槟榔屿充满多姿多彩的宗教和文化特色，州立博物馆、艺术馆、佛教寺庙和清真寺遍布全岛，反映了自18世纪以来诸多民族共同开发这个美丽岛屿的灿烂历史。槟城植被苍翠，风景美丽，宾馆酒店建筑各具特色，风味小吃丰富多样。从吉隆坡、新加坡、中国香港、泰国曼谷均有航班直达槟城。从吉隆坡乘火车可到达槟岛对岸的北海，再换乘轮渡或巴士过海可达槟岛。

▲ 槟城街景

▲ 槟城乔治市街头艺术壁画

古晋

古晋是马来西亚沙捞越州首府，也是东马来西亚历史最久、最大的城市。古晋地处沙捞越州的西部，沙捞越河穿城而过，华人和马来人分别住在河的两边。市内新旧建筑交替，河渠纵横，绿水悠悠，有"水上之都"之美誉。古晋是马来语"猫"的意思，它的城市标志是一只可爱的白猫。

▲ 马来西亚古晋 Semenggoh 野生动物中心的猩猩

第 9 章 橡胶之国——马来西亚

— 159 —

兰卡威

兰卡威位于马来半岛西北岸处，距离玻璃市港口 30 千米，距离吉大港 51 千米。它由 99 个热带岛屿组成，主岛称为兰卡威。这里环境优美，有美丽的沙滩、奇特的溶洞、青翠的森林、壮观的瀑布以及种类繁多的野生动植物。马来西亚航空公司与亚洲航空公司每天都有航班从吉隆坡飞往兰卡威。此外，从吉隆坡也可以乘火车或汽车到槟城亚罗士打或玻璃市，然后转搭渡轮至兰卡威。

▲ 兰卡威的清晨风景

哥打基纳巴卢

哥打基纳巴卢为沙巴州首府，也称亚庇，是马来西亚著名的旅游胜地，以其优美的自然和人文风光闻名于世，有"风下之乡"等美誉。其中神山公园位于东南亚最高山——京那巴鲁山，该山高 4095.2 米，被当地土著嘉达山族视为祖先灵魂的安息之所。

▲ 马来西亚沙巴度假海岛

▲ 马来西亚仙本那

旅游攻略

马来西亚旅游攻略

签证指南

自 2023 年 12 月 1 日起，中马两国对双方公民实施入境 30 天内免签证的便利措施。

工作签证：招聘公司必须是马来西亚外籍雇员服务处（ESD）下的注册公司，必须提供符合条件的有效雇用合同并达到相关工资要求。须由马来西亚公司先向移民局申请，获准后，由马来西亚移民局通知申请人所在地所属的马驻华使领馆发放签证。

学生签证：来马来西亚目的为教育及学习，申请者必须被马来西亚政府承认的学校录取。须由马来西亚学校先向移民局申请，获准后，由马来西亚移民局通知申请人所在地所属的马来西亚驻华使领馆发放签证。

亲属签证：一般由在马来西亚工作、学习、居住的亲属事先向马来西亚移民局申请。申请此类签证需要提供的文件较多，如亲属关系证明，在马来西亚工作、学习的证明和收入证明等。

出入境

外国旅客入境马来西亚，须向移民官

员出示有效期在 6 个月以上的护照或其他种类合法身份证件、有效签证和打印好的回程机票。

由西马来西亚去东马来西亚须持护照。东马的沙捞越州和沙巴州拥有移民自主权，从马来西亚其他地区到沙捞越州或沙巴州时，一定要再次履行入出境手续，请再次核查移民局官员批准的停留期限，以免逾期停留影响出境。

移民官员会视情检验旅客携带现金数额是否足以支付在马来西亚期间的费用开支，基本参考标准为 2000 马来西亚币（约合 500 美元）。机场对中国游客，尤其是 30 岁以下妇女入境审查比较严格，如当事人短期内频繁来马来西亚，可能会被拒绝入境。

如入境时受阻，建议与马来西亚移民官员耐心沟通，如实说明情况，尽可能提供证明材料，避免言语或暴力抵触，争取对方放行。在中国使馆大力协调下，马来西亚旅游局等机构组织志愿者在吉隆坡两个国际机场设立"中国旅客沟通协调处"，可协助有需要的中国旅客与移民官员直接沟通。如沟通未果，移民官员会请旅客到机场移民办公室接受进一步调查。

海关防疫

入境前，外籍访客须向海关申报所有应纳税物品。海关有权要求旅客打开行李物品进行查验。在东、西马来西亚间旅行不征收关税。

如访客携带私用应纳税物品且入境不超过 3 个月，在海关交付一定数额保证金后，可以将有关商品携带入境。保证金在访客出境时返还。

检验检疫

为防止动植物传染病、寄生虫病及其他有害生物传入，马来西亚政府对进口动植物实施检验检疫。如携带动植物入境，须事先向马来西亚相关主管部门申请入境许可证，并在入境时遵守各项检验检疫程序。

如携带猫、狗等宠物入境，须事先取得马来西亚政府兽医部门颁发的入境许可证和中国主管部门颁发的动物健康证和疫苗接种证明。

金融管制

无论是马来西亚居民还是非居民，每次出入马来西亚可以携带不超过等值 1 万美元的马来西亚币现金。

无论是马来西亚居民还是非居民，携带外币或旅行支票入境数额不受限制，但非居民如携带外币或旅行支票数额超过 1 万美元须向海关申报。

非居民携带外币或旅行支票出境，如数额在入境时申报的数额内，不受限制。

居留入籍

马来西亚不承认双重国籍。中国人很难取得永久居住权或国籍。

马来西亚政府为吸引外国资金、促进旅游和发展经济推出了"第二家园项目"，鼓励符合一定条件的外国人来马来西亚居住或安度退休生活。

社会治安

在马来西亚旅行、学习、工作和生活总体比较方便、安全，但社会治安事件仍时有发生。马来西亚道路交通安全事故比较频繁，部分偏远地区安全风险较高。中国公民在马旅游、经商、留学和生活过程中，应提高风险意识，加强安全防范，注意了解当地安全形势，尽量避免夜间单独出行或前往偏僻海岛及其他人迹罕至的地区。如遇紧急情况，请及时报警并联系中国驻当地使（领）馆寻求协助。

旅游安全

做好行前准备。选择旅游线路时要合理规划行程，务必选择有资质的旅行社旅游产品，避免选择报价过低的旅行社（正规旅行社要交税、码头管理费等），报价过低，存在安全隐患。

不在旅游中盲目探奇，追求刺激，不参加危险性大或不适宜自身健康与安全的项目。

注意安全提醒和天气的因素，了解暴雨等恶劣天气预警信息，做好必要的自我防护。一般正规码头有预警与提醒旗帜，根据天气情况随时更新旗帜颜色，绿色代表可出行；黄色提醒海面上风大，出海时须小心谨慎；红色为最高戒备，禁止所有游船出海。

交通安全

马来西亚交通规则为车辆左行。行人过马路时先看右后看左，注意行驶车辆。驾车时须时刻遵守交通法规，按交通信号行驶，不要右转抢行，绝不疲劳驾驶、酒后驾驶、超速驾驶。无论乘坐何种交通工具，务必系好安全带。

中国公民在马来西亚驾驶机动车辆须持当地合法驾照。遇交通事故发生时，请保持冷静，避免与对方发生冲突，确保人身安全。

通信电源

马来西亚各大城市和旅游景点互联网较为普遍，宾馆、酒店、机场、快餐厅和咖啡屋等地一般均有无线网络覆盖。

马来西亚通信资费较低，游客既可以使用街边投币电话，也可直接购买当地手机SIM卡在国内手机（非CDMA）上使用。马来西亚电压为220伏，电源插座为三芯垂直插座。

温馨提醒

遵守当地法律法规，尊重民族风俗习惯，与当地人民和谐友好相处，避免不礼貌言行。遵守公共秩序，不得在清真寺等宗教场所喧哗。

关注当地社会及治安状况，切勿参与黄、赌、毒等活动，切勿卷入金钱游戏、传销活动等非法投资陷阱。

来马来西亚务工谨防非法代办工作签证陷阱。

中国公民须选择正规渠道对马来西亚投资。马来西亚部分当地金融公司和网站涉嫌通过许诺高额回报，利诱下线投资，吸引包括中国公民在内的马来西亚国内外人士参与。

马来西亚于2019年1月1日颁布禁烟令，在禁烟区内吸烟的人将被罚款高达1万马来西亚币或面临两年监禁，允许顾客吸烟的餐厅将被罚款最高2500马来西亚币。

紧急求助

马来西亚报警和急救电话：999（座机）、112（手机）。

问询和查号电话：102（问询）、103（查号）。

外交部全球领事保护与应急呼叫中心电话：+86-10-12308 或 +86-10-59913991。

中国驻马来西亚大使馆领事保护与协助电话：+60-3-21645301（领区：吉隆坡、雪兰莪州、森美兰州、马六甲州、柔佛州、登嘉楼州、吉兰丹州、彭亨州）。

中国驻古晋总领馆领事保护与协助电话：+60-82-414818 或 +60-128861953（领区：沙捞越州）。

中国驻哥打基纳巴卢总领馆领事保护与协助电话：+60-149857312（领区：沙巴州、纳闽联邦直辖区）。

中国驻槟城总领馆领事保护与协助电话：+60-1110592308。

思考与讨论

1. 马来西亚具有哪些区位优势？
2. 马来西亚为何被誉为"旅游天堂"？
3. 马来西亚的多元文化特色。
4. 如何理解中马友好交往历史源远流长？
5. 如何理解中马经贸合作的发展潜力？

第10章　万岛之国——印度尼西亚

初识印度尼西亚

印度尼西亚共和国，简称印度尼西亚或印尼，由上万个岛屿组成，是全世界最大的群岛国家，疆域横跨亚洲及大洋洲，以前别称"千岛之国"，现在按实际有1万多个岛屿被称为"万岛之国"。印度尼西亚盛产香料，如丁香、豆蔻、檀香等。印度尼西亚全境拥有400多座火山，是世界上现存火山最多的国家，也因此造就了印度尼西亚十分独特的地质现象。从苏门答腊西岸经爪哇、巴厘、摩鹿加群岛的邦达岛到苏拉维西北部，一路均是延绵成背脊般的火山。

印度尼西亚是东南亚国家联盟创立国之一，也是东南亚最大经济体及20国集团成员国。印度尼西亚群岛自公元7世纪起即为重要贸易地区。

印度尼西亚是亚洲南半球最大的国家

印度尼西亚地跨赤道，其70%以上领地位于南半球，因此是亚洲南半球最大的国家，其东西长度在5500千米以上，横跨太平洋和印度洋，是除中国之外领土最广泛的亚洲国家。

印度尼西亚是世界上最大的群岛国家，由太平洋和印度洋之间约17508个大小岛屿组成，像一串珍珠散布在珊瑚海中，其国土面积为1913578.68万平方千米。北部的加里曼丹岛与马来西亚接壤，新几内亚岛与巴布亚新几内亚相连。东北部邻菲律宾，东南部是印度洋，西南与澳大利亚相望。印度尼西亚岛屿分布较为分散，主要有加里曼丹岛、苏门答腊岛、伊里安岛、苏拉威西岛和爪哇岛。各岛内部多崎岖山地和丘陵，仅沿海有狭窄平原，并有浅海和珊瑚环绕。

加里曼丹岛，山地从中部向西面伸展，沿海平原广阔，南部多沼泽。苏门答腊岛，山脉自西北向东南斜贯，山脉东北侧为丘陵和较宽的沿海冲积平原，平原东部多沼泽。苏拉威西岛，大多为山地，仅沿海有狭窄平原。爪哇岛，北部是平原，南部是熔岩高原和山地，山间多宽广的盆地。伊里安岛，西部高山横亘，有印度尼西亚最高峰和世界最高的岛屿山峰查亚峰（海拔5030米），南部平原较宽广。爪哇为印度尼西亚的中心，也是人口最多的一个岛，首都雅加达即位于此岛的西北岸。

印度尼西亚是典型的热带雨林气候，年平均温度25℃～27℃，无四季分别。北部受北半球季风影响，7月至9月，降水量丰富。南部受南半球季风影响，12月至次年2月降水量丰富，年降水量1600～2200毫米。

印尼自然资源丰富，有"热带宝岛"之称。盛产棕榈油、橡胶等农林产品，其中棕榈油产量居世界第一，天然橡胶产量居世界第二。富含石油、天然气以及煤、锡、铝矾土、镍、铜、金、银等矿产资源。

行政区划

印尼共有一级行政区（省级）38 个，包括雅加达首都、日惹、亚齐 3 个地方特区和 35 个省。二级行政区（县/市级）共 514 个。首都雅加达是全国的政治、经济和文化中心。其他的主要经济城市包括泗水、万隆、棉兰、三宝垄和巨港等。

印尼是世界第四人口大国，也是信奉伊斯兰教人口最多的国家。根据 2023 年印尼人口统计结果，印尼人口总数为 2.81 亿人（2023 年 12 月），其中爪哇岛人口约 1.5 亿多人。该岛是世界上人口最多的岛屿。印尼有 300 多个民族，其中爪哇族占人口总数的 45%，巽他族占 14%，马都拉族占 7.5%，马来族占 7.5%，华人约占人口总数的 5%。民族语言有 200 多种，官方语言为印度尼西亚语。华人在印尼商贸和工业领域发挥着重要作用。

国旗

印度尼西亚国旗为上红下白二色旗帜。长宽比例为 3:2。1945 年 8 月 17 日首次升起，此后没有更改过。红色象征勇敢和正义，还象征印度尼西亚独立以后的繁荣昌盛；白色象征自由、公正、纯洁，还表达了印度尼西亚人民反对侵略、爱好和平的美好愿望。

国徽

印度尼西亚国徽是一只金色的、昂首展翅的印度尼西亚神鹰，象征印度尼西亚人民的光荣和胜利。8 月 17 日是印度尼西亚独立日，神鹰尾部有 8 根羽毛表示 8 月，双翅上各有 17 根羽毛，表示 17 日，从而纪念 8 月 17 日这个值得印度尼西亚人民骄傲的日子。

政治制度

印度尼西亚是一个总统制共和国，现行宪法为《"四五"宪法》，规定建国五基（又称"潘查希拉"，即信仰神道、人道主义、民族主义、民主和社会公正）为立国基础，人民协商会议为最高权力机构，总统为国家元首、政府首脑和武装部队最高统帅。从 1999 年 10 月至今，人民协商会议对宪法进行了四次修改，主要包括规定总统和副总统只能连选连任一次、每任五年，减少总统权力、强化议会职能等。印度尼西亚人民协商会议是国家最高权力机关，由人民代表会议（即国会）和地方代表理事会共同组成。主要职能包括制定、修改和颁布宪法；根据大选结果任命总统、副总统；依法对总统、副总统进行弹劾等，每五年选举一次。国会全称人民代表会议，是国家立法机构，行使除起草和修改宪法、制定国家大政方针之外的一般立法权。国会无权解除总统职务，总统也不能宣布解散国会；但如总统违反宪法或人民协商会议决议，国会有权建议人民协商会议追究总统责任。

经济概况

印度尼西亚是东盟最大的经济体。农业、工业、服务业均在国民经济中发挥重要作用。为加速经济发展，印尼出台了"印度尼西亚制造 4.0"计划，目标是在 2030 年进入全球十大经济体行列。这是印度尼西亚响应世界范围内的以数字技术、生物科技、物联网和自动化为主要特征的第四次工业革命所做的战略性布局。

"印度尼西亚制造 4.0"计划是印度尼

西亚一项国家战略，由印度尼西亚工业部具体领导和推行。工业部部长 Hartarto 表示，要使印度尼西亚经济变得更有竞争力，提高工业增加值，发展高科技产业是关键方向。"印度尼西亚制造 4.0"计划设置了五个优先发展行业：食品和饮料、汽车、纺织、电子和化工。在这五个产业部门，印度尼西亚已具备一定的发展基础，在经济发展中所占份额较大，且国际市场空间较大，对推动印度尼西亚就业、出口和未来科技发展都有重要意义。

总统佐科执政后，提出建设"全球海洋支点"构想，大力发展海洋经济和基础设施，经济保持稳步增长。2023 年，印度尼西亚国内生产总值 20892.4 万亿印尼盾（约合 1.37 万亿美元），同比增长 5.05%；人均国内生产总值 4920 美元。经济总量位居东南亚地区第一位，但印度尼西亚有着 2.76 亿的人口，人均 GDP 落后于泰国等国家。

印度尼西亚特色产业主要有石油天然气、农林渔业、采矿业、工业制造业和旅游业等。印度尼西亚油气资源丰富，政府公布的石油储量为 97 亿桶，折合 13.1 亿吨，其中核实储量 47.4 亿桶，折合 6.4 亿吨；天然气储量 5.1 万亿立方米。印度尼西亚是农业大国，全国耕地面积约 8000 万公顷，主要经济作物有棕榈油、橡胶、咖啡、可可。印度尼西亚森林覆盖率为 54.25%，达 1 亿公顷，是世界第三大热带森林国家。印度尼西亚最大的林业和造纸企业为金光集团。印度尼西亚矿产资源丰富，分布广泛，主要的矿产品有锡、铝、镍、铁、铜、锡、金、银、煤等。印度尼西亚的工业化水平相对不高，制造业有 30 多个不同种类的部门，主要有纺织、电子、木材加工、钢铁、机械、汽车、纸浆、纸张、化工、橡胶加工、皮革、制鞋、食品、饮料等。印度尼西亚最大的钢铁企业为国有克拉卡陶钢铁公司。

旅游业是印度尼西亚非油气行业中仅次于电子产品出口的第二大创汇行业，政府长期重视开发旅游景点，兴建饭店，培训人员和简化入境手续。印度尼西亚旅游资源非常丰富，拥有许多风景秀丽的热带自然景观、丰富多彩的民族文化和历史遗迹，发展旅游业具有得天独厚的条件，旅游产业成为印度尼西亚的经济新支柱。近年来，印度尼西亚旅游业向优质旅游方向发展，更加注重清洁、健康、安全和环境可持续性。2023 年年初开始，印度尼西亚旅游逐步常态化。

宗教文化

印度尼西亚是一个宗教多元化的国家，大多数国民信仰伊斯兰教。伊斯兰教于 13 世纪末传入印度尼西亚，到 16 世纪，已成为印度尼西亚群岛大部分地区的宗教信仰。当今世界上伊斯兰教徒最多的国家就是印度尼西亚，超过 87% 的居民信仰伊斯兰教。印度尼西亚宪法中规定不设立国教或官方宗教，这对信徒不占人口优势的其他宗教很重要，它保证了各宗教的平等与自由。伊斯兰教对印度尼西亚民众政治与社会生活的方方面面，都有极其广泛和深远的影响。每逢伊斯兰教重大节日如开斋节等，伊斯兰教徒都要举行盛大的庆祝活动。

在印度尼西亚，婆罗浮屠是佛教兴衰的见证者。这座已有 1000 多年历史的宏伟佛教建筑，是与中国万里长城、埃及金字塔、印度泰姬陵和柬埔寨吴哥窟一起被联合国列入世界文化遗产名录的东方五大奇迹。婆罗浮屠之意是"山丘上的佛塔"，有学者认为，婆罗浮屠佛塔建于公元 8 世纪至 9

世纪，是为供奉佛祖释迦牟尼遗物而建的，整个建筑用 200 多万块巨型火山岩石砌成；长达 2000 多米的浮雕诉说的是佛本生故事、善财童子五十三参等佛教故事。

从 1907 年开始，婆罗浮屠在 100 多年的时间里多次修复，伴随这一过程的是，印度尼西亚佛教也获得近千年来最大的发展：1952 年，印度尼西亚第一个佛教组织三达摩会成立；1978 年，成立"印度尼西亚佛教总会"，印度尼西亚政府承认佛教为第五个合法宗教；1983 年，印度尼西亚政府批准佛诞节为国家节日；1984 年创立了印度尼西亚第一个佛教学校"印度尼西亚佛教大学"。有消息说，苏门答腊政府正在开发慕亚拉佛塔群遗迹。从正在发掘和整修的情况看，这里是历史上继印度那兰陀寺之后全球最大的佛教大学教义中心，佛塔数量和规模远胜过著名的婆罗浮屠，佛塔中发现了中国宋代的铜钱、铜锣以及瓷器等文物，这是世界佛教又一奇迹。

近 70 年来，印度尼西亚天主教和基督教获得较快发展，全国有 6.1% 的居民信仰基督教，3.6% 的居民信仰天主教。

目前，印度尼西亚还是东南亚国家中印度教教徒最多的国家，信众主要集中在巴厘岛。印度尼西亚普兰巴南寺庙群，是现今印度尼西亚境内最大的印度教庙宇，与临近的婆罗浮屠一起被列入联合国世界文化遗产。

印度尼西亚孔教源于中国儒学，现今是与伊斯兰教、基督教、天主教、佛教和印度教并列的印度尼西亚六大合法宗教之一。印度尼西亚孔教以中国孔子的儒学为宗教信仰，是印度尼西亚部分土生华人特有的宗教形式。印度尼西亚孔教使用印度尼西亚语言文字，信众主要是印度尼西亚的土生华人，是把中国的儒学印度尼西亚化了的宗教。印度尼西亚孔教把中国的儒学经典《四书五经》奉为宗教经典，有专门的教职人员（学师、文师、教生），有一整套的宗教仪式，有自己的宗教历法——孔圣诞历法。印度尼西亚孔教会认为，凡是敬天、拜祖先、尊孔者都被承认为孔教徒。

孔教源于中国儒学，但在印度尼西亚得到了传承与传播。印度尼西亚华人保留了包粽子、吃月饼等生活习俗，华人的新年——春节现在已成为印度尼西亚全国公共假日，印度尼西亚华人的新人婚礼至今还保留要先拜天地、拜祖先以及"上头"的仪式。有一个和中国完全不同的是，印度尼西亚孔教将华人传统节日几乎全部纳入宗教仪式体系，在现代中国长期以民俗形式存在的传统节日，像除夕、春节、中秋等，全部成为印度尼西亚孔教的宗教节日，被赋予宗教的意义。

印度尼西亚孔教融入本土文化，有利于华夏文明的海外传播。印度尼西亚推行多民族、多文化共处的国策，社会环境相对宽容，在这样的宗教氛围中，印度尼西亚的六大宗教和而不同。政府支持正常的宗教活动，每年拨出专款用于扶助宗教场所和宗教学校，支持各宗教的正当信仰活动。各宗教之间也并不完全各自隔绝，而是受其他宗教的影响，像印度尼西亚伊斯兰教的郑和清真寺有典型的中国儒家文化的印记，婆罗浮屠有着印度尼西亚爪哇本土文化的建筑风格和印度教的影响，多元文化在岛国和谐共存与交融。

旅游

印度尼西亚地理位置独特，横跨两大洋，拥有丰富的人文和自然资源，旅游资源优势明显。截至 2021 年，印度尼西亚共计拥有9项世界遗产,其中,文化遗产5项,自然遗产4项;另有19项遗产列入预备名单。印度尼西亚世界遗产总数在东南亚位居第一。目前,印度尼西亚成为东南亚地区重要的旅游观光地区之一。巴厘岛有"天堂岛"等美称,这里自然风光引人入胜,是天然的度假胜地。中爪哇的千年古塔婆罗浮屠佛塔和甫兰班南印度教陵庙群,均被联合国教科文组织列入世界文化遗产名录。为了欢迎更多的游客到来游览热带岛屿的奇异世界,印度尼西亚政府打开门户,给予更多国家免签入境的政策。印度尼西亚是世界上旅游资源最丰富的国家之一,它以旖旎秀丽的热带风光、灿烂辉煌的历史古迹及多姿多彩的民俗风情而闻名于世,每年慕名而来的世界各国游客多达五六百万人次。在外汇收入方面,旅游业的贡献属第三大,仅次于棕榈油和煤炭。

旅游业已经成为印度尼西亚政府促进经济增长的重要抓手,2023年旅游业外汇收入至少达到20.7亿美元。印度尼西亚旅游和创意经济部推出了"印尼关怀"计划,强调旅游业需保持安全感、健康感和舒适感,通过改善基础配套措施、提升服务水平等,进一步赢得国际游客信任。

印度尼西亚风情习俗

印尼人文风情

社交礼仪

在印度尼西亚,人们在社交场合见面习惯以握手为礼;与熟人或朋友相遇时,印度尼西亚人的传统礼节是用右手按住胸口互相问好;坐下时,两腿不能交叉,否则要将一条腿的膝盖放在另一条腿的膝盖上面;如果把脚尖或鞋底对着别人,这会被认为是对别人的侮辱。伊斯兰教徒很讲究礼节,熟人相见,"请""谢谢""对不起"等礼貌用语更是时常挂在嘴上。

到朋友家做客时,要衣着整洁,对家中长者要表示尊敬;吐痰、挖鼻孔是人人避讳的行为;用餐时要赞扬主人的厨艺;伊斯兰教徒按教规不饮烈酒,不吃猪肉。在印度尼西亚人家里,当你看到长相可爱的小孩,切忌摸小孩的头。

风俗禁忌

印度尼西亚禁食猪肉、禁酒。在公共场合,提倡女士优先。男士遇到女士一般不主动握手,若对方伸出手,可以轻握。印度尼西亚人大多数信奉伊斯兰教,所以,不可以用左手拿东西给他们。印度尼西亚人视陌生人触摸自己的头部为粗鲁无礼的行为。他们喜食辛辣和油炸食品,调味时喜加多种香料。一般民众吃饭用右手抓食,宴会上则使用刀、叉,不爱吃海参,也不吃带骨带汁的菜和鱼肚等。

印度尼西亚人忌讳夜间吹口哨,认为它会招来游荡的幽灵和挨打。在印度尼西亚,进行裸体太阳浴是非法的;和他们交谈应避开政治、宗教等话题;和别人谈话或进别人家里都要摘下太阳镜。

拜访印度尼西亚商人时要带上礼物,收下礼物即意味着承担了某种责任。进入圣地特别是进入清真寺,一定要脱鞋。参观庙宇或清真寺,不能穿短裤、无袖服、背心或裸露的衣服。进入任何神圣的地方,一定要脱鞋。

色彩斑斓民族服饰

印度尼西亚人的衣着有一个最大的特

点，那就是简便，无四季之分，人们一年到头只需穿衬衣、单裤、裙子等夏服，而无须像温带或寒带地区的人那样备有不同季节的服装。

印度尼西亚民族众多，各民族都有自己不同特色的民族服装，可以说是多姿多彩。纱笼、披肩与头巾是印度尼西亚人的民族服装，一般是着上衣，下身围纱笼（一种长围裙）。女的上衣是对襟长袖，没有衣领，下身则围色彩艳丽的纱笼。男的上衣是有领对襟长袖，下身则围带格图案的纱笼。女的一般要披丝绸的披肩，男的头上包扎各式头巾，或戴黑色无边小礼帽。平时男女都喜欢穿拖鞋或木屐。纱笼一般是用印度尼西亚特产的巴迪布制作。

如同男士有多条领带一样，参加社交活动多的妇女往往有许多条色彩不同的披肩，以便与各色服装相配。它可披在左肩，也可披在右肩，披时将它折成与肩同宽。

巴迪衫是印度尼西亚主要的传统服饰，已有1200多年历史。2009年9月，联合国将"巴迪"列为世界非物质文化遗产。巴迪衫在印度尼西亚有着相当广泛的群众基础。上至总统，下至平民百姓，谁的衣橱里都有那么几件。总之，各地的人们在巴迪衫的设计中，融入了自己的生活习俗、审美情趣、文化特色和宗教传统，可谓异彩纷呈。

印度尼西亚人喜欢新颖独特、富有趣味和想象力的装饰品，如项链、耳环、手镯、别针等，佩戴在简单朴素的服装上，就显得十分耀眼美丽。

美食文化

印度尼西亚人喜欢吃大米饭和中国菜，爱饮红茶和葡萄酒、香槟等果酒饮料，喜欢吃牛、羊、鱼、鸡之类的肉及内脏。印度尼西亚无论是肉类、鱼类都要加上很多辣椒或胡椒为佐料。

印度尼西亚地处热带，居民的主食是大米、玉米或薯类，尤其是大米，更为普遍。大米除煮熟外，印度尼西亚人也喜欢用香蕉叶或棕榈叶把大米或糯米包成菱形蒸熟而吃，称为"克杜巴"。印度尼西亚人也喜欢吃面食，如吃各种面条、面包等。

印度尼西亚是一个盛产香料的国家，印度尼西亚人制作菜肴喜欢放各种香料，以及辣椒、葱、姜、蒜等。因此，印度尼西亚菜一般带有辛辣味。

印度尼西亚风味小吃种类很多，主要有煎香蕉、糯米团、鱼肉丸、炒米饭及各种烤制糕点。印度尼西亚人还喜欢吃凉拌什锦菜和什锦黄饭。印度尼西亚人视黄色为吉祥的象征，故黄米饭成为礼饭，在婚礼和祭祀上必不可少。

▲ 印度尼西亚巴厘岛身穿民族装的新娘

▲ 印度尼西亚燕窝官燕

▲ 印度尼西亚咖喱美食

印度尼西亚人对动物的崇拜

在印度尼西亚人的心目中，蛇有着崇高的地位，人们敬蛇如敬神，有很多民间传说和传统戏剧涉及蛇，蛇往往是善良、智慧、德行和本领的象征。在巴厘岛，人们还专门建造一个像庙宇一样的蛇舍，里面养着一条大蛇。蛇舍前设有香案，作供奉香花、祭品及磕头、礼拜、祈祷之用，蛇舍后面的蛇洞里，还养着大量的蝙蝠，专供这条蛇吞食。

主要节日

开斋节

每年伊斯兰教历9月，全国伊斯兰教徒都要实行白天斋戒禁食，斋月后第一天便是开斋节。开斋节前夕，伊斯兰教徒要进行慈善捐赠活动。开斋节那天，家家户户打扫得干干净净，门前挂着用嫩椰叶制作的装饰物。人们身着盛装，互相拜访，有的团体还会进行团拜，气氛热烈，一片喜庆景象。

静居日

静居日是巴厘印度教徒的新年，时间在巴厘历十月初一。这是个庆祝方式非常独特的节日。节日前几天，人们便开始忙碌起来，男人们打扫庭院，制作节日用的形似魔鬼、雄狮、巨龙等的木偶，女人则赶做新衣及节日祭祀用的菜肴糕点。

民族节

1908年5月20日，雅加达建立了印度尼西亚第一个民族组织"崇知社"，旨在宣传教育、以科学救国和进行文化启蒙运动。崇知社的成立，标志着印度尼西亚民族的觉醒。后来印度尼西亚政府把"崇知社"成立的日子定为民族节。

此外，还有圣诞节、卫塞节（阳历5月份的第一个月圆之日）、华人春节（农历正月初一）、印度尼西亚独立纪念日（8月17日）、宰牲节（伊斯兰教历12月10日）等。

印度尼西亚的历史发展轨迹

印度尼西亚的历史发展轨迹

印度尼西亚历史悠久，远古时期已有人类在此繁衍生息。爪哇岛和苏门答腊岛是印度尼西亚古代文明的主要发源地，也是东南亚海岛国家文明的发祥地。印度尼西亚当地统治者吸收外国文化、宗教及政治形态，曾出现兴盛的佛教及印度教王国。异国商人带来伊斯兰教，欧洲势力则带来了基督教，并于地理大发现后垄断香料群岛摩鹿加群岛的贸易。印度尼西亚在第二次世界大战后宣告独立。印度尼西亚历史发展历程大致可以分为史前时期、奴隶制王国时期、封建王国时期、殖民统治时期、印度尼西亚联邦共和国的建立时期。

史前时期

19世纪末和20世纪30年代，在爪哇岛先后发现"爪哇人""瓦甲克人"和"梭罗人"等原始人类化石。构成印度尼西亚现代居民的祖先古印度尼西亚人（或称澳斯特尼西亚人）是公元前2000多年到公元前2世纪陆续从亚洲大陆东南部迁来的。经考古研究表明，古人类在印度尼西亚的生活轨迹可追溯至8000年前。

奴隶制王国时期

古代社会（公元前2世纪至公元16世纪）随着原始社会生产力的发展，南海交通与贸易的发达，印度人来往群岛的增多以及印度文化的传入，大约在公元前2世纪下半叶出现最早的奴隶制国家——叶调。公元3世纪至7世纪，出现受印度文化影响的奴隶制王国，如西爪哇的达鲁曼、中爪哇的诃陵和东加里曼丹的古泰。印度种姓制度被移植来作为统治人民的社会制度。5世纪佛教开始传入。新兴地主阶级以佛教为武器反对为奴隶主阶级所控制的婆罗门教。经过长达3个世纪左右的斗争，佛教取代婆罗门教的地位。历史学家称当时的印度尼西亚王国为印度化的王国，甚至有专家认为，当时这些王国是印度人建立的殖民地。

封建王国时期

7世纪中期，苏门答腊和爪哇开始进入封建社会。以苏门答腊巴邻旁（巨港）为中心的室利佛逝王国，迅速发展为海上商业帝国。室利佛逝是当时东南亚佛教中心。7世纪之后，爪哇各独立王国之间，特别是印度教的珊阇耶王国与佛教的夏连特拉王朝（山帝王朝）在争夺中爪哇的霸权。856年，夏连特拉最后失败，王子逃往苏门答腊，继承室利佛逝王位。到10世纪，爪哇政治中心从中爪哇转移到东爪哇的布兰塔斯河流域。11世纪起，室利佛逝国势日衰，到13世纪末终于灭亡。13世纪末至14世纪初，在爪哇建立了印度尼西亚历史上最强大的麻喏巴歇封建帝国，版图包括今印度尼西亚国土和马来半岛。13世纪末，伊斯兰教进入印度尼西亚后广泛传播，属领王公和爪哇海岸地区长官先后皈依伊斯兰教，脱离王国。1478年，东爪哇封建领主军队攻陷麻喏巴歇首都，王国遂亡。

殖民统治时期

16世纪开始，西方殖民者纷纷来到东南亚地区，今印度尼西亚群岛先后遭到葡萄牙、西班牙、荷兰、英国和日本的侵入。1596年荷兰侵入，1602年荷兰政府批准成立具有政府职权的联合东印度公司（以下简称公司）。1619年公司占领雅加达（改名为巴达维亚）后，就以它为基地，开始了长达350多年对印度尼西亚和亚洲其他国家的殖民掠夺。在公司统治时期（1602—1799年），印度尼西亚各族人民展开轰轰烈烈的反抗斗争，其中规模较大、历时较长的反抗有杜鲁诺佐约的抗荷武装斗争（1674—1679年）、苏拉巴蒂起义、基·托坡领导的万丹人民起义（1750—1755年）。印度尼西亚人民持续不断的武装斗争延缓了印度尼西亚殖民化的进程，加速了公司垮台。1800年，荷兰"巴达维亚共和国"接管印度尼西亚殖民地。

1942年，日本占领印度尼西亚。1945年，日本投降后，印度尼西亚爆发八月革命，1945年8月17日，宣布独立，成立印度尼西亚共和国。1947年后，荷兰与印度尼西亚经过多次战争和协商，于1949年11月签订印荷《圆桌会议协定》。根据此协定，印度尼西亚于同年12月27日成立联邦共和国，参加荷印联邦。

印度尼西亚共和国的建立

1950年8月，印度尼西亚联邦议院通过临时宪法，苏加诺总统宣布成立统一的印度尼西亚共和国，取代原来的印度尼西亚联邦共和国。同年8月27日，印度尼西亚加入联合国。1954年8月，脱离荷印联邦；1963年，收复被荷兰占领的西伊里安。自此，印度尼西亚走上了完全独立发展的历史时期。

印度尼西亚重视对外关系，奉行积极独立的外交政策，以东盟为外交基石，积极推进东盟共同体建设。主张大国平衡，重视同美国、中国、日本、俄罗斯、澳大利亚、印度及欧盟的关系。重视不结盟运动和南南合作。2022年担任二十国集团轮值主席国，11月在巴厘岛举行二十国集团领导人第十七次峰会。

中国与印度尼西亚关系

话说中国与印度尼西亚的关系

中国与印度尼西亚友好交往源远流长，印度尼西亚也是最早同新中国建交的国家之一。中国与印度尼西亚于1950年4月13日建交。1965年，印度尼西亚发生"9·30事件"后，两国于1967年10月30日中断外交关系。20世纪80年代，两国关系开始松动。1989年，钱其琛外交部部长在日本分别与印度尼西亚总统苏哈托和国务部长穆迪约诺就复交问题举行会晤。同年12月，两国就关系正常化的技术性问题进行会谈，并签署会谈纪要。1990年7月，印度尼西亚外长阿拉塔斯应邀访华，两国发表《关于恢复两国外交关系的公报》。

1990年8月8日，李鹏总理访问印度尼西亚期间，两国外长分别代表本国政府签署《关于恢复外交关系的谅解备忘录》，宣布自当日起正式恢复两国外交关系。1999年年底，两国就建立和发展长期稳定的睦邻互信全面合作关系达成共识。

2013年10月2日，国家主席习近平在雅加达同印度尼西亚总统苏西洛举行会谈，双方共同决定把中印尼关系提升为全面战略伙伴关系。中国与印度尼亚建立全面战略伙伴关系十年来，两国各领域合作结出累累硕果，中国已连续十年成为印尼最大贸易伙伴。2022年，中国与印度尼西亚贸易额达633亿美元，增长18.3%。中国对印度尼西亚投资达34亿美元，增长超过30%。

雅万高铁是印度尼西亚和东南亚第一条高铁，通车后雅加达和万隆之间的旅行时间由原来的3个多小时缩短至40分钟。在两国元首的亲自推动下，雅万高铁建设持续推进，不断取得重大进展，成为高质量共建"一带一路"的又一标志性项目。

2022年11月，国家主席习近平在印度尼西亚巴厘岛参加G20峰会期间，同印度尼西亚总统佐科举行会谈。两国元首就共建中印尼命运共同体达成重要共识，一致同意以2023年中印尼建立全面战略伙伴关系10周年为契机，打造高水平合作新格局。两国元首共同见证签署《加强全面战略伙伴关系行动计划（2022－2026）》《共建"一带一路"合作规划》以及经贸合作、数字经济、职业教育、药用植物等领域合作文件。

印度尼西亚华人历史

印度尼西亚华人源自过去数百年来从中国南方的迁移。印度尼西亚华人有不同的祖籍地和移民时间，分布于印度尼西亚不同的地区。根据研究，印度尼西亚华人大多来自中国的南方省份，如福建、海南、广东。印度尼西亚华人大多分布于雅加达、泗水、棉兰、北干巴鲁、三宝珑、锡江、巨港、万隆及邦加槟港等城市中。

中国与印度尼西亚的往来交流可以追溯至唐宋时期。印度尼西亚爪哇曾是中国南方海上丝绸之路的重要停靠地，而明代郑和下西洋则是中国与印度尼西亚地区交往的重要里程碑。自唐宋以来，就有华侨陆续到南洋谋生，其中也包括印度尼西亚群岛。明清以后，印度尼西亚地区华人大量增加，并形成相当可观的经济实力。郑和下西洋开启了中国与印度尼西亚官方大规模友好交流的序幕，船队的许多人后来分散留在印度尼西亚。善于经商、农耕、航海贸易的这些人及后来的中国移民都陆续参与开发了印度尼西亚，促进了印度尼西亚社会生活方方面面的进步。在近代，印度尼西亚华人在抗击日本殖民统治，争取印度尼西亚民族解放和独立中都积极发挥作用。由于民族、宗教、殖民统治等原因，印度尼西亚历史上曾多次发生排华风潮。新中国成立和印度尼西亚独立以后，曾有一段时间，两国关系相当密切。万隆会议的成功召开，两国领导人的频繁互访，印度尼西亚华人的安居乐业。1990年8月，伴随着中国国际地位的空前提高，经过印度尼西亚华人的有力推动，中国与印度尼西亚两国又恢复了外交关系。印度尼西亚华人在总人口中所占比例不大，但在印度尼西亚的经济生活中占有重要的地位。

近10年来，随着中国与印度尼西亚两国交往频繁密切，印度尼西亚华人更是扮演着两国友谊纽带的重要角色。许多印度尼西亚华人认为，现在，中文在印度尼西亚已经成为重要的社交语言，这离不开印度尼西亚华人长期以来的不断争取和努力。随着中国与世界经济的交融，中文已成为印度尼西亚年轻人希望掌握的工作语言之一。起源于中国的道教、儒学也在印度尼西亚受到保护传播，中国元素渐渐成为印度尼西亚多元化的重要内容之一。长期致力于中印尼文化交流的雅加达华人韩玉洲接受记者采访时表示："中国与印度尼西亚交往的基础在民间，靠经济与文化双轮驱动。国相交在于民相亲，民间的交流融合、友好往来是两国邦交的稳定基石"，成为中国与印度尼西亚两国人民的共识。

走进万岛之国

走进万岛之国

印度尼西亚是世界上旅游热门国家之一，它以其旖旎秀丽的热带风光、灿烂辉煌的历史古迹及多姿多彩的人文风情而享誉世界。

北苏门答腊境内的东南亚第一大淡水湖——多巴湖及其湖心岛，风景优美，文化习俗独特，令游人陶醉。西伊里安的查业维查亚山，矗立云表，雄伟壮丽，且地处赤道而山顶终年积雪不化，是印度尼西亚又一堪称世界一绝的风景线。印度尼西亚东部班达海上的小群岛班达群岛，孤处深海，自然风光如诗如画，已被联合国教科文组织列入世界自然遗产名录，是休闲旅游的好去处，深受广大游客，尤其是中老年游客的钟爱。

此外，喀拉喀托火山，乌绒库伦自然保护区（也被联合国教科文组织列入世界自然遗产名录），茂物大植物园，茂物总统行宫，多拉查人的葬俗及葬礼，各种博物馆，以及民间音乐、舞蹈、雕刻、绘画等艺术的表演和展示都具有独特的魅力。

雅加达是印度尼西亚共和国的首都，东南亚第一大城市。500多年前，雅加达称"巽他格拉巴"，意即"椰子"，是输出胡椒和香料的著名海港。1527年，改称"雅加达"，含有胜利和光荣之义。1618年为荷兰殖民军攻占，易名"巴达维亚"。第二次世界大战期间为日军攻陷。1945年印度尼西亚独立后，雅加达恢复原名，并被指定为首都。

雅加达是印度尼西亚全国三大旅游中心之一，拥有众多名胜景点，主要有独立广场公园、民族纪念碑、安佐尔梦幻公园、千岛群岛、伊斯蒂赫拉尔清真寺、中央博物馆、雅加达历史博物馆、伊斯梅尔·马尔祖基公园等。在雅加达，有一处别具一格的旅游胜地，印度尼西亚人亲切地称它为"美丽的印度尼西亚缩影公园"（又称迷你公园）。这个缩影公园把印度尼西亚全国岛屿山川、都市港口、名胜古迹、风土人情按照印度尼西亚全国的地理位置，以缩影的形势艺术地展现在游人面前。在"印度尼西亚缩影公园"的大门口，登高望远，鸟瞰全景，"万岛之国"尽收眼底。一个个岛屿、一块块陆地，自东而西，似颗颗翠珠，镶嵌在印度洋上、爪哇河畔。

▲ 印度尼西亚地标建筑

中爪哇的千年古塔婆罗浮屠佛塔和普兰巴南印度教陵庙群，均被联合国教科文组织首批列入世界文化遗产名录，也是外国游客首选的景点。来到梭罗，即使你不了解爪哇文明，也应该走进普兰巴南，因为它就是一部活着的爪哇文明史，不管是建筑艺术还是人文艺术，这个南半球最古老的世界文化遗产都值得你亲临。普兰巴南是一座典型的印度教神庙，位于印度尼西亚梭罗。它是印度尼西亚最宏伟壮丽的印度教寺庙，也是世界建筑、雕刻和绘画艺术史上一颗璀璨的明珠。每一座庙宇都是由一块块巨大的火山石堆砌而成，石块与石块之间接合得非常严密，没有一点缝隙，堪称世界建筑史上的奇迹。

▲ 印度尼西亚历史遗址——婆罗浮屠佛塔

泗水是东爪哇省省会、印度尼西亚第二大城市，是以贸易为主的商业城市和港口城市，面积326平方千米，人口约300万。泗水被视为"英雄城"，11月10日也被定为"英雄日"。城市正北方是邻近乌戎海军基地的著名港口丹戎佩拉港，该港是印度尼西亚东部最为重要的产品和货物集散中心，仅次于雅加达丹绒不禄的爪哇第二大港。泗水附近的布罗莫火山是印度尼西亚的主要旅游景点之一。

日惹位于爪哇岛中部，为日惹特别行政区省会。日惹历来是哈孟古扑沃诺苏丹统治的地区，因日惹第九世苏丹在反荷斗争中的贡献，中央政府给予日惹特别行政区的地位。日惹旅游和教育业发达，有"学生城"的称号。附近有东方五大奇迹之一的婆罗浮屠佛塔。日惹市内的日惹王宫，建筑精美，宫内收藏丰富的珍品，令人赞叹。

▲印度尼西亚布罗莫火山

▲日惹市火山

万隆是西爪哇省首府，位于海拔715米的万隆盆地中，距雅加达150千米，人口170万，面积80多平方千米。万隆地处爪哇岛西部海拔700多米的万隆盆地中，风景秀丽，气候宜人，市外群山环抱，火山众多，最著名的景点是市北的覆舟山活火山，山下有Sari Ater温泉。该市设有50余家高校及研究机构，有著名的万隆工学院、国立巴查查兰大学，并拥有全国唯一的飞机制造厂。著名的亚非会议曾在此举行，会议原址独立大厦现已辟为亚非会议博物馆，市内最繁华的街道为亚非大街。

为抵抗荷兰殖民者的统治，万隆人民曾进行过艰苦卓绝的斗争。因此，万隆也一直被视作印度尼西亚的英雄城。1955年4月，第一次亚非会议在这里举行，会议本着求同存异的精神，一致通过了和平共处"万隆十项原则"，由此产生了影响久远的"万隆精神"。万隆这个城市的名字也随之名扬四海。独立大厦位于万隆的市中心，是一座三层楼的建筑。在中心院内沿街竖着100多根旗杆。如今，这里有了新的名称——亚非会议博物馆。

棉兰是北苏门答腊省首府，印度尼西亚第三大城市，人口239多万。作为苏门答腊岛的经济中心，种植业、工商业较为发达。该市东北部的勿老湾是印度尼西亚现代化石油装运港，也是印度尼西亚棕榈油、橡胶、烟草和剑麻的最大出口港。棉兰的美食在印度尼西亚负有盛名，市区有日里苏丹王宫、大清真寺、张亚辉故居等景点，临近景点有印度尼西亚著名的旅游胜地多巴湖、马达山及大猩猩保护区等。中国人民熟悉的印度尼西亚歌曲《星星索》取材于多巴湖。

印度尼西亚最令人神往的当首推巴厘岛。巴厘岛不但天然景色优美迷人，其文化和社会风俗习惯的丰富多彩也驰名于世。巴厘岛素有"诗之岛""东方的希腊"的美称。巴厘岛是爪哇岛以东的一个岛屿，面积5560多平方千米，人口280万。温和多雨，四季常青，花木繁茂。巴厘岛人生性爱花，处处用花来装饰，因此该岛有"花之岛"之称，并享有"南海乐园""神仙岛"的美誉。全岛山脉纵横，地势东高西低，最高的山是阿贡火山，海拔3142米。沙努尔、努沙杜尔和库达等处的海滩是该岛景色最美的海滨浴场，沙细滩阔、海水湛蓝清澈。巴厘岛是印度尼西亚文化宝库之一，其舞蹈、音乐、雕刻和绘画闻名遐迩，最具代表性的舞蹈为狮舞和猴舞。乌布文化艺术村以绘画和雕刻艺术闻名。

到巴厘岛的交通十分便利，美国、澳大利亚、日本、新加坡、马来西亚，以及中国香港和中国台湾等地飞往巴厘岛的航班频繁。

▲ 巴厘岛悬崖大海

位于岛中部的乌穆是绘画中心，博物馆内保存着许多历史文物和巨幅绘画。人们都说，如到印度尼西亚而不去巴厘观光旅游，那就不算到过印度尼西亚。有的外国游客曾多次去巴厘旅游、度假，欣赏它的自然美景和丰富的文化艺术。

▲ 巴厘岛海神庙

三宝垄是中爪哇省首府，位于爪哇岛北海岸中部，面积373.67平方千米，人口约170万。它是印度尼西亚第三大港口，仅次于雅加达、泗水，也是爪哇岛农产品和手工业产品重要集散地，出口大米、苜蓿、蔗糖、橡胶、咖啡、茶叶和烟草等农作物，其中，蔗糖出口量最高。工业以制糖业为主。三宝垄地名取自中国明代著名航海家三保太监郑和，当地保存有三宝洞、三宝庙等纪念郑和的寺庙。

▲ 印度尼西亚三宝垄郑和庙

巨港是南苏门答腊省首府，面积400.5平方千米，人口约150万，是公元7世纪室利佛逝古国的发祥地，苏门答腊岛南部最大港口与贸易中心。出口以原油与油制品、煤炭、橡胶、胡椒、藤条为主。巨港特色美食Pempek是一种类似鱼丸的食物。2018年，巨港与印度尼西亚首都雅加达成功联合举办第18届亚运会。

印度尼西亚以其得天独厚的自然环境，以及孕育着高度文明的人文风情和文化艺术，成为一个世界级的游览胜地。

····· **旅游攻略** ·····

印尼旅游攻略

签证指南

外交、公务签证：颁发给执行外交任

务人员、外国政府或国际组织执行非外交性质官方任务的有关人员。

过境签证：颁发给为继续前往其他国家或返回原居住国而在印度尼西亚境内过境人员，或进入印度尼西亚境内登船、登机的乘务人员，签证的停留期最长14天。

访问签证：颁发给以访问为目的的政府公务人员，旅游者以及进行社会活动和商务活动者，印度尼西亚方颁发此类签证分为一次入境签证（停留期30天或60天，签证有效期为3个月）和一年多次签证（每次停留期60天），一次入境签证可延期，每次延30天，签证最多可延至180天。

临时居留签证：颁发给以来印度尼西亚投资、工作、教育科研、家庭团聚等为目的的人员。

落地签证：颁发给来印度尼西亚旅游、社会文化访问（不包含新闻采访）、商务访问或政府公务活动的人员，停留期为30天。

免办签证：自2016年4月起，中国大陆居民，自雅加达、巴厘岛、棉兰、泗水等29个国际机场，或自SRI BINTAN PURA, BATAM CENTER, SEKUPANG, TANJUNG UBAN 等88个海港和7个边境检查站入境印度尼西亚，可享受免签证政策，停留不超过30天。中国香港、中国澳门居民自印度尼西亚任一口岸入境可享受免签证政策，停留不超过30天。入境应持有效期6个月以上的护照及30天内返程或前往第三国或地区的机票。

根据现行规定，申请者需持有效护照和往返机票，向口岸的专柜申请签证，无须填写申请表。落地签证停留期30天，期满后可到当地移民部门申请延期1次30天，费用为25万印度尼西亚盾。

海关防疫

外国游客入境时须填写海关申报表申报携带的物品，除外交人员外，游客的随身及托运行李必须通过海关的X光机检查。根据印度尼西亚海关和检疫的规定，外国游客随身携带的免税个人用品，总价值不超过500美元/人，入境携带超过1亿印度尼西亚盾现金、动植物及其制品、影片、录像带、唱片等须申报。中国和印度尼西亚两国协议及印度尼西亚法律规定，在印度尼西亚只有取得ET-SBW认证的企业才能经营出口燕窝到中国的业务，个人不得携带燕窝回国（包括港、澳地区），但已加工可直接食用的燕窝制品除外（如罐装冰糖燕窝等）。如违反上述法律规定，印度尼西亚海关有权查扣。

居留入籍

中国公民如需在印度尼西亚长期居住，除在赴印度尼西亚前获得与在印度尼西亚所从事工作相符的签证外，还须在抵达印度尼西亚后尽快向当地的移民管理部门办理居留证。居留证分为两种：一年有效的临时居留证和五年有效的长期居留证。根据规定，在印度尼西亚居留的外国人连续五年持临时居留证后才有资格申请长期居留证。

特别提示：持居留证人员请留意允许再次入境次数，临时出境前须根据实际情况办妥返回印度尼西亚的签证；结束在印度尼西亚居留的人员出境前办妥取消居留手续。

社会治安

近年来印度尼西亚社会秩序总体稳定，

地区分离主义情绪得到缓解，民族宗教冲突逐步减少。

近年来，雅加达和巴厘岛曾发生多起恐怖爆炸案，政府加大反恐力度，严厉打击恐怖组织和个人，社会治安总体良好。巴厘岛等旅游胜地不时有游客财物被窃案和恶性案件发生，请避免随身携带贵重物品和大量现金；不在酒店期间，注意锁好房间、关闭窗户，勿随意放置贵重物品，尽量使用保险箱。

自然灾害

印度尼西亚地处环太平洋地震带，地震、海啸和火山等地质灾害较为频繁。中国公民赴印度尼西亚旅游要注意安全，尽量避免前往巴布亚、亚齐、马鲁古等地处偏远、交通不便和未开发地区做探险旅行。

通信电源

电源电压。电压220伏，双孔圆形插座。印度尼西亚有线宽带普及程度不高，在大中城市多使用无线网络上网，网速较慢。

紧急求助

印度尼西亚报警电话：+62-110。

医疗急救电话：+62-118。

外交部全球领事保护与服务应急热线（24小时）：+86-10-12308 或 +86-10-59913991。

驻印度尼西亚使馆领事保护与协助电话：+62-21-5764135。

驻泗水总领馆领事保护与协助电话：+62-31-5678284。

驻棉兰总领馆领事保护与协助电话：+62-82165631070。

思考与讨论

1. 印度尼西亚的地理文化特征有哪些？
2. 印度尼西亚具有哪些旅游特色？
3. 简述加强发展中国与印度尼西亚合作关系的重要意义。
4. 如何理解印度尼西亚的华人历史？
5. 印度尼西亚经济发展具有哪些潜力？

第11章 东方海上明珠——菲律宾

•••• 初识菲律宾 ••••

菲律宾是与中国隔海相望的邻邦，中菲两国人民有着悠久的友好交往历史，在贸易和人文交流领域留下了许多千古佳话。600多年前（公元1417年），苏禄东王巴都葛叭哈剌、西王麻哈剌葛麻丁、峒王妻叭都葛巴剌卜及随员、家属等共340人航海来到中国访问，受到明成祖接见、赐封和隆重接待，在返航回国途经山东德州时，东王巴都葛叭哈剌因病遗命留葬中国。这一段历史成为中菲友谊的象征，并成为延续中菲友好交往的纽带。

菲律宾被誉为"东方海上明珠"，不仅有着深厚的历史积淀、丰富的人文景观，而且海岛旅游资源独特，吸引着世界游客观光旅游。

菲律宾共和国，简称菲律宾，位于西太平洋，是东南亚的一个群岛国家，也是一个多民族国家。菲律宾人的祖先是亚洲大陆的移民。在历史上曾先后被西班牙、美国和日本长期统治。1946年，菲律宾独立。

菲律宾融合了许多东西方的风俗习惯特点，富于异国风情。菲律宾群岛的种族与文化为数众多，史前的尼格利陀人可能是菲律宾最早的居民。随后，南岛民族的迁徙陆续带来了马来文化，随着宗教与贸易发展，也带来了印度文化、华夏文化、伊斯兰文化和天主教文化。

菲律宾主要分吕宋、维萨亚和棉兰老三大部分，是东南亚国家联盟（ASEAN）成员国，也是亚洲太平洋经济合作组织（APEC）的成员之一。

地理位置

菲律宾位于亚洲东南部，北隔巴士海峡与中国台湾遥遥相对，南和西南隔苏拉威西海、巴拉巴克海峡与印度尼西亚、马来西亚相望，西濒南海，东临太平洋。总面积为29.97万平方千米，共有大小岛屿7000多个，其中吕宋岛、棉兰老岛、萨马岛等11个主要岛屿占菲律宾总面积的96%。海岸线长约18533千米。

地质地貌

菲律宾群岛地形以山地为主，占总面积的3/4以上。菲律宾主要矿藏包括铜、金、银、铁、铬、镍等20余种；拥有丰富的海洋资源、地热资源；森林覆盖率达53%。菲律宾是一个多火山的国家，有200多座火山，其中活火山21座。菲律宾属季风型热带雨林气候，高温、多雨、湿度大、台风多。年平均气温约27℃。年降水量2000～3000毫米，平均湿度78%。

行政区划

截至2023年，菲律宾共划分为吕宋、维萨亚和棉兰老岛三大部分。全国设有首都地区、科迪勒拉行政区、棉兰老穆斯林自治区等 18 个地区，下设 81 个省和 117 个市。首都是大马尼拉市，人口 1846 万（2020 年 10 月）。

菲律宾是一个多民族的国家，人口约 1.1 亿（2022 年），是东南亚地区继印尼之后的第二人口大国。马来裔占全国人口的 85% 以上，主要民族包括他加禄族、伊洛戈族、邦板牙族、维萨亚族和比科尔族等；少数民族及外来后裔有华人、阿拉伯人、印度人、西班牙人和美国人；还有为数不多的原住民。国民约 85% 信奉天主教，4.9% 信奉伊斯兰教，少数人信奉独立教和基督教新教，华人多信奉佛教，原住民多信奉原始宗教。

菲律宾有 70 多种语言，国语是以他加禄语为基础的菲律宾语，并将英语作为官方语言。

国家象征

菲律宾国旗呈横长方形，靠旗杆一侧为白色等边三角形，中间是放射着八束光芒的黄色太阳，三颗黄色的五角星分别在三角形的三个角上。太阳和光芒图案象征自由；八道较长的光束代表最初起义争取民族解放和独立的八个省，其余光芒表示其他省。三颗五角星代表菲律宾的三大地区：吕宋、萨维亚和棉兰老岛。蓝色象征忠诚、正直、红色象征勇气，白色象征和平和纯洁。

菲律宾国徽为盾形。中央是太阳放射光芒图案，三颗五角星在盾面上部，其寓意同国旗。左下方为蓝地黄色的鹰，右下方为红地黄色狮子。狮子和鹰图案分别为在西班牙和美国殖民统治时期菲律宾的标志，象征菲律宾摆脱殖民统治，获得独立的历史进程。盾徽下面的白色绶带上用英文写着"菲律宾共和国"。

菲律宾国歌是《菲律宾民族进行曲》。菲律宾国花为茉莉花。

政治制度

菲律宾实行总统制。总统是国家元首、政府首脑兼武装部队总司令。全国直接选举产生，任期 6 年，不得连选连任。2016 年 5 月，罗德里戈·杜特尔特当选菲律宾第 16 任总统，任期至 2022 年 5 月。2022 年 6 月 30 日，费迪南德·罗慕尔德兹·马科斯在菲律宾国家博物馆宣誓就职，成为菲律宾第 17 任总统。20 世纪 80 年代起费迪南德·罗慕尔德兹·马科斯步入政坛，先后担任菲律宾北伊洛戈省省长、国会众议员、参议员等职。费迪南德·罗慕尔德兹·马科斯父亲老马科斯曾在 20 世纪 60 至 80 年代担任菲律宾总统逾 20 年，执政风格强势硬朗，带领菲律宾成为东南亚经济领头羊之一。

菲律宾现行宪法于 1987 年 2 月 2 日由全民投票通过，宪法规定国家实行行政、立法、司法三权分立政体；总统拥有行政权，但无权实施戒严法，无权解散国会，不得任意拘捕反对派；禁止军人干预政治；保障人权，取缔个人独裁统治；进行土地改革。菲律宾国会为最高立法机构，由参、众两院组成。参议院由 24 名议员组成，任期 6 年，可连任两届。众议员任期 3 年，可连任 3 届。

经济概况

菲律宾为发展中国家、新兴工业国家及世界新兴市场之一，但贫富差距很大。进入 21 世纪，菲律宾将发展经济、消除贫困作为施政核心，加大对农业和基础设施建设的投入，扩大内需和出口，国际收支得到改善，经济保持平稳增长。实行出口导向型经济模式，第三产业在国民经济中地位突出，农业和制造业也占相当比重。近年来，菲律宾宏观经济发展较为稳定，经济增长率基本保持在6%以上。2022年，随着服务业的全面复苏，菲律宾经济逐步好转。菲律宾统计协调委员会2023年1月26日发布的数据显示，2022年，菲律宾经济实现快速增长，全年实际GDP较2021年增长7.6%，GDP折合为4042.8亿美元，人均GDP为3498.5美元。

菲律宾产业主要分为农林渔猎业、工业和服务业。马科斯总统提出将抑制通货膨胀，延续并扩大前总统杜特尔特实施的基础设施建设方案，进一步推动经济增长和就业，并承诺将基础设施支出维持在GDP的5%；实施可靠的财政管理，落实税收改革，增加税收，提高支出效率，以尽快解决经济影响；全力支持引进高科技制造、医疗保健以及其他新兴战略性产业，促进马尼拉都会区以外地区的经济增长。

菲律宾是世界贸易组织（WTO）、亚太经合组织（APEC）、东盟（ASEAN）和RCEP成员。目前，菲律宾已同近40个国家和地区签订了各类双边经贸协定或安排；已同39个国家签署了税务条约。这些条约旨在促进国际贸易和投资，避免双重征税，打击逃税。作为东盟成员国，菲律宾除享受东盟国家间贸易优惠安排外，还享受其他国家与东盟签订的有关经贸协定，如《中国—东盟自由贸易协定》及其升级议定书等。菲律宾作为《区域全面经济伙伴关系协定》（RCEP）成员，RCEP于2023年6月2日起对菲律宾正式生效。RCEP全面生效将使其获得更多的发展动力，使菲律宾经济在2023年保持稳定增长。

菲律宾文化与艺术

菲律宾有3种官方语，即以他加禄语为基础的菲律宾语，以及英语和西班牙语，其中比较通用的是英语。

菲律宾人能歌善舞，竹子在他们的音乐舞蹈中发挥了特殊的作用。竹制的乐器种类很多。菲律宾有一台世界闻名的竹制管风琴，安装在首都马球尼拉郊区和一个小镇的教堂中。从1976年开始每年都举行国际性的竹管风琴音乐节，有不少世界著名的管风琴演奏家前来表演。

菲律宾的旅游资源

菲律宾是一个旅游资源丰富的国家，既有海岛热带风光，历史文化遗迹，又有丰富的人文风俗。其中巴洛克教堂、科迪勒拉水稻梯田、普林塞萨地下河国家公园和维甘历史古城被联合国教科文组织授予世界文化遗产和世界自然遗产。

近年来，菲律宾政府把旅游业作为重点发展产业之一，成为外汇收入重要来源之一。主要游客来源国：美国、中国、韩国、日本、澳大利亚。主要旅游点有：百胜滩、碧瑶市、马荣火山、伊富高省原始梯田等。2023年，菲律宾接待了545万国际游客，为菲律宾经济作出了较大的贡献。随着世界各地对旅游的兴趣和信心的重新燃起，菲律宾采取各项措施提升其旅游业的优势，使其不仅成为休闲和冒险的首选目的地，而且还成为其他旅游产品的首选目的地。

·····**菲律宾的人文风俗**·····

菲律宾的人文风俗

菲律宾是亚洲唯一的天主教国家，人

们身在这个国家无论是城镇还是乡村，总会感到置身于浓重的宗教色彩之中。这是因为天主教徒占全国人口的 85%，占有绝对优势，其次伊斯兰教徒占 4.9%。

国民心目中的神圣信仰

就宗教而言，西班牙殖民者 16 世纪入侵菲律宾时一手挥舞枪炮，一手带着《圣经》，传教士在城乡、海岛陆续建起小教堂和教会学校，以及售卖天主教用品的店铺。在日常生活中，菲律宾人特别是天主教徒笃信上帝，宗教意识浓厚。在一些重要政治场合和国际会议上，在群众的庆祝、纪念聚会和大型文艺演出时，奏完国歌后，总要由主教或神父布道说教后，才转入正题。

信奉天主教是绝大多数菲律宾人的精神寄托，从出生后的洗礼、命名，平时做弥撒到婚丧仪式，都与他们心中神圣的殿堂联系在一起。

▲ 菲律宾宿雾天主教堂

民族服饰

菲律宾因民族众多，服饰种类繁多，各具特色。菲律宾男子日常生活中喜欢穿白衬衣和西装裤，女子喜欢穿无领连衣裙。菲律宾男子的国服叫"巴隆他加禄"衬衣，是一种丝质服装，形同衬衣，长可及臀，领口如衬衫，有长袖和短袖，前面两侧有抽丝镂空的花纹图案，颇为大方，是男士社交场合的正式礼服，被誉为菲律宾男子的国服。据说，在西班牙人统治时期，为了便于从远处区别西班牙人和菲律宾人，殖民者下令所有菲律宾人必须把衬衣穿在外面，不许把衬衣下摆扎在裤内。后来，菲律宾人开始在衬衣上刺绣各种图案，以此表示菲律宾人的自豪。20 世纪 50 年代初，这种服装被正式推为菲律宾男子的国服，成为外交场合、庆祝活动和宴会的正式礼服。

菲律宾女子的国服叫"特尔诺"，是由菲律宾前总统科拉松·阿基诺夫人身体力行推广开的。"特尔诺"是一种用菠萝纤维布料做成的圆领短袖连衣裙，吸纳了西班牙妇女服装的特点，裙服两袖挺直、袖根高耸，腰部细小、裙摆宽大，宛如蝴蝶展翅，因此也叫"蝴蝶服"，是女性出席社交场合的正式礼服。这种服装结合了许多西欧国家，特别是西班牙妇女服装的特点，并经过三四百年的沿革，而成为菲律宾妇女的国服。

社交礼仪

菲律宾人性格开朗、热情友善，非常讲究礼节礼仪。在社交场合，男女都以握手为礼；初次见面时要把自己介绍给对方。在家里，晚辈每天早晨都要向长辈行吻手礼以示尊重；相互交谈以婚姻、家庭、职业、饮食等为话题，避免涉及政治、宗教等内容；对个人尊严和家庭荣誉非常看重，忌嘲笑政治人物或家庭；非常尊重有知识的人，如遇教授、博士、医生、律师、工程师等人士，应称呼其头衔；最喜欢茉莉花（国花），认为该花象征幸福、纯洁、情操和友谊；如有贵客来访、重要活动，都有年轻女子敬献茉莉花环，花环越大越表示敬重；到朋友家做客，可比约定时间晚到一刻钟左右；拜访朋友，带上礼物或鲜花被视为高雅礼貌之举；年轻人与长辈相见时，要吻长辈的手背，以示对老人的敬重；年轻姑娘见长辈时，则要吻长辈的两颊为礼；如果晚辈遇见长辈，说话前，要把头巾摘下放在肩上，深深鞠躬，并称呼长辈为"博"（意为大爷）。

菲律宾人富有尊老传统和"女士优先"的美德。年轻人历来有尊老的传统美德，他们耐心倾听和尊重老人的意见。菲律宾社会"女士优先"之风盛行，无论做什么事，都会对妇女给予特殊的关照。

主要禁忌

不能在老人面前抽烟。谈话时要小声。收礼或者送礼时不能当众打开，否则客人会认为你是当众羞辱他。菲律宾人很忌讳数字"13"，认为"13"是"凶神"，是厄运和灾难的象征，是令人厌恶的数字。他们忌讳用左手传递东西或食物。他们一般不愿谈论政治、宗教等问题。菲律宾人不爱吃生姜，也不喜欢吃兽类内脏和腥味大的东西。

节假日

菲律宾是世界上节日最多的国家之一，全国各民族大大小小节日有几百个。充满民族、宗教韵味的热闹节日庆典，经常在各岛之间举行。受到传统的民族风格与外来文化的熏陶，全国85%以上的居民信仰天主教，不少节日与天主教有关，如复活节、万灵节、圣诞节及护城神节等。

宪法日：1月的第三个星期日。菲律宾人在这一天举行庆祝活动，纪念菲律宾新宪法生效。

圣周节：从复活节前那个周日开始，直到复活节的7天时间被称为圣周。这是宗教节日中除圣诞节以外最具特色的天主教重要节日。

巴丹日：4月9日。1942年4月9日，巴丹岛被日军占领，当地人民奋起反抗。在巴丹日，人们通过各种活动纪念在第二次世界大战中为国捐躯的英雄。

五月花节：5月的最后一个星期日。这是菲律宾最隆重热闹的节日之一，由于在百花盛开的5月举行而得名。这一节日的特点是选"花后"和举行圣母像大游行。

独立日：即国庆节，6月12日。这一天，举国上下纪念1898年6月12日菲律宾推翻西班牙殖民统治而宣告独立。这一天首都马尼拉举行盛大纪念活动，早上总统要到黎刹纪念碑前主持升旗仪式并发表讲话。届时，全国各地的教堂都敲响大钟，电台、电视台播放国歌，还要举行体育比赛和文艺演出。

国家英雄日：8月28日。1896年8月28日，菲律宾人民在巴林塔瓦克举行起义，拉开了反抗西班牙殖民统治革命斗争的序幕。在"国家英雄日"，人们通过各种活动纪念在历史上为国捐躯的英雄。

万圣节：11月1日。孩子们身穿斗篷、手拿镰刀和扫把、提着小桶成群结队要糖果点心。各家门口装饰巨大的"南瓜鬼脸"和假骷髅，院内点燃"鬼火"，制造神秘气氛。人们纷纷奔向各地的陵墓，点燃红、黄、白色蜡烛，摆上鲜花水果，祭奠死去的亲人。

伯尼法西奥日：11月28日。它是为了纪念"菲律宾革命之父"伯尼法西奥而设立的。伯尼法西奥为推翻西班牙的殖民统治，争取菲律宾独立，创建了第一个秘密革命组织"卡蒂普南"，打响了武装反抗西班牙殖民者的第一枪。

圣诞节：12月25日。一年中最隆重的节日，从12月16日早晨做弥撒开始，一直到次年的1月6日结束。

黎刹日：12月30日。这一天是菲律宾著名的民族英雄、文学家、诗人、思想家何塞·黎刹殉难纪念日。

美食文化

菲律宾人的饮食习惯深受西班牙、美国和中国饮食习惯的影响，食品种类繁多，味道鲜美，70%的人以大米为主食，30%的人以玉米为主食。当地人喜欢用椰子汁煮菜或煮饭，副食品主要是鸡肉和猪肉，或焖或炸，炒菜不多。菲律宾人最爱吃的菜叫"阿多波"，是把加了辣椒烹制的猪肉或鸡肉混在一起，加上醋、大蒜、油、番茄酱精制而成，也有一些"阿多波"是以乌贼和牡蛎烹调而成的。菲律宾海产品丰富，海鲜是常见佳肴，并以烧烤方式最为盛行。

米饭是放在瓦罐或竹筒里煮，用手抓饭进食。菲律宾人最喜欢吃的是椰子汁煮木薯、椰子汁煮饭。玉米作为食物，先是晒干，磨成粉，然后做成各种食品。菲律宾的农村居民和部分伊斯兰教徒惯用右手抓食。

一直以来，菲律宾菜式都被淹没在东南亚菜式中，尝试过后会发现，菲律宾菜式与马来菜式以及泰菜等有明显不同，香茅等香料用得比较少，但椰油、虾酱等使用得更多。此外，菲律宾菜式受西班牙菜式影响更多，罗望子叶之类的西餐中常用的香料，是菲律宾人最爱的。当地人还爱酸口味，不管是罗望果海鲜汤，还是菲式炖肉，菲律宾人都是要下足罗望果汁或者白醋之类去调酸味的。

碳烤乳猪这道菜有菲律宾国菜之称，约在300年前由西班牙传入，如今，已经融入每个菲律宾家庭，尤其是在重要宴会场合必备，用青葱、罗望子叶以及香料等调味慢火烤制两个小时才能完成，最后还要搭配特制的甜酸酱。菲律宾人爱喝啤酒，咖啡和茶也很流行。受西班牙生活方式影响，喝下午茶成为很受菲律宾人欢迎的生活习惯。

▲ 菲律宾风味的卤猪肉

菲律宾的历史发展轨迹

菲律宾的历史发展轨迹

菲律宾群岛上原无人类居住，现在的菲律宾各民族都是从境外迁入的移民后裔。据有关专家学者研究，自公元前200年起，大批移民从陆地和海上进入菲律宾群岛，共有7次之多，史称"7次移民浪潮"。从菲律宾的历史发展进程来看，其经历了封建时期、殖民统治和独立时期。

封建时期

14世纪之前，菲律宾群岛上未形成国家，多以土著部落形式存在。据《吴时外

《国记》记载，最早到达菲律宾群岛的是中国三国时期的东吴。

1390年，苏门答腊岛移民米南加保人建立了菲律宾历史上第一个国家——苏禄苏丹国。国境位于今菲律宾南部棉兰老穆斯林自治区西端的苏禄群岛，还有巴西兰省、塔维塔维省中间，巴拉望岛、婆罗洲北部及其他环苏禄海周围的群岛。首都位于和乐。

1417年，苏禄群岛上的3位国王东王巴都葛叭哈剌、西王麻哈剌葛麻丁、峒王妻叭都葛巴剌卜率领家眷一行340人组成友好使团，前往中国进行友好访问，受到明永乐皇帝朱棣的隆重接待。归国至山东德州，东王巴都葛叭哈喇因病医治无效，遗命留葬中国。

1450年，阿拉伯商人赛义德·艾布伯克尔在菲律宾南部建立了伊斯兰政权。

殖民统治时期

16世纪，西班牙人来到菲律宾，开始了对菲律宾的殖民统治。此后菲律宾先后遭受到西班牙、美国和日本的殖民统治，直到1946年才获得独立。

1521年，葡萄牙航海家麦哲伦率领西班牙远征队首次环球航海时抵达菲律宾群岛，并宣布占领菲律宾。

1565年，宿务岛为来自墨西哥的西班牙人所占领，此即西班牙统治菲律宾的开始。菲律宾之名，来自西班牙国王菲利普二世。

1851年，西班牙侵占和乐岛。经过菲律宾人民同西班牙殖民者的艰苦斗争，1899年1月23日，菲律宾共和国宣布成立，标志着西班牙在菲300多年的殖民统治的结束。

菲律宾共和国是在美西战争中美胜西败，而美国假意帮助菲律宾摆脱西班牙殖民统治，并承认其独立的背景下诞生的。1898年，美西战争爆发，6月12日菲律宾宣告独立，成立菲律宾共和国。1898年8月13日，美军占领马尼拉，建立军政府。菲律宾人民进行了两年多的独立战争，最终失败。1901年，美国建立起新的殖民统治。1935年3月24日，建立菲律宾自治邦。

日军于1942年1月2日占领马尼拉；4月9日攻下巴丹半岛；5月10日，驻棉兰老岛和北吕宋山区的美军投降。18日，驻班乃岛美军投降。至此，日军控制菲律宾全境。随后，日本人成立了一个独立准备委员会负责起草宪法。1943年10月14日，日本占领军扶植劳威尔成立了一个傀儡政权，史称菲律宾第二共和国（1943—1945年），正式名称为菲律宾共和国。第二次世界大战结束后，菲律宾再次沦为美国殖民地。

独立建国时期

抗日战争结束后，美国曾试图延缓或取消菲律宾的独立，但菲律宾人民的民族独立运动情绪更加高涨。1946年7月4日，美国同意菲律宾独立。菲律宾获得完全独立。菲律宾共和国实行行政、立法、司法三权分立的国家政体。此后，自由党和国民党轮流执政。

1965年，马科斯就任第二次世界大战后第六任总统。

1971年，斐迪南·马科斯成功连任，同年取消总统任期只有两届的限制；未久即宣布戒严，开始独裁统治。

1986年2月7日，提前举行总统选举，贝尼格诺·阿基诺的夫人科拉松·阿基诺在民众、天主教会和军队的支持下出任总统。

中菲关系

讲到菲律宾的历史发展轨迹，中菲关系在其历史进程中留下了重要的一页。

中菲两国人民的友好往来源远流长，两国自唐代就建立了联系，彼此间贸易往来从未间断。隋唐时期，中国航海业空前发展，南方大港泉州十分繁荣，海船和航海设备也大为进步，已出现了中国与菲律宾之间的较固定海上贸易航线。由于风浪、潮流的关系，这条航线从泉州出发，先绕过海南岛，沿越南海岸线抵达越南南部的占城，然后继续沿海岸线南下，在马来半岛一带横渡南海，抵达加里曼丹岛的渤泥（文莱），再从文莱北上，抵达今天菲律宾的苏禄群岛和棉兰老岛一带。这条航线最重要的意义是开辟了一条中国福建沿海居民迁徙菲律宾的通道，此后几百年间，吕宋等地逐渐聚集起不少华人，他们经商、务农，在当地居住下来。位于马尼拉市中心王城的菲华历史博物馆详细记录了中菲人文交流的历史，以及菲律宾华人艰辛、曲折的奋斗历史。马尼拉是福建移民最早的选择地之一。到了16世纪时，马尼拉已在全球贸易与中国经济上扮演着重要角色。

中菲两国人民是朋友加亲戚，长期以来，他们和睦相处，互相通婚。据说，近10%的菲律宾人的血管里流淌着中国人的血，菲律宾历史上有很多具有中国血统的名人。例如，菲律宾民族英雄何塞·黎萨尔和历任总统中三位总统的祖先是中国人，许多前菲参议院和政坛要人和著名人士的祖先都是来自中国福建，如西班牙殖民时期的革命组织卡蒂普南统帅刘亨赙；第一任女性总统阿基诺夫人等。菲律宾华侨华人长期以来关心两国发展，为沟通两国友谊、搭建互信桥梁做出了重要贡献。中国老一辈军事家叶飞，于1914年出生在菲律宾奎松省，父亲是华人，母亲是菲律宾人。位于马尼拉的菲律宾华裔历史博物馆对他的描述是："叶飞是菲律宾对中国的一项贡献，就像许多有华人血统的民族英雄是中国对菲律宾的贡献那样。"1989年1月，阿基诺总统会见中国全国人大常委会副委员长叶飞时亲切地说："我有中国血统，你有菲律宾血统，我们是菲中友谊的象征。"在漫长的历史长河中，菲律宾的华侨华人同菲律宾人民在并肩抗击外来侵略者，争取民族独立运动的斗争中，以及经济社会发展事业中共同奋斗，建立了深厚的友谊，谱写了中菲友谊的光辉史册。

中菲于1975年6月建立外交关系，虽然建交比较晚，但双边关系总体发展顺畅，各领域务实合作不断拓展。尽管如此，两国关系曾因南海主权争议在菲前任总统阿基诺三世任期内急剧倒退，甚至陷入紧张。但是自2016年6月，杜特尔特上任后，积极修补对华关系，两国高层频繁交往，促进了双边关系的全面发展。习近平主席应邀于2018年11月20日至21日访问菲律宾共和国。这是习近平主席首次访问菲律宾，也是自2005年以来中国国家主席再次对菲进行国事访问。

近年来中菲双边贸易持续热络，中国是菲律宾第一大贸易伙伴、第一大进口来源地、第三大出口市场。菲方持续扩大进口菲律宾优质产品，支持中国企业赴菲律宾投资兴业，推动共建"一带一路"倡议与菲"好建多建"计划对接，拓展绿色经济、数字经济等新的合作领域，协同推进"两国双园"建设，推动双边贸易投资迈上新台阶。2023年1月

11日，国务院批复同意在福建省漳州市设立中国—菲律宾经贸创新发展示范园区。目前，该园区诏安片区、东山片区等片区的建设正不断提速，菲律宾已有两个园区与漳州园区开展合作，为中菲经贸合作搭建新平台、开辟新赛道、增添新动能。

人文交流是搭建民心相通桥梁的重要方式，能够发挥增进友谊、增信释疑的作用。中菲两国在旅游、文化、科技、教育、卫生等人文交流领域，具有巨大的潜力和合作空间。菲律宾华人华侨在推动两国关系发展、人文交流中能够发挥重要作用。

菲律宾总统小马科斯就职以来，中菲关系因"南海争议问题"出现不确定性。总体而言，当前中菲两国领导人均致力于推动和平与发展的战略性合作关系健康稳定发展，彼此间有着良好的社会关系基础和广阔的合作空间，"一带一路"倡议为中菲未来共同发展的前景提供了历史性的机遇。

东方海上明珠——菲律宾

东方海上明珠——菲律宾

菲律宾被誉为"西太平洋明珠"，菲律宾的7000多个岛屿如同一颗颗闪烁的明珠，星罗棋布地镶嵌在西太平洋万顷碧波上。走进菲律宾，阳光、沙滩、海浪、热带雨林、风格各异的建筑、可自由畅快地潜水的蔚蓝海底、眼花缭乱的热带水果等，构成了菲律宾印象。这里是热爱大自然的旅行者的天堂。

马尼拉

菲律宾首都马尼拉，位于吕宋岛西岸的马尼拉湾畔，是一座新旧交错、东西文化交融的城市，也是全国最大的经济、文化和交通中心。这里是亚洲最欧化的城市，也被称为"亚洲的纽约"。据说它的名称来自开放在帕西河畔的尼拉特花。由于受西班牙统治300年之久，所以颇具西欧情调。马尼拉也是亚洲的电影之都，这里共有246家电影院，大多数电影院放映美国电影。市中心黎刹公园附近和沿罗哈斯滨海大道两旁高层建筑鳞次栉比，高大挺拔的椰树和苍翠的棕榈相互掩映，使城市充满了生机和活力。马尼拉港以南，有一块填海造地而成的70公顷土地，建有国际会议中心、文化中心、民间艺术剧院、国际贸易展览中心、椰子宫等现代化宏伟建筑，它们和马尼拉教堂、圣奥古斯丁教堂、圣地亚哥古堡等古建筑构成一幅奇特的城市景观。市区还有华侨区中国城和马拉卡南宫等人文景观。

▲ 马尼拉国家博物馆

▲ 菲律宾马尼拉地标

吕宋岛伊罗戈地区

提起菲律宾的旅游胜地，人们的脑海

中往往浮现长滩岛湛蓝的海水和细白如粉的白沙滩、保和岛的巧克力山和眼镜猴。然而，吕宋岛西端的伊罗戈地区因坐拥菲律宾两处世界文化遗产同样颇具吸引力，向海内外游客展示出浑然不同的风格。菲律宾共有三处被联合国教科文组织列入的世界文化遗址，即维甘古城、巴洛克教堂以及科迪勒拉山梯田。前两个就位于伊罗戈地区。

▲ 菲律宾吕宋岛街景

菲律宾的富士山——马荣火山

菲律宾是个火山多发的国家，境内有200多座火山，其中，21座为活火山。其中最有名的是位于马尼拉东南约340千米处的马荣火山。它之所以闻名，一是因为频繁爆发，据历史记载，自1616年以来，马荣火山已爆发40多次，平均9年爆发1次；二是由于它外形尖圆体正。马荣，菲语"漂亮"之意，被誉为菲律宾的"富士山"。

▲ 马荣火山全景

魅力无穷的港湾——苏比克湾

苏比克湾位于在吕宋岛西南端荷浪牙波市海边，是菲律宾闻名于世的风景如画的港湾，还有得天独厚的原始森林。昔日它是个神秘、敏感的港口。因为它曾是美国在海外最大的太平洋舰队基地、第七舰队的母港。如今，这座人口不过20多万人的港湾城市已成了旅游天堂。到苏比克湾游览，除了美军旧军营探秘之旅外，还可以安排原始森林之旅。

长滩岛

长滩岛位于菲律宾中部、马尼拉南部，处于班乃岛的西北尖端，形状如同一个哑铃。整座岛不过7千米长，却有一片长达4千米的白色沙滩，被誉为"世界上最细的沙滩"，还曾被誉为世界七大美丽沙滩之一。长滩岛是进行水上运动的理想场所，也是在海滩上放松身心的好地方。白沙滩是长滩岛得以闻名的最大原因，它获得过著名旅游机构"亚洲最美沙滩"的评语。

▲ 长滩岛海景

宿务

宿务是菲律宾中央特别市、宿务省会、菲律宾第二大城市，也是菲律宾中部和南部的文化、经济中心，航空、航海交通转运中心。宿务位于米沙鄢群岛的中心位置，是菲律宾最早开发的城市，被誉为"南方皇后市"。宿务气候宜人，素有"度假伊甸园"之美称。宿务面积315平方千米，人口90多万，工商、旅游、服务业发达，是1521年麦哲伦登陆菲律宾的第一站。它风景优美，气候宜人，商品充裕，物美价廉，也被誉为"离天堂最近的地方"。

▲ 菲律宾宿务码头

对于贪恋阳光海滩的度假者来说，这里无疑是世外桃源，沿海有许多度假胜地，酒店、餐饮、娱乐、购物等设施一应俱全。

▲ 菲律宾薄荷岛巧克力山风景

▲ 巴拉望美丽的海景

奎松

奎松是以菲律宾早期总统马努埃尔·奎松的名字命名的城市，位于马尼拉东北部，面积166平方千米，人口约280万，是菲律宾第一大城市，也是一座文化城市。1948年被选为首都，1976年由于中央政府成立大马尼拉区，奎松的都市功能减弱，但国会等行政机关仍集中于此，该市有全国最好的菲律宾大学和最大的阿兰尼塔体育馆。

····· **旅游攻略** ·····

菲律宾旅游攻略

签证指南

菲律宾的签证分为根据投资法申请的签证、特殊法律规定的相应签证、投资人签证三大类。三大类签证又分为若干小类：根据投资法可申请的签证类型包括短期访问或观光签证、工作授权签证（入境前雇聘签证）、条约商人签证及其他工作授权方式签证。

持中国外交护照、公务护照临时来访人员可免签进入菲律宾停留30天。持中国普通护照及申根，澳大利亚、美国、加拿大或日本任意一种有效签证者，以旅游为目的可免签证进入菲律宾停留7天。

出入境须知

出入菲律宾国境需要填写入出境登记卡和海关申报单。登记卡包括姓名、性别、出生日期、出生国家、国籍、职业、国内外详细地址、旅行证件详情、旅行目的、来菲次数、航班号等信息。海关登记卡除姓名、旅行证件信息外，还包括携带物品、货币等情况。

特别提示

结合近年来中国公民在菲入出境遇到的情况，并经与菲律宾出入境管理部门核实确认，特对中国来菲公民在机场办理入出境手续作如下提醒：

（1）根据惯例及菲方要求，赴菲律宾旅客须订妥返回出发地或前往下一目的地的联程机票，否则将被拒绝入境。

（2）赴菲律宾旅客的旅行证件有效期应在半年以上，否则将影响入境。

（3）赴菲律宾自助游旅客（散客）应提前办妥签证并提供在菲律宾旅行的证明材料。

（4）曾经赴菲律宾并被拒绝入境的旅客，再次申请赴菲签证前，应根据菲律宾移民法向菲律宾移民局申请资格再审查或向菲律宾驻华使领馆查询确认，否则即使获得签证，仍然不能入境。

（5）菲律宾政府着力加强和改进机场入出境管理，塑造清廉形象，旅客不应向机场官员提供小费，否则将会被视为有行贿嫌疑而被拒绝入境甚至受到起诉。

（6）根据菲律宾文化传统和宗教习惯，赴菲律宾旅客办理入出境手续应态度温和、理性克制，切忌高声大语、言辞过激。

海关防疫

海关规定

出入菲律宾国境时，须填写入出境登记卡和海关申报单。旅游者须申报其携带物品的总价值，包括收受的礼品、商品的样品等。要如实填写海关申报单，如有虚假申报或未申报者，一经查出，将按违反菲律宾海关法予以处罚。

未经菲律宾中央银行批准，任何入出境旅客带入或带出超过1万比索的纸币、硬币、在菲律宾银行提取的支票或其他汇票，均违法，并可能被没收，且被处以民事处罚或受到刑事起诉。携带超过1万美元的外币须在海关申报单中声明，否则，将被处以20万比索以下5万比索以上的罚款，或面临2年以上10年以下的有期徒刑。

动植物检验检疫

动植物及动植物产品进入菲律宾市场须办理如下检疫手续：出口商将发票和箱单传给菲律宾进口商，进口商凭发票和箱单向菲律宾农业部农作物局植物检疫处（BPI）申请进口许可证，进口商将许可证交给出口商，出口商提请出口国检疫部门对产品进行离岸检疫并出具检疫证明。出口商将检疫证明和其他运输单据一起交进口商。在货物到达菲律宾港口后，进口商提供给菲律宾检疫部门进口许可证和出口国的检疫证明。菲律宾检疫部门根据进口许可证和检疫证明进行复验，合格后方可入关。

居留入籍

国籍及移民政策

根据菲律宾《双重国籍法》，菲律宾承认双重国籍。在菲律宾本土出生但已加入其他国籍的菲律宾人在宣誓效忠后，可保留或重新获得菲律宾国籍。

依据菲律宾新法规，只有具备特殊科学、教育和技术知识，在菲律宾有切实可行投资的外国人才能够申请这种签证。移民签证由移民局长签发，每种国籍的外国人每年限制50人申请移民签证。

特别提示

来菲律宾前，应办好相关留居手续，取得合法居留权。逾期居留、居留手续不完备、从事与签证种类不符的活动等都违

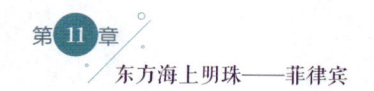

反菲律宾移民法,将有可能被拘捕、罚款并遣返。

社会治安

特别提醒在菲律宾和拟赴菲律宾的中国公民和机构加强安全防范,确保人员和财产安全:

(1)密切关注菲律宾安全状况,全面了解安全风险。

(2)谨遵当地法律法规和风俗习惯,采取正当、合法途径解决纠纷,避免与人发生直接冲突。

(3)在菲律宾中资机构进一步强化安保措施,完善安全预案,防范暴力袭击和绑架等,雇佣当地有资质、有实力的保安公司,确保企业人员、财产安全。

自然灾害

菲律宾是受自然灾害侵袭较多的国家,地震、台风、火山喷发为菲律宾主要自然灾害。此外,登革热等热带疾病是当地威胁生命健康的主要疾病。

在菲律宾和拟来菲律宾的中国公民和机构应切实提高灾害防范意识,采取有效措施予以应对。

通信电源

菲律宾的电压是220～240V,国内电器均可安全使用。插座多为双脚两扁式,圆形插头和三角插头均须转换器。

菲律宾手机为GMS制式,国内相同制式手机在当地换上SIM卡即可使用。菲律宾手机通话无漫游之说,国内无论距离多远、是否同省同市,不会收取漫游费。

紧急求助

全国范围内匪警、火警、急救:911。

中国驻菲律宾大使馆领事保护与协助电话:+63-2-82311033。

思考与讨论

1. 简述菲律宾的文化特色。
2. 简述菲律宾的地缘优势。
3. 从历史和地缘的角度,如何看待中菲关系的发展前景?
4. 简述菲律宾的旅游风情特色。
5. 菲律宾经济发展具有哪些优势?

第12章 话说"一带一路"

海上丝绸之路历史

一千多年前，我们的先辈扬帆远航，穿越惊涛骇浪，闯荡出连接东西方的海上丝绸之路，开启了人类文明交融新时期。海上丝绸之路，是古代中国与外国交通贸易和文化交往的海上通道，也称"海上陶瓷之路"和"海上香料之路"。海上丝绸之路萌芽于商周，发展于春秋战国，形成于秦汉，兴于唐宋，转变于明清，是已知最为古老的海上航线。中国海上丝绸之路分为东海航线和南海航线两条线路，其中主要以南海为中心。

南海航线，又称南海丝绸之路，起点主要是广州和泉州。先秦时期，岭南先民在南海乃至南太平洋沿岸及其岛屿开辟了以陶瓷为纽带的交易圈。唐代的"广州通海夷道"，是中国海上丝绸之路的最早叫法，是当时世界上最长的远洋航线。明朝时郑和下西洋标志着海上丝绸之路发展到极盛时期。南海丝路从中国经中南半岛和南海诸国，穿过印度洋，进入红海，抵达东非和欧洲，途经100多个国家和地区，成为中国与外国贸易往来和文化交流的海上大通道，并推动了沿线各国的共同发展。

东海航线，也叫"东方海上丝绸之路"。春秋战国时期，齐国在胶东半岛开辟了"循海岸水行"直通辽东半岛、朝鲜半岛、日本列岛直至东南亚的黄金通道。唐代，山东半岛和江浙沿海的中韩日海上贸易逐渐兴起。宋代，宁波成为中韩日海上贸易的主要港口。

海上丝绸之路发展历程，大致可分为6个历史阶段：

- 海上丝绸之路开创期——先秦。
- 海上丝绸之路形成期——秦汉。
- 海上丝绸之路发展期——魏晋。
- 海上丝绸之路繁盛期——隋唐。
- 海上丝绸之路鼎盛时期——宋元。
- 海上丝绸之路由盛及衰——明清。

先秦时期

中国原始航海活动始于新石器时期，尤其是岭南地区，濒临南海和太平洋，海岸线长，大小岛屿星罗棋布。早在四五千年前的新石器时代，居住在南海之滨的岭南先民就已经使用平底小舟，从事海上渔业生产。距今5000～3000年期间，东江北岸的惠阳平原，已经形成以陶瓷为纽带的贸易交往圈，并通过水路将其影响扩大到沿海和海外岛屿。通过对海船和出土陶器，以及石器、铜鼓和铜钺的分布区域的研究得知，先秦时期的岭南先民已经穿梭于南中国海乃至南太平洋沿岸及其岛屿，其文化间接影响到印度洋沿岸及其岛屿。

秦代时期

秦始皇统一华夏后，岭南地区发展很快。当时，番禺地区已经拥有相当规模、技术水平很高的造船业。先秦和南越国时期岭南地区海上交往为海上丝绸之路的形成奠定了基础，主要的贸易港口有番禺（今广州）和徐闻（今徐闻），由南越王墓出土的文物便是见证。根据出土遗物，结合古文献的研究表明，南越国已能制造 25～30 吨的木楼船，并与海外有了相当的交往。南越国的输出品主要是漆器、丝织品、陶器和青铜器。输入品为古文献所列举的"珠玑、犀（牛）、玳瑁、果、布之凑"。

1974 年年底，在今广州中山四路发现了南越国宫署遗址，在宫署遗址之下又发现了秦代造船遗址，从出土文物判断，这是秦始皇统一岭南时的造船工厂遗址。

两汉时期

汉武帝以后，西汉的商人还经常出海贸易，开辟了海上交通要道——海上丝绸之路。

西汉中晚期和东汉时期海上丝绸之路真正形成并开始发展。西汉时期，南方南越国与印度半岛之间海路已经开通。汉武帝灭南越国后凭借海路拓宽了海贸规模，这时"海上丝绸之路"兴起。《汉书·地理志》记载，其航线为：从徐闻（今广东省徐闻县境内）、合浦（今广西壮族自治区合浦县境内）出发，经南海进入马来半岛、暹罗湾、孟加拉湾，到达印度半岛南部的黄支国和已程不国（今斯里兰卡）。这是可见的有关海上丝绸之路最早的文字记载。

东汉时期已有与罗马帝国来往的记载：东汉航船已使用风帆，中国商人运送丝绸、瓷器经海路由马六甲经苏门答腊来到印度，并且采购香料、染料运回中国，印度商人再把丝绸、瓷器经过红海运往埃及的开罗港或经波斯湾进入两河流域到达安条克，再由希腊、罗马商人从埃及的亚历山大、加沙等港口经地中海运往希腊、罗马两大帝国的大小城邦。

这标志着横贯亚、非、欧三大洲的真正意义的海上丝绸之路的形成，从中国广东省番禺和徐闻、广西壮族自治区合浦等港口启航西行，与从地中海、波斯湾、印度洋沿海港口出发往东航行的海上航线，就在印度洋上相遇并实现了对接，广东省成为海上丝绸之路的始发地。随着汉代种桑养蚕和纺织业的发展，丝织品成为这一时期的主要输出品。

三国时期

三国时期，魏、蜀、吴均有丝绸生产，而吴雄踞江东，汉末三国正处在海上丝绸之路从陆地转向海洋的承前启后与最终形成的关键时期。三国时期，由于孙吴同曹魏、刘蜀在长江上作战与海上交通的需要，积极发展水军，船舰的设计与制造有了很大的进步，技术先进，规模也很大。在三国之后的其他南方政权（东晋、宋、齐、梁、陈）一直与北方对峙，也促使了航海技术的发展以及航海经验的积累，为海上丝绸之路的发展提供良好条件。

魏晋至隋唐时期

魏晋以后，开辟了一条沿海航线。广州成为海上丝绸之路的起点，经海南岛东面海域，直穿西沙群岛海面抵达南海诸国，再穿过马六甲海峡，直驶印度洋、红海、波斯湾。对外贸易涉及 15 个国家和地区，丝绸是主要的输出品。

隋唐时期，广州成为中国的第一大港、世界著名的东方港口。由广州经南海、印度洋，到达波斯湾各国的航线，是当时世界上最长的远洋航线。

　　海上丝绸之路开辟后，在隋唐以前，即6—7世纪，它只是陆上丝绸之路的补充。但到隋唐时期，由于西域战火不断，陆上丝绸之路被战争所阻断。代之而兴的便是海上丝绸之路。到唐代，伴随着中国造船、航海技术的发展，中国通往东南亚、马六甲海峡、印度洋、红海，及至非洲大陆的航路纷纷开通与延伸，海上丝绸之路最终替代了陆上丝绸之路，成为中国对外交往的主要通道。

　　根据《新唐书·地理志》记载，唐时，中国东南沿海有一条通往东南亚、印度洋北部诸国、红海沿岸、东北非和波斯湾诸国的海上航路，叫作"广州通海夷道"，这便是中国海上丝绸之路的最早叫法。当时通过这条通道往外输出的商品主要有丝绸、瓷器、茶叶和铜铁器四大宗；往回输入的主要是香料、花草等一些供宫廷赏玩的奇珍异宝。这种状况一直延续到宋元时期。

两宋时期

　　宋代的造船技术和航海技术明显提高，指南针广泛应用于航海，中国商船的远航能力大为提高。宋朝与东南沿海国家绝大多数时间保持着友好关系，广州成为海外贸易第一大港。宋朝在经济上采用重商主义政策，鼓励海外贸易，同中国贸易的国家和地区已扩大到亚、非、欧各大洲，并制定了堪称中国历史上第一部系统性较强的外贸管理法则。海上丝绸之路发展进入鼎盛阶段。

　　宋朝有三大对外贸易主港，分别为广州、宁波、泉州。港口的地理便利因素对海外客商很重要，北边日本和朝鲜半岛客商希望宋朝主港口尽量靠北，而贸易量更大的阿拉伯世界和南海诸国则希望港口尽量靠南，两股方向的合力点便平衡在当时地处南北海岸中点的泉州。正是这一南北两面辐射的地理优势，使得泉州在设立市舶司（1087年）正式开港后，迅速超越明州港（宁波），随后追平广州并在南宋晚期反超广州港，成为第一大港。

▲ 泉州海上丝绸之路博物馆

　　尽管宋瓷出口量大得惊人，却还是远远不能满足需求，导致中国瓷器一运到国外，立即身价倍增，成为外国人的珍藏和身份的象征。为此，世界各国一些有心的商人、传教士和制瓷工匠来到中国，通过各种途径千方百计学习中国的制瓷技艺。宋元及明初时期的龙泉城市面积达6平方千米，人口有10余万。街上商业兴旺，各种瓷器店铺林立，国内外来此做青瓷生意的商贩往来街巷，热闹非凡，是真正的瓷都。龙泉及瓯江两岸，是宋元及明初海上丝绸之路内陆地区最主要的起始地。

元代时期

　　在宋元时期，支撑海上丝绸之路的主要大宗商品，已由原来的丝绸变为瓷器。沿线国家也开始以陶瓷代称中国。自丝绸到陶瓷的称谓变化，从另一个方面佐证了陶瓷在海上丝绸之路中的主导地位。那时，海上航行的大都是中国的商船，船中大都是瓷器商品。

元世祖在至元十四年（1277年）准许重建泉州市舶司，有元一代不变。又命唆都、蒲寿庚"诏谕诸蕃"，委蒲寿庚长子蒲师文为正奉大夫宣慰使左副都元帅兼福建路市舶提举，旋又命为海外诸藩宣慰使。泉州海外交通贸易进入黄金时期。海上贸易东至日本，西达东南亚、波斯、阿拉伯、非洲。海舶蚁集，备受称赞。出口陶瓷、绸缎、茶叶、金银等，进口香料、胡椒、药材、金银珠贝等。

明代时期

"海上丝绸之路"的南北航线在元明时期达到最大程度的交融。元明时期的中国，经济中心在南方而政治中心在北方，相对先进的航海技术使南北方之间的海运成为保证南方粮食、丝绸、瓷器等北上的重要运输方式。在对外贸易上，明朝中期的郑和率船队七下西洋，开创了中国远洋航海的新时代。

15—18世纪是人类历史上发生重大变革的时代。欧洲人相继进行全球性海上扩张活动，特别是地理大发现，开启了大航海时代，开辟了世界性海洋贸易新时代。西欧商人的海上扩张，改变了传统海上丝绸之路以和平贸易为基调的特性，商业活动常常伴随着战争硝烟和武装抢劫。这一时期的明代海上丝绸之路航线已扩展至全球。

向西航行的郑和七下西洋：这是明朝政府组织的大规模航海活动，曾到达亚洲、非洲39个国家和地区，这对后来达·伽马开辟欧洲到印度的地方航线，以及对麦哲伦的环球航行，都具有先导作用。明永乐年间，郑和前后共7次下西洋，率军2.8万名、船62艘，由江苏刘家港（现浏河镇）出发，经海路到达今越南、泰国、柬埔寨、马来半岛、印度尼西亚、菲律宾、斯里兰卡、马尔代夫、孟加拉国、印度、伊朗、阿曼、也门、沙特阿拉伯和东非的索马里、肯尼亚等地，用携带的金、银、手工业品，换回珠宝、香料、苏木（药材、贵重红色染料）等奢侈品。

向东航行的"广州—拉丁美洲航线"（1575年）：由广州启航，经澳门出海，至菲律宾马尼拉港，穿圣贝纳迪诺海峡进入太平洋，东行到达墨西哥西海岸。

这样，开始于汉代的海上丝绸之路，经唐、宋、元日趋发达，迄于明代，达到高峰。郑和远航的成功，标志着海上丝绸之路发展到了极盛时期。

▲ 泉州海上丝绸之路开元寺

明朝海禁，泉州港衰落。整个明朝，泉州港的作用仅体现于郑和下西洋朝贡性质的航海过程中提供专业人员和海船补给上，以及维系与琉球的部分朝贡。西班牙从墨西哥运到菲律宾的白银经由中国海商源源不断地流向中国，而中国商品、移民则流向菲律宾，华商网络和华商社会开始形成。

清代

清代，由于政府实行海禁政策，广州

成为中国海上丝绸之路唯一对外开放的贸易大港,广州海上丝绸之路的贸易比唐、宋两代获得更大的发展,形成了空前的全球性大循环贸易,并且一直延续和保持到鸦片战争前夕。鸦片战争是清代外贸的重要转折点。进口商品中,鸦片逐渐占据首位,并从原来的走私演化到合法化。

鸦片战争后,中国海权丧失,沦为西方列强的半殖民地,沿海口岸被迫开放,成为西方倾销商品的市场,西方列强大肆掠夺中国资源并垄断了中国丝绸、瓷器、茶叶等商品的出口贸易。从此,海上丝绸之路一蹶不振,进入了衰落期。这种状况一直延续了整个民国时期,直至新中国成立前夕。

现代发展

2013年10月,中国国家主席习近平访问东盟国家印度尼西亚时提出共建21世纪海上丝绸之路的倡议。海上丝绸之路自秦汉时期开通以来,一直是沟通东西方经济文化交流的重要桥梁,而东南亚地区自古就是海上丝绸之路的重要枢纽和组成部分。习近平主席基于历史,着眼于中国与东盟建立战略伙伴10周年这一新的历史起点上,为进一步深化中国与东盟的合作,构建更加紧密的命运共同体,为双方乃至本地区人民的福祉而提出"21世纪海上丝绸之路"的倡议。

"一带一路"提出的历史背景

"丝绸之路经济带"和"21世纪海上丝绸之路"(简称为"一带一路")是2013年习近平主席分别出访中亚四国和印度尼西亚时提出的中国和相关国家合作发展的倡议。"一带一路"倡议的提出有着多层次的背景。

时代背景

"一带一路"倡议是我国最高决策层主动应对全球形势深刻变化、统筹国内国际两个大局作出的重大战略决策,是关乎未来中国改革发展、稳定繁荣乃至实现中华民族伟大复兴中国梦的重大"顶层设计"。"一带一路"是百年未有之大变局的一个应对方案。共建"一带一路"顺应了全球治理体系变革的内在要求,彰显了同舟共济、权责共担的命运共同体意识,为完善全球治理体系变革提供了新思路新方案。"一带一路"倡议的提出,具有深刻的时代背景。

一是国内改革步入深水区,对外开放面临调整转向,经济发展处于换挡期、阵痛期、消化期"三期叠加"的新阶段,社会改革和发展到了矛盾集聚、风险积压、需要攻坚克难、爬坡过坎的关键期。二是经济的高速增长使中国成为世界能源进口和消费大国,原油进口来源和运输渠道比较集中和单一,这种原油进口格局与近年来南海局势的紧张,使得我国原油进口潜在的"马六甲之困"日益突出,能源安全形势加剧。三是"中国威胁论"甚嚣尘上,西方主流媒体对中国发展和崛起抱有疑虑、担忧甚至戒备、敌意。四是美国推行所谓的"重返"亚太再平衡策略,意图围堵中国的发展空间,遏制中国的发展势头,在外交、军事、安全、经贸等领域实行了一系列新举措。构建从日本东京到阿富汗首都喀布尔的"新月形"包围圈,意欲继续主导亚太政经格局,遏制中国和平发展与崛起。

海洋是各国经贸文化交流的天然纽带,

共建"21世纪海上丝绸之路",是全球政治、贸易格局不断变化形势下,中国连接世界的新型贸易之路,其核心价值是通道价值和战略安全。尤其在中国成为世界上第二大经济体,全球政治经济格局发生深刻变化的背景下,"21世纪海上丝绸之路"的开辟和拓展无疑将大大增强中国的战略安全。

▲ "一带一路"倡议的历史背景

"一带一路"的战略合作伙伴并不仅限于沿线国家,而是以点带线,以线带面,增进与周边国家和地区的交往,串起连通东盟、南亚、西亚、中亚、北非、欧洲等各大经济板块的市场链。由于东盟地处海上丝绸之路的十字路口和必经之地,是21世纪海上丝绸之路战略的首要发展目标。

共建"一带一路"顺应世界多极化、经济全球化、文化多样化、社会信息化的潮流,秉持开放的区域合作精神,致力于维护全球自由贸易体系和开放型世界经济。共建"一带一路"旨在促进经济要素有序自由流动、资源高效配置和市场深度融合,推动沿线各国实现经济政策协调,开展更大范围、更高水平、更深层次的区域合作,共同打造开放、包容、均衡、普惠的区域经济合作架构。共建"一带一路"符合国际社会的根本利益,彰显人类社会共同理想和美好追求,是国际合作以及全球治理新模式的积极探索,将为世界和平发展增

添新的正能量。"一带一路"的互联互通项目将推动沿线各国发展战略的对接与耦合,发掘区域内市场的潜力,促进投资和消费,创造需求和就业,增进沿线各国人民的人文交流与文明互鉴,让各国人民相逢相知、互信互敬,共享和谐、安宁、富裕的生活。

推进"一带一路"建设既是中国扩大和深化对外开放的需要,也是加强和亚欧非及世界各国互利合作的需要,中国愿意在力所能及的范围内承担更多责任和义务,为人类和平发展做出更大的贡献。

"一带一路"倡议愿景与行动

"一带一路"之财富通途

2015年3月,经中国国务院授权发布的《推动共建丝绸之路经济带和21世纪海上丝绸之路的愿景与行动》提出:利用长三角、珠三角、海峡西岸、环渤海等经济区开放程度高、经济实力强、辐射带动作用大的优势,加快推进中国(上海)自由贸易试验区建设,支持福建建设21世纪海上丝绸之路核心区。

推进浙江海洋经济发展示范区、福建海峡蓝色经济试验区和舟山群岛新区建设,加大海南国际旅游岛开发开放力度。加强上海、天津、宁波—舟山、广州、深圳、湛江、汕头、青岛、烟台、大连、福州、厦门、泉州、海口、三亚等沿海城市港口建设,强化上海、广州等国际枢纽机场功能。以扩大开放倒逼深层次改革,创新开放型经济体制机制,加大科技创新力度,形成参与和引领国际合作竞争新优势,成为"一带一路"特别是21世纪海上丝绸之路建设的排头兵和主力军。发挥海外侨胞以及香港、澳门特别行政区独特优势作用,积极

— 197 —

参与和助力"一带一路"建设。为台湾地区参与"一带一路"建设做出妥善安排。

- 对沿海诸市的定位是：加强沿海城市港口建设，强化国际枢纽机场功能。
- 广西壮族自治区的定位是：21世纪海上丝绸之路与丝绸之路经济带有机衔接的重要门户。
- 云南省的定位是：面向南亚、东南亚的辐射中心。

基于共建原则，21世纪海上丝绸之路的主要航线为：泉州—福州—广州—海口—北海—河内—吉隆坡—雅加达—科伦坡—加尔各答—内罗毕—雅典—威尼斯。

共建原则

"一带一路"建设秉承共商、共享、共建原则。

恪守联合国宪章的宗旨和原则。遵守和平共处五项原则，即尊重各国主权和领土完整、互不侵犯、互不干涉内政、和平共处、平等互利。

坚持开放合作。相关的国家基于但不限于古代丝绸之路的范围，各国和国际组织、地区性组织均可参与，让共建成果惠及更广泛的区域。

坚持和谐包容。倡导文明宽容，尊重各国发展道路和模式的选择，加强不同文明之间的对话，求同存异、兼容并蓄、和平共处、共生共荣。

坚持市场运作。遵循市场规律和国际通行规则，充分发挥市场在资源配置中的决定性作用和各类企业的主体作用，同时发挥好政府的作用。

坚持互利共赢。兼顾各方利益和关切，寻求利益契合点和合作最大公约数，体现各方智慧和创意，各施所长，各尽所能，把各方优势和潜力充分发挥出来。

规划建设

加强政府往来，增进沟通了解，巩固与相关国家开展经济、贸易、能源、金融、服务、基础设施等领域合作，共同建立跨境经济合作区，完善当地基础设施建设，在区内实行更加自由便利的贸易、投资及物流政策，利用双方的互补优势开展各项经济合作，促进地区繁荣。

建立完善基础设施互联互通，推动合作交流国际化，以海洋经济为突破口，共同建立海洋养殖合作基地，探索产业园区双向投资，健全常态化的合作交流机制；构筑双方海上互联互通网络，开拓港口、海运物流和临港产业等领域合作，积极发展好海洋合作伙伴关系。

全面拓宽对外开放合作格局，促进共同发展，抓好信息、通关、质检等制度标准的"软件衔接"，推动政策沟通、道路联通、贸易畅通、货币流通、民心相通，为企业创造更为便利的原产地证书申领和核准环境，推动优惠政策的更好落实。加强与各国海关和签证机构的沟通与合作，建立国际安全合作机制，保证海路资源运输的安全，加强海上战略通道的保障能力。

以"一带一路"建设为契机，促进产业结构调整升级，通过技术创新，提高相关产业的技术含量，实现产业升级，提升在国际产业分工的地位，实现共赢。

全面提升"一带一路"学术研究水平。提升"一带一路"的学术研究水平。加强媒体间文化间的交流与合作，增进交流，加强文化、媒体等领域的合作，做好民间友好组织的合作与交流，提高合作向心力。

"一带一路"平行推进基础设施互联互通、产业金融合作和机制平台建设，加快实施自由贸易区战略，加深沿线区域经贸合作，加强安全领域交流与合作，加强基础文化建设，优先发展互联互通，在港口航运、海洋能源、经济贸易、科技创新、生态环境、数字经济、人文交流等领域，促进政策沟通，道路联通，贸易畅通，货币流通，民心相通，携手共创区域繁荣。

实施成果

2015年3月28日，为推进实施"一带一路"倡议，让古丝绸之路焕发新的生机活力，以新的形式使亚欧非各国联系更加紧密，互利合作迈向新的历史高度，中国政府特制定并发布《推动共建丝绸之路经济带和21世纪海上丝绸之路的愿景与行动》。"一带一路"倡议提出后，"一带一路"建设从无到有、由点及面，进度和成果超出预期。联合国大会、安理会、联合国亚太经社会、亚太经合组织、亚欧会议、大湄公河次区域合作等有关决议或文件都纳入或体现了"一带一路"建设内容。经济走廊建设稳步推进，互联互通网络逐步成型，贸易投资大幅增长，重要项目合作稳步实施，取得一批重要早期收获。亚洲基础设施投资银行、丝路基金的成立为金融合作提供了坚实支撑。中欧班列驰骋在广袤的亚欧大陆，运载的是琳琅满目的货物，联通的是亚欧国家的市场需求，架起的是沿线国家人民的友谊桥梁，成为"一带一路"上一道亮丽的风景线。

10年来，150多个国家和30多个国际组织参与共建"一带一路"国际合作，搭建起全球规模最大的国际经济合作平台，

"一带一路"之文明互鉴之路

共商共建共享理念原则得到广泛实践，开放绿色连接理念深入人心。至2023年5月，中国已同151个国家和32个国际组织签署了200余份共建"一带一路"合作文件。绿色发展是"一带一路"沿线国家的发展方向、中国的发展方向，也为世界经济实现可持续增长带来新的希望，为推动可持续发展目标落实工作重回正轨与加速前进提供新的动力。

世行测算，到2030年，共建"一带一路"每年将为全球产生1.6万亿美元收益，占全球GDP的1.3%。2015—2030年，760万人将因此摆脱绝对贫困，3200万人将摆脱中度贫困。在全球新冠疫情延宕与世界经济增长下行的压力下，共建"一带一路"尽展韧性与活力，为沿线国家抗击疫情和经济复苏作出了积极贡献。签署共建"一带一路"合作备忘录形成灵活合作框架，配套丝路基金、亚洲基础设施投资银行等金融机构设置，以及创新共建工业园区和经济特区等投资合作模式，为加快沿线国家基础设施建设、提高内生增长动力、推进工业化进程奠定了良好基础。

与此同时，中国式现代化为沿线国家探索自主现代化道路提供了启示。中国式现代化的成功将是对广大发展中国家发展信心的最大提振。尤其是习近平总书记提出的全球文明倡议，从人类文明的高度，为人类现代化道路的多样性、自主性、可持续性、共生性等提供了底层逻辑的指引。

中国政府加强与沿线有关国家的沟通磋商，在基础设施互联互通、产业投资、资源开发、经贸合作、金融合作、人文交流、生态保护、海上合作等领域，推进了一批条件成熟的重点合作项目。印尼雅万高铁成为中国与东盟在高铁领域合作建设的标

杆性工程，中老高铁的开通，为泛亚铁路网建设发挥了示范引领作用。共建"一带一路"是加强国际合作的重要途径，已经成为各方积极参与推进的重要事业，为增进各国民众福祉提供了新的发展机遇。可以说，"一带一路"倡议来自中国，成果正在惠及世界。

完善政策措施

中国政府推动亚洲基础设施投资银行筹建，还发起设立丝路基金，强化中国—欧亚经济合作基金投资功能；推动银行卡清算机构开展跨境清算业务和支付机构开展跨境支付业务；积极推进投资贸易便利化，推进区域通关一体化改革。亚洲基础设施投资银行对促进亚洲国家经济发展与区域经济一体化具有重要意义，主要为"一带一路"沿线国家的基础设施建设提供资金支持，促进经济合作。

发挥平台作用

中国各地成功举办了一系列以建设"一带一路"为主题的国际峰会、论坛、研讨会和博览会。

2015年2月12日，21世纪海上丝绸之路国际研讨会在福建省泉州开幕。大会以"打造命运共同体，携手共建21世纪海上丝绸之路"为主题，设三个圆桌会议，议题分别为"海上丝绸之路：价值理念与时代内涵""共同建设、共同发展、共同繁荣""抓住发展新机遇，拓展合作新空间"。

"一带一路"国际合作高峰论坛是"一带一路"提出后最高规格的论坛活动，主要包括开幕式、圆桌峰会和高级别会议三个部分。第一届"一带一路"国际合作高峰论坛于2017年5月14日至15日在北京举行，是2017年中国重要的主场外交活动，对推动国际和地区合作具有重要意义。29位外国元首、政府首脑及联合国秘书长、红十字国际委员会主席等三位重要国际组织负责人出席高峰论坛，来自130多个国家的约1500名各界贵宾作为正式代表出席论坛。

2019年4月25—27日，第二届"一带一路"国际合作高峰论坛在北京雁栖湖国际会议中心举行，此次论坛达成6大类283项务实成果，成为推动"一带一路"建设从"大写意"迈向"工笔画"的里程碑，为构建人类命运共同体作出新贡献。2023年10月18日，第三届"一带一路"国际合作高峰论坛在北京举行。高峰论坛有来自151个国家和41个国际组织的代表来华参会，注册总人数超过1万人，"万人盛会"齐聚，重现了丝绸之路的荣光，体现了共建"一带一路"的巨大感召力和全球影响力。高峰论坛召开了以数字经济、互联互通、绿色发展为主题的三场高级别论坛，举行了贸易畅通、民心相通、智库交流、廉洁丝路、地方合作、海洋合作等六场专题论坛，并召开了"一带一路"企业家大会。"一带一路"倡议10年来的实践表明，共建"一带一路"不仅给相关国家带来实实在在的利益，也为推进经济全球化健康发展、破解全球发展难题和完善全球治理体系作出积极贡献，开辟了人类共同实现现代化的新路径，推动构建人类命运共同体落地生根。

合作机制

建立完善双边联合工作机制，研究推进"一带一路"建设的实施方案、行动路线图。充分发挥现有联委会、混委会、协委会、指导委员会、管理委员会等双边机制作用，协调推动合作项目实施。

强化多边合作机制作用，发挥上海合作组织（SCO）、中国—东盟"10+1"、亚太经合组织（APEC）、亚欧会议（ASEM）、亚洲合作对话（ACD）、中阿合作论坛、中国—海合会战略对话、大湄公河次区域经济合作（GMS）、中亚区域经济合作（CAREC）等现有多边合作机制作用，相关国家加强沟通，让更多国家和地区参与"一带一路"建设。

继续发挥沿线各国参与的博鳌亚洲论坛、中国—东盟博览会、中国—亚欧博览会、欧亚经济论坛、中国国际投资贸易洽谈会、中国国际消费品博览会，以及中国—南亚博览会、中国—阿拉伯博览会、中国西部国际博览会、中国—俄罗斯博览会、中国—中亚合作论坛等平台的建设性作用。

开放态势

推进"一带一路"建设，中国将充分发挥国内各地区比较优势，实行更加积极主动的开放战略，加强东中西互动合作，全面提升开放型经济水平。

西南地区

发挥广西与东盟国家陆海相邻的独特优势，加快北部湾经济区和珠江—西江经济带开放发展，构建面向东盟区域的国际通道，打造西南、中南地区开放发展新的战略支点，形成21世纪海上丝绸之路与丝绸之路经济带有机衔接的重要门户。发挥云南区位优势，推进与周边国家的国际运输通道建设，打造大湄公河次区域经济合作新高地，建设成为面向南亚、东南亚的辐射中心。

▲ 广西东兴国际口岸

沿海和港澳台地区

利用长三角、珠三角、海峡西岸、环渤海等经济区开放程度高、经济实力强、辐射带动作用大的优势，加快推进中国（上海）自由贸易试验区建设，支持福建建设21世纪海上丝绸之路核心区。

充分发挥深圳前海、广州南沙、珠海横琴、福建平潭等开放合作区作用，深化与港澳台合作，打造粤港澳大湾区。

战略效果

中国经济与外交的拓展方向有两个：陆地上，主要是向西拓展，通过丝绸之路经济带建设，带动中亚、外高加索以及中东西亚，从而贯通欧洲；海洋上，主要是向南拓展，通过海上丝绸之路建设，带动东盟，进而链接南亚与中东，以非洲、拉美与欧洲为海上丝绸之路的三大终点，其中，通往欧洲的海上丝绸之路用于弥补亚欧陆上大通道的不足。"一带一路"这一名称，意味着将是一条和平、安全、合作、共荣之路，将以经济合作带动沿线国家走向全面合作。

历史影响

历史上曾创下的海洋经济观念、和谐共荣意识、多

"一带一路"之命运共同体

201

元共生意愿,将为21世纪海上丝绸之路建设提供丰厚的历史基础。"友善、包容、互惠、共生、坚韧"的海上丝绸之路的文化内涵,对于建设21世纪海上丝绸之路,对于中国与世界更深层次的互动,无疑具有深刻的启迪和极其重要的当代意义。

"一带一路"是中国首倡,但不是中国一家的"独奏曲",而是各国共同参与的"交响乐",是各国共同受益的重要国际公共产品。我们坚持共商、共建、共享的原则,突出务实合作、互利共赢,一步一个脚印,把中国发展同相关国家发展紧密结合,把各自发展战略和合作规划有机对接,扩大地区投资和内需,增加就业,减少贫困,从而带动提升地区整体发展水平。

"一带一路"倡议提出10年来,事实证明,"一带一路"是推进各国共同进步、实现共同期望的合作共赢之路,是各国之间加强了各方面的合作交流,增进了信任和友谊。"一带一路"倡议并不是对已有国际合作体制的考验或替换,而是与现有机制互为助力、相互补充,面对国际合作中的阻碍与约束因素倡议"中国方案",用开放、合作、共赢的理念为全球经济增添正能量。"一带一路"就是要我们将中国梦与世界梦联系在一起,沿线国家同心协力,合作共赢,共同构建人类命运共同体。

未来,中国需要更加主动地通过多领域、多渠道进一步深化与沿线国家的合作与发展。一是深化减贫、卫生健康、绿色发展、数字等领域合作,通过多双边经验交流与人才培养,提高沿线国家发展能力。二是积极推动沿线国家营商环境的提升行动,以扩大透明度、提高政策预期为核心,提升沿线国家的投资发展前景,维护地区经贸合作的安全与稳定。三是探索与积累区域经贸合作良好实践,凝聚合作共识,探索形成区域经贸合作制度框架与规则,为维护真正的多边主义贡献"一带一路"方案。

"一带一路"与RCEP

话说"一带一路"与RCEP

党的二十大报告强调要推进高水平对外开放,推动共建"一带一路"高质量发展,扩大面向全球的高标准自由贸易区网络,推动建设开放型世界经济,更好惠及各国人民。如今,共建"一带一路"已成为深受欢迎的国际公共产品和国际合作平台,是推动更高水平对外开放和构建人类命运共同体的有效实践。此外,我国与东盟十国、日本、韩国、澳大利亚、新西兰签署的全球最大自贸区RCEP(《区域全面经济伙伴关系协定》)已与2022年1月正式生效。RCEP生效两年多来,初步释放了区域内经济增长红利,是共建"一带一路"在亚太地区不断深化经贸合作的重要体现。未来,对缔约国具有约束力的RCEP与开放性的"一带一路"倡议将进一步相辅相成,相得益彰,对我国实现更高水平对外开放、区域内实现疫后经济增长复苏以及构建人类命运共同体具有重要意义。

共建"一带一路"加深了RCEP成员国之间的经贸合作关系,强化了共同发展理念,为RCEP的成功签署与落实奠定了良好基础。RCEP实践为"一带一路"高质量发展树立了国际规则协调典范。具有强约束力的RCEP的签订与落实为"一带一路"沿线国家和地区之间的国际规则协调树立了典范,有力支持和维护了"一带一路"沿线多边经贸体制。RCEP在制定高标准国际经贸规则的同时兼顾了发展中国家的利益，具有较强的包容性和灵活性，因而RCEP经贸合作规则体系对覆盖众多发展中国家的"一带一路"区域规则体系建设具有重要的借鉴意义。作为全球规模最大的自贸区，RCEP将成为吸引更多国家参与共建"一带一路"的积极力量。

"一带一路"与RCEP能够"双轮"正向驱动更高水平对外开放。共建"一带一路"与RCEP在覆盖地区、涵盖领域、合作内容等方面相互重叠、相互补充、相互影响，具有一定的功能互补性，能够发挥"1+1＞2"效能，在亚洲地区形成"一带一路"与RCEP"双轮"驱动的经贸合作发展新格局，从而推动我国实现更高水平对外开放。

2023年6月2日，区域全面经济伙伴关系协定（RCEP）正式对菲律宾生效，这标志着RCEP对全部15个成员国全面生效，协定进入全面实施新阶段。东盟秘书长高金洪表示：RCEP将为东盟成员国与其他RCEP成员国之间的经济合作提供一个非常重要的框架，RCEP未来将与"一带一路"倡议一起，为基础设施建设合作提供更广阔空间，促进东南亚地区经济增长。2023年是"一带一路"倡议提出10周年与RCEP全面生效，中国进一步扩大对外开放释放出的巨大发展潜力备受国际社会的期待，"一带一路"倡议持续高质量推进以及RCEP红利逐渐显现，展现出中国扩大开放的决心，也为正在复苏中的全球经济注入新动力。

▶▶▶ 思考与讨论 ◀◀◀

1. "一带一路"建设的愿景目标。

2. "一带一路"建设的原则。

3. "一带一路"倡议10年来取得的成果。

4. "一带一路"与RCEP对我国实现更高水平对外开放、实现疫后经济增长复苏的中重要意义。

5. 为什么说"一带一路"是构建人类命运共同体的重要实践？

附录1 东盟国家旅游紧急求助电话信息一览表

国家	首都	报警电话	领事保护电话
越南	河内	+84-113	中国驻越南大使馆领事保护电话：0084-24-39331000
泰国	曼谷	+66-191 旅游警察：1155	中国驻泰国大使馆领事保护电话： +66-2-2457010
新加坡	新加坡	0065-999	中国驻新加坡大使馆领事保护与协助电话：+65-64750165
缅甸	内比都	+951-199	中国驻缅甸大使馆领事保护与协助电话： +951-212223
柬埔寨	金边	+855-117	中国驻柬埔寨大使馆领事保护与协助电话：+855-23-210206
老挝	万象	+856-1191	中国驻老挝大使馆领事保护电话：+856-20-55561683 中国驻琅勃拉邦总领事馆领事保护应急电话：00856-20-55571303
文莱	斯里巴加湾	+673-993	中国驻文莱大使馆领保电话：+673-8960711
马来西亚	吉隆坡	+60-999	中国驻马来西亚大使馆领事保护与协助电话：+60-3-21645301
印度尼西亚	雅加达	+62-110	驻印度尼西亚大使馆领事保护与协助电话：+62-21-5764135 驻泗水总领馆领事保护与协助电话：+62-31-5678284
菲律宾	马尼拉	+63-911	中国驻菲律宾大使馆领事保护与协助电话： +63-2-82311033
中国外交部全球领事保护与服务应急热线（24小时）：+86-10-12308 或 +86-10-59913991			

附录 2 中国领事保护和协助指南

中文名称：《中国领事保护和协助指南》

外文名称：*Guide to China's Consular Protection and Services Overseas*

出国前需要提前做哪些准备？出国后需要注意什么？领事官员可以为你做什么？还有中国公民海外出行常见问题应如何解决？请大家关注微信公众号"中国领事服务网"和"领事直通车"，随时随地扫码查看，让它伴你平安愉快出行。

中国领事服务网　　"领事直通车"微信

参 考 文 献

[1] 贺圣达. 东南亚文化发展史 [M]. 昆明：云南人民出版社，1996.
[2] 贺圣达. 东南亚南传上座部佛教文化圈的形成、发展及其基本特点 [J]. 东南亚南亚研究，2015（4）：74-82，110.
[3] 卢光盛. 东南亚的伊斯兰教：现状与特点 [J]. 南洋问题研究，2001（3）：46-52.

走进东盟在线课程二维码

手机端用户扫描二维码，进入中国大学 MOOC 平台"走进东盟"在线课程
PC 端用户访问：
https://www.icourse163.org/learn/NNZY-1206176801?tid=1470979544

读书笔记